改訂

図書館の
アクセシビリティ

「合理的配慮」の提供へ向けて

野口武悟・植村八潮

［編著］

樹村房

はじめに

　図書館はすべての人に開かれ，利用できる存在でなければならない。言い換えれば，"誰もが使える図書館"となっていなければならない。ところが，必ずしもそうなってはいないのが現状である。2016（平成28）年4月からは行政機関等（図書館を含む）には障害者への「合理的配慮」の提供が義務化された。これを契機に図書館のアクセシビリティがいっそう向上することを期待したい。

　そこで，本書では，すでに図書館界で取り組まれてきた「障害者サービス」（「図書館利用に障害のある人」へのサービス）の実践などに学びながら，図書館の構成要素ごとにアクセシビリティを高めるための考え方や具体例を紹介していきたい。

　具体的には，6つの章と「はじめに」「おわりに—まとめに代えて—」，そして関係法令等の資料で構成している。1章では，図書館のアクセシビリティに関する理念，現状，法制度などの基礎・基本を扱っており，いわば総論といえる内容である。続く2章から5章は各論であり，図書館の資料，施設・設備，サービス，そして関わる「人」に分けて理論と実践を述べている。中でも5章においては，関わる人へのヒアリングを通して把握した当事者の経験や思いを中心に構成した。最後の6章では，国立国会図書館，公共図書館，大学図書館，学校図書館，視覚障害者情報提供施設（点字図書館），聴覚障害者情報提供施設の各館種ごとに1から数館ずつ実践例を紹介している。なお，巻末には，アクセシビリティに関連する法令等を掲載したので，適宜参照していただきたい。

　アクセシビリティの向上は，「図書館利用に障害のある人」のためだけに特別に行うものではない。「図書館利用に障害のある人」が使いやすい図書館をめざすことは，誰にとっても使いやすい図書館を実現することにつながるものであり，いわば，図書館とそのサービス全体の質の底上げを意味する。本書は，こうした視点のもとに編まれたものである。

　　2016年6月

編著者

野口　武悟

植村　八潮

改訂にあたって

　本書の初版が2016年8月に刊行されてから，約5年が経とうとしている。多くの方に読んでいただき，「新たな気づきがありました」「参考にしています」などの感想をいただくこともあり，編著者としてうれしい限りである。

　この間，盲人，視覚障害者その他の印刷物の判読に障害のある者が発行された著作物を利用する機会を促進するためのマラケシュ条約の締結（2018年）と国内発効（2019年），視覚障害者等の読書環境の整備の推進に関する法律（読書バリアフリー法）の制定と施行（2019年），国の視覚障害者等の読書環境の整備の推進に関する基本的な計画の策定と公表（2020年）など，図書館のアクセシビリティを高めるための法制度の整備が一段と進展した。このほかにも，改正された法令等がある。

　そこで，今回，こうした約5年間の新たな動向を反映するために改訂版を刊行することとした。改訂版では，法令等，最新の情報にアップデートが必要な箇所を中心に追加や差し替え等を行った。一方で，取り上げている事例等については，いずれも先駆的な事例であることに変わりないため，差し替え等は行わず若干の手直しにとどめている。

　改訂版も，初版に引き続き，みなさんの実務や学修等の参考になるとすれば，幸いである。

2021年11月

編著者　　野口　武悟

植村　八潮

改訂 図書館のアクセシビリティ
も く じ

はじめに　ⅲ
改訂にあたって　ⅳ

1章　図書館のアクセシビリティに関する基礎・基本 ———————1
1.1　アクセシビリティとユーザビリティ ……………………………1
1.2　「障害者」の捉え方とサービスの類型 ……………………2
1.3　図書館のアクセシビリティをめぐる理念と現状 ……………6
　　1.3.1　ノーマライゼーションと「合理的配慮」　6
　　1.3.2　国立国会図書館の現状　10
　　1.3.3　公共図書館の現状　11
　　1.3.4　大学図書館の現状　13
　　1.3.5　学校図書館の現状　14
　　1.3.6　視覚障害者情報提供施設（点字図書館）の現状　17
　　1.3.7　聴覚障害者情報提供施設の現状　18
　　1.3.8　病院患者図書館の現状　18
　　1.3.9　福祉施設図書館の現状　19
　　1.3.10　刑務所図書館の現状　20
1.4　図書館のアクセシビリティをめぐる歴史：公共図書館と
　　点字図書館を中心として ……………………………………23
　　1.4.1　第二次世界大戦前の歴史　23
　　1.4.2　第二次世界大戦後の歴史　27
1.5　図書館のアクセシビリティに関わる主な法令 ……………29
　　1.5.1　障害を理由とする差別の解消の推進に関する法律
　　　　　（障害者差別解消法）　29
　　1.5.2　視覚障害者等の読書環境の整備の推進に関する法律
　　　　　（読書バリアフリー法）　30

　　1.5.3　著作権法　*31*

　　1.5.4　郵便法および約款　*36*

2章　図書館資料のアクセシビリティ ——————————*38*

　2.1　アクセシブルな出版物 ……………………………………*38*

　　2.1.1　「視覚」を活用する資料　*38*

　　2.1.2　「聴覚」を活用する資料：オーディオブック　*47*

　　2.1.3　「触覚」を活用する資料　*50*

　2.2　電子資料のアクセシビリティ ………………………………*53*

　　2.2.1　電子資料の普及と期待　*53*

　　2.2.2　電子書籍の定義と市場規模　*54*

　　2.2.3　マルチメディア DAISY　*55*

　　2.2.4　TTS と電子書籍　*56*

　2.3　図書館による資料の複製（媒体変換） ……………………*57*

　　2.3.1　録音資料への複製（媒体変換）　*57*

　　2.3.2　テキストデータへの複製（媒体変換）　*59*

3章　図書館施設・設備のアクセシビリティ ——————*62*

　3.1　地域計画と図書館の配置 …………………………………*62*

　3.2　アクセシブルな図書館施設・設備 …………………………*63*

　　3.2.1　バリアフリーとユニバーサルデザイン　*63*

　　3.2.2　既存施設・設備のバリアフリー化　*65*

　　3.2.3　「障害者サービス」に必要となる施設・設備の整備　*70*

　3.3　情報保障機器 ………………………………………………*71*

　　3.3.1　利用者が使用する情報保障機器　*72*

　　3.3.2　図書館が情報保障のために使用する機器　*76*

　　3.3.3　情報保障機器をそろえる意味　*78*

　　3.3.4　電子化の時代をむかえて　*80*

4章　図書館サービスのアクセシビリティ ———————81

4.1　アナログベースのサービス …………………………………81
4.1.1　対面朗読サービス　*81*
4.1.2　読み聞かせなどのサービス　*83*
4.1.3　利用者への郵送貸出サービス　*84*
4.1.4　利用者への宅配サービス　*85*
4.1.5　学校・施設・病院などへの団体貸出・訪問サービス　*86*
4.1.6　ブックモビル（移動図書館サービス）　*87*
4.1.7　利用促進・拡大へ向けての広報・PR　*88*

4.2　デジタルベースのサービス …………………………………90
4.2.1　図書館におけるデジタルサービスのアクセシビリティ　*90*
4.2.2　図書館ウェブサイトのアクセシビリティ　*94*

4.3　他館との連携・協力 …………………………………………97

5章　図書館のアクセシビリティに関わる「人」をめぐって ———99

5.1　職員 ……………………………………………………………99
5.1.1　職員をめぐって　*99*
5.1.2　職員の事例：全盲職員の活躍　*100*

5.2　図書館協力者 …………………………………………………107
5.2.1　図書館協力者とは　*107*
5.2.2　図書館協力者・ボランティアの事例：全国音訳
ボランティアネットワーク　*108*

5.3　利用者 …………………………………………………………115
5.3.1　利用者をめぐって　*115*
5.3.2　利用者の事例1：大の読書好きが50代で失明して　*116*
5.3.3　利用者の事例2：ディスレクシアの娘とともに　*119*

6章　館種別の事例 ———————————————————— *123*

6.1　国立国会図書館 ···*123*

　6.1.1　学術文献の録音図書及びテキストデータの製作　*123*

　6.1.2　視覚障害者等用データ送信サービス　*124*

　6.1.3　マラケシュ条約に基づく国際サービス　*125*

　6.1.4　障害者用資料の統合検索サービス　*126*

　6.1.5　障害者サービス担当職員向け講座　*127*

　6.1.6　おわりに　*127*

6.2　公共図書館 ···*128*

　6.2.1　鳥取県立図書館の「はーとふるサービス」　*128*

　6.2.2　大阪市立図書館　*135*

　6.2.3　調布市立図書館　*141*

　6.2.4　枚方市立図書館　*144*

6.3　大学図書館 ···*148*

　6.3.1　筑波技術大学　*148*

　6.3.2　立命館大学図書館　*153*

6.4　学校図書館 ···*158*

　6.4.1　東京都立墨東特別支援学校　*158*

　6.4.2　横浜市立盲特別支援学校　*162*

6.5　視覚障害者情報提供施設（点字図書館）·····················*168*

　6.5.1　日本点字図書館　*168*

6.6　聴覚障害者情報提供施設 ···*172*

　6.6.1　熊本県聴覚障害者情報提供センター　*172*

おわりに―まとめに代えて―　*180*

引用・参考文献　*185*

［資料1］障害者の権利に関する条約（抄）　*187*

［資料2］障害を理由とする差別の解消の推進に関する法律（抄）　*192*

［資料3］視覚障害等の読書環境の整備の推進に関する法律　*195*

［資料4］著作権法（抄）　*199*

［資料5］著作権法施行令（抄）　*201*

［資料6］図書館の障害者サービスにおける著作権法第37条第3項に基づく
著作物の複製等に関するガイドライン　*203*

［資料7］「図書館利用における障害者差別の解消に関する宣言」　*207*

［資料8］図書館における障害を理由とする差別の解消の推進に関する
ガイドライン（抄）　*208*

さくいん　*219*

1章
図書館のアクセシビリティに
関する基礎・基本

　図書館のアクセシビリティを向上させようとする取り組みは，これまでも実
践されてきた。その中心に位置づくのは「障害者サービス」である。しかしな
がら，サービスを実施する図書館はまだ限られているのが現状である。ところ
が，障害者の権利に関する条約（2014年1月批准），障害を理由とする差別の
解消の推進に関する法律（障害者差別解消法）（2016年4月施行）を受けて，
2016年4月から行政機関等（もちろん，図書館を含む）には障害者への「合理
的配慮」の提供が義務化された。すべての図書館で正面から向き合わなければ
ならない実践課題となったわけである。1章では，図書館のアクセシビリティ
に関する理念，現状，法制度などの基礎・基本について解説したい。

1.1　アクセシビリティとユーザビリティ

　本書は書名や各章のタイトルにアクセシビリティ（accessibility）という言
葉を用いている。では，アクセシビリティとは，どのような意味だろうか。は
じめに，この点を確認しておきたい。
　アクセシビリティとは，簡潔にいえば，"アクセスや利用のしやすさ"のこ
とである。現状では，情報，とりわけICTにより発受される情報とその利用
環境や技術に関して用いられることが多い（例：情報のアクセシビリティ，ウ
ェブ・アクセシビリティなど）。しかし，本来は，情報に限らず，社会のさま
ざまなサービス，製品，施設などにも適用可能な考え方である。
　アクセシビリティの定義として日本でよく用いられるのは，日本工業規格

(JIS) の JIS X 8341-1：2010（「高齢者・障害者等配慮設計指針─情報通信における機器，ソフトウェア及びサービス─第1部：共通指針」）における定義である。ここでは，アクセシビリティを「様々な能力をもつ最も幅広い層の人々に対する製品，サービス，環境又は施設（のインタラクティブシステム）のユーザビリティ」としている。

　前述のアクセシビリティの定義において，ユーザビリティ（usability）という言葉が出てきた。この言葉も，近年よく耳にするようになった。ユーザビリティについては，先の JIS X 8341-1：2010では「ある製品が，指定された利用者によって，指定された利用の状況下で，指定された目的を達成するために用いられる場合の，有効さ，効率及び利用者の満足度の度合い」と定義している。

　アクセシビリティとユーザビリティの関係としては，「障害者をユーザ（利用者）として考えると，ユーザビリティは必然的に『アクセシビリティ』につながっていきます。『アクセシビリティ』は，ユーザの中でも障害者（及び障害をもつ高齢者）に焦点を当て，製品利用の効率や満足度よりも，そもそもその製品を利用できるか（あるいは，どの程度利用できるか）どうかに注目します」という情報通信アクセス協議会とウェブアクセシビリティ基盤委員会の説明がわかりやすいだろう。

　まとめるならば，図書館のアクセシビリティとは，"すべての利用者（なかでも制約の大きくなりがちな障害者や高齢者など）にとっての図書館へのアクセスや利用のしやすさ"のことであり，それを向上させるための取り組みまでを含める概念として本書では用いていく。図書館のアクセシビリティの中心に位置づく実践が「障害者サービス」である。

1.2　「障害者」の捉え方とサービスの類型

　図書館における「障害者サービス」は，"図書館利用に障害のある人々へのサービス"と定義づけられる図書館サービスのことである。「障害者サービス」という言葉は，主に，公共図書館で用いられているが，同種の実践は，他の館

種においても取り組まれている。

　ここで注目してほしいのは，図書館界では"図書館利用に障害のある人々"のことを「障害者」と捉えている点である。つまり，利用者個人の状態（視覚障害や聴覚障害など）を指しているのではないのである。

　では，何が障害なのかといえば，それは図書館側（施設・設備，資料，サービスなど）にあるさまざまなバリア（＝障壁）を指している。図書館側のバリアゆえに図書館へのアクセスや利用が難しい人々のことを「障害者」と捉えているのである。こうした捉え方を障害の社会モデル（障害は個人ではなく，社会の側にあるという捉え方）といい，社会の側のバリアを取り除くための実践的方法としてバリアフリー（barrier free）やユニバーサルデザイン（universal design）などがある（3章3.2.1で詳述）。

　ただし，現状では，図書館界でも，また，利用者においても，こうした理解が十分に進んでいるわけではない。特定の利用者に対するサービスというイメージをもつ人も少なくないように思われる。また，「障害者サービス」という呼び方に心理的な抵抗を感じる利用者もいるといわれる。そこで，図書館によっては，「ハンディキャップサービス」や「はーとふるサービス」などと呼び方を工夫しているところもある。

　"図書館利用に障害のある人々"＝「障害者」には，誰もがなり得る可能性がある。なかでも，次の状態にある利用者は，図書館利用の障害が顕在化しやすい。すなわち，①身体や知的・精神機能などに障害のある人，②身体や認知機能の低下した高齢な人，③日本語の読み書きを苦手とする外国にルーツのある人，④病院・施設などに入院・入所している人，⑤アクセス可能な範囲に図書館のない地域に住む人，などである。

　①の人の図書館利用の障害を考えてみる。たとえば，車いす利用者にとっては，図書館の入口に階段がありスロープが付いていない場合，それが障害となって，入館すること自体が難しくなってしまう。館内の段差なども同様である。また，視覚障害者にとっては，図書館が通常の印刷資料しか所蔵していない場合，それが障害となって，読書や情報入手が難しくなってしまう。さらに，聴覚障害者にとっては，図書館が手話や筆談による対応，サービスを提供してい

ない場合，それが障害となって，職員とのコミュニケーションが難しくなって
しまう。このように，利用者一人ひとりの状態によって，図書館側の何が障害
となるのかは異なってくる。その見極めが重要である（表1-1）。現在，日本
には，医学的診断を受けて障害者手帳[1]を保持している人と障害者手帳は保持
していないものの「障害による日常生活を送る上での生活のしづらさのある
者」をあわせると，視覚障害などの身体障害者が366.3万人，知的障害者が54.7
万人，精神障害者が320.1万人のあわせて741.1万人おり，これは国民の約6％
に相当する。図書館側は，利用者のさまざまな状態を想定して，障害を取り除
く努力をしていかなければならない。具体的な方法については，2章以降で紹
介したい。なお，公共図書館の場合，「障害者サービス」といったときに，①
の人，なかでも視覚障害者などに特化して対応していることが多い。こうした
実践は，狭義の「障害者サービス」ということができる（現状は1.3.3参照）。
また，視覚障害者を主なサービス対象とする情報サービス機関として視覚障害
者情報提供施設（点字図書館）（1.3.6参照），聴覚障害者を主なサービス対象
とする情報サービス機関として聴覚障害者情報提供施設（1.3.7参照）がある。
　②の人の図書館利用の障害は，①のケースと共通する場合も多い。ただし，
高齢者のおよそ8割は日常生活動作（ADL）などには問題を感じていないと
いう調査結果もあり，そうしたいわばアクティブ・シニアの生活課題とニーズ
に応じたサービス展開も含めて「高齢者サービス」の実践も広がりつつある。
　③の人の図書館利用の障害としては，施設・設備（特に，案内やサインのわ
かりにくさ），資料（特に，やさしめの日本語で書かれた資料や多言語資料の
少なさ），サービス（特に，多言語対応の少なさ）など多岐にわたる。こうし
た点に配慮し，利用者の文化的多様性を反映させた実践を「多文化サービス」
と呼んでいる。
　④の人としては，たとえば，病院に入院していて院外への外出の難しい人，
福祉施設に入所していて地域の図書館まで行くことが難しい人などが相当する。
公共図書館では，病院に設けられた病院患者図書館（1.3.8参照）や，福祉施

1：身体障害者に対する身体障害者手帳のほかに，知的障害者に対する療育手帳，精神障害
　者に対する精神障害者保健福祉手帳がある。

表1-1　身体や知的・精神機能などに障害のある人の主な特性とニーズ

状態	主な特性とニーズ	図書館としての対応例		
		施設・設備	資料	サービス・職員対応
視覚障害のある人	・視覚からの情報獲得に著しい困難さ ・聴覚や触覚の活用を重視した情報提供や対応へのニーズ ・来館困難への対応	点字ブロック敷設，段差の解消，拡大読書機の導入など	録音資料，点字資料，拡大文字資料などの提供	対面朗読の提供，郵送貸出の実施など
聴覚障害のある人	・聴覚からの情報獲得に著しい困難さ ・視覚の活用を重視した情報提供や対応へのニーズ	磁気誘導ループの導入，わかりやすい案内・サインの採用など	手話や字幕入りの映像資料などの提供	手話や筆談によるコミュニケーションや対応
肢体不自由のある人	・移動面で困難さと対応 ・資料を手にとって読むことの困難さと対応 ・来館困難への対応	段差の解消，低書架の採用，誰でもトイレの整備など	録音資料，拡大文字資料などの提供	郵送貸出や宅配の実施など
知的障害のある人	・認知（理解・判断・思考・記憶など）の困難さ ・わかりやすい情報提供や対応へのニーズ	わかりやすい案内・サインの採用など	マルチメディアDAISYやLLブックなどのわかりやすい資料の提供	わかりやすいコミュニケーションや対応
精神障害のある人	・状態により，意欲の低下や認知の困難さ ・わかりやすい情報提供や対応へのニーズ ・来館困難への対応	わかりやすい案内・サインの採用など	ニーズにより，さまざま	宅配の実施など
学習障害（ディスレクシア）のある人	・知的障害や視覚障害はないものの，読み書きに困難 ・視覚に加えて聴覚も活用した情報提供や対応へのニーズ		録音資料，拡大文字資料，マルチメディアDAISYなどの提供	対面朗読の提供

設に設けられた福祉施設図書館（1.3.9参照），病院・施設内の図書コーナーなどに団体貸出を行っているところがある。ブックモビル（移動図書館サービス）の巡回拠点の一つとして病院・施設を設定している公共図書館もある。ブックモビルなど通して図書館サービスを拡張していく実践を「アウトリーチサービス」という。また，刑務所などの刑事施設に収容されている人も，図書館へのアクセスや利用が困難である。刑務所内にも刑務所図書館（1.3.10参照）があるが，公共図書館として「アウトリーチサービス」を実施しているところは少数に限られている現状にある。

　⑤の人に対しては，ブックモビルなどを通した「アウトリーチサービス」が提供される。なお，公共図書館がない地域であっても，社会教育法（昭和22年法律第207号）第20条に規定する公民館が設置され，そこに図書室が設けられている場合（これを公民館図書室という）には，公民館図書室が公共図書館と同様のサービスを展開しているケースが多い。

　以上を整理すると，図1-1のようになるだろう。

1.3　図書館のアクセシビリティをめぐる理念と現状

1.3.1　ノーマライゼーションと「合理的配慮」

　今日の社会政策の基本思想・理念の一つにノーマライゼーション（normalization）がある。ノーマライゼーションは，1960年代にデンマークのバンク-ミケルセン（Bank-Mikkelsen, N. E.）らが提唱したもので，「障害をもつ人びとが特別のケアを受ける権利を享有しつつ，個人の生活においても社会のなかでの活動においても，可能なかぎり通常の仕方でその能力を発揮し，それをとおして社会の発展に貢献する道をひらく」ということであり，「障害者が他の市民と対等・平等に存在する社会こそノーマルな社会であるという思想」である[2]。国連により「完全参加と平等」をスローガンに1981年に実施された「国

2：茂木俊彦編集代表『特別支援教育大事典』旬報社，2010，p.737-738.

狭義の「障害者サービス」

「高齢者サービス」（主に非アクティブ・シニア）

「障害者サービス」

「多文化サービス」

「アウトリーチサービス」（の一部）

「高齢者サービス」（主にアクティブ・シニア）

「アウトリーチサービス」（の一部）

図1-1　図書館のアクセシビリティに係るサービスの類型

際障害者年」以降，日本を含む多くの国々でノーマライゼーションは認知度を高めるとともに，各種の政策に取り入れられていった。

　では，ノーマライゼーションを実現するためにはどうすればよいのだろうか。まずは，障害者の障害を本人の個人的な問題のみにとどめる捉え方から，社会の側のバリアへと捉え方の転換を図る必要がある。そうすることで，個人にどんな障害があっても社会の側のバリアが取り除かれれば，他の人々と対等・平等に社会参加できるようになる可能性が高まるからである。図書館における「障害者サービス」（"図書館利用に障害のある人々へのサービス"）も，ここに位置づけることができる。

　2006年12月に国連総会で採択された障害者の権利に関する条約（日本政府は2014年1月に批准）は，ノーマライゼーションの実現を強力に後押しする存在であることは間違いない。日本政府は，条約批准に向けた国内法整備として2013年6月に障害を理由とする差別の解消の推進に関する法律（障害者差別解消法）（平成25年法律第65号，2016年4月施行）を制定したほか，障害者基本法（昭和45年法律第84号）をはじめとする既存法令の改正などの対応をとってきた。

　障害者の権利に関する条約は，「全ての障害者によるあらゆる人権及び基本的自由の完全かつ平等な享有を促進し，保護し，及び確保すること並びに障害者の固有の尊厳の尊重を促進することを目的」（同条約第1条）とし，前文と50条の条文から構成されている。

　同条約では，障害に基づくあらゆる差別の禁止と障害者への「合理的配慮」

の提供などが規定されている。「合理的配慮」とは，「障害者が他の者との平等を基礎として全ての人権及び基本的自由を享有し，又は行使することを確保するための必要かつ適当な変更であって，特定の場合において必要とされるものであり，かつ，均衡を失した又は過度の負担を課さないものをいう」(同条約第2条)と定義されている。わかりやすくいえば，障害者一人ひとりのニーズをもとに状況に応じた変更や調整を体制や費用などの負担がかかりすぎない範囲(＝合理的な範囲)において行うことといえる。2016年4月施行の障害を理由とする差別の解消の推進に関する法律では，図書館を含む行政機関等には障害者に対する「合理的配慮」の提供を義務づけている。合理的に考えてできうることにもかかわらず配慮を行わなかったとしたら，「合理的配慮」の提供義務違反ということになりかねない。

条約の条文のうち，特に図書館のアクセシビリティに関わるものとしては，「施設及びサービス等の利用の容易さ」(第9条)，「自立した生活及び地域社会への包容」(第19条)，「表現及び意見の自由並びに情報の利用の機会」(第21条)，「教育」(第24条)，「文化的な生活，レクリエーション，余暇及びスポーツへの参加」(第30条)などがある。

たとえば，第9条では，締約国に対して「施設及びサービス等の利用の容易さに対する妨げ及び障壁を特定し，及び撤廃することを含む」措置をとることを求めるとともに，「公衆に開放される建物その他の施設において，点字の表示及び読みやすく，かつ，理解しやすい形式の表示を使用すること」「公衆に開放される建物その他の施設の利用の容易さを促進するため，人又は動物による支援及び仲介する者(案内者，朗読者及び専門の手話通訳を含む。)を提供すること」「障害者が情報を利用する機会を有することを確保するため，障害者に対する他の適当な形態の援助及び支援を促進すること」などに対する適当な措置をとることも求めている。

また，第21条では，締約国に対して「表現及び意見の自由(他の者との平等を基礎として情報及び考えを求め，受け，及び伝える自由を含む。)についての権利を行使することができることを確保するための全ての適当な措置をとる」ことを求めており，「この措置には，次のことによるものを含む」とする。

すなわち，「障害者に対し，様々な種類の障害に相応した利用しやすい様式及び機器により，適時に，かつ，追加の費用を伴わず，一般公衆向けの情報を提供すること」「公的な活動において，手話，点字，補助的及び代替的な意思疎通並びに障害者が自ら選択する他の全ての利用しやすい意思疎通の手段，形態及び様式を用いることを受け入れ，及び容易にすること」「手話の使用を認め，及び促進すること」などである。このほかの条文についても，本書巻末に掲載しているので，参照されたい。

　図書館において障害者への「合理的配慮」を的確に提供できるようになるためには，図書館の「基礎的環境整備」を同時に進めなければならない。「合理的配慮」が障害者のニーズに応じた直接サービスであるとするならば，「基礎的環境整備」はそれを的確に提供するための間接サービスといえるだろう。これに関連して，2015年2月に閣議決定された「障害を理由とする差別の解消の推進に関する基本方針」では，「障害者による円滑な情報の取得・利用・発信のための情報アクセシビリティの向上等」は「合理的配慮を的確に行うための環境の整備」と位置づけ，「着実に進めることが必要」としている。

　こうした動向をふまえ，日本図書館協会では，「全国のすべての図書館と図書館職員が，合理的配慮の提供と必要な環境整備とを通じて，図書館利用における障害者差別の解消に，利用者と手を携えて取り組むことを宣言」した「図書館利用における障害者差別の解消に関する宣言」を2015年12月に発表している。また，2016年3月には，「図書館における障害を理由とする差別の解消の推進に関するガイドライン」を公表し，図書館で提供すべき「合理的配慮」と取り組むべき「基礎的環境整備」を具体的に示している。

　ところで，ここまで述べてきた障害者の権利に関する条約や障害を理由とする差別の解消の推進に関する法律にいう「合理的配慮」の提供対象は，障害者に限られている。しかし，「合理的配慮」の提供が必要な人は，障害者だけではない。高齢者，外国にルーツのある人など実に多様である。もっといえば，ときと場合によっては，誰であっても「合理的配慮」が必要となることがある。そう考えれば，「合理的配慮」とそのための「基礎的環境整備」を決して特別視せず，図書館のアクセシビリティの基盤と捉えていきたいものである。

　なお，図書館の国際組織として，国際図書館連盟（IFLA）がある。IFLA は，2012年4月に「政府，図書館および情報提供者が，その情報とサービスをすべての人にとってアクセシブルにするに当たっての使命と中核となる行動」を示した「IFLA プリントディスアビリティのある人々のための図書館宣言」や，2014年8月に「国立図書館・文書館およびその他の公共文化施設の管理者を通じて，文化遺産，政府の記録および情報への一般の人々により継続的なアクセスを維持し，確保する」ことなどを明記した「情報へのアクセスと開発に関するリヨン宣言」などを発表している。また，IFLA には，「多文化社会図書館サービス分科会」「特別なニーズのある人々に対する図書館サービス分科会」「印刷物を読むことに障害がある人々のための図書館分科会」などが設けられており，「ディスレクシアのための図書館サービスガイドライン」（2001年）や「認知症の人のための図書館サービスガイドライン」（2007年）など，さまざまなガイドライン（指針）を策定，公表している。これらガイドラインの和訳文は，障害保健福祉研究情報システム（DINF）（http://www.dinf.ne.jp/index.html）の「IFLA（国際図書館連盟）の障害者の情報アクセスに関する取り組み」で確認できるので，参照されたい。

1.3.2　国立国会図書館の現状

　国立国会図書館は，国立国会図書館法（昭和23年法律第5号）に基づき設置されている日本で唯一の国立図書館である。同法によると，「真理がわれらを自由にするという確信に立つて，憲法の誓約する日本の民主化と世界平和とに寄与することを使命」（前文）としている。東京の本館のほかに，京都府精華町にある関西館，東京・上野公園にある国際子ども図書館，各中央省庁内に設けられた図書館などの支部図書館を通じて，「図書及びその他の図書館資料を蒐集し，国会議員の職務の遂行に資するとともに，行政及び司法の各部門に対し，更に日本国民に対し，この法律に規定する図書館奉仕を提供することを目的」（同法第2条）としている。

　「障害者サービス」については，2021年度現在，「障害者サービス実施計画2021-2024」に基づき実施されている。主なサービス内容としては，学術文献

録音サービス，点字図書・録音図書全国総合目録の作成・提供，視覚障害者等用データの収集および送信サービスなどである（詳しくは6章6.1参照）。課題として，対面朗読サービスの提供を求める要望が当事者からしばしば聞かれるが，今のところ，対面朗読のための「場所の貸与」しか行われていない。

1.3.3　公共図書館の現状

　公共図書館は，図書館法（昭和25年法律第118号）に基づき設置される公立図書館（都道府県立図書館および市区町村立図書館）と私立図書館（日本赤十字社，一般社団法人，一般財団法人が設置可能）から成る。その設置数は，2019年度で公立図書館3,303館（都道府県立図書館58館，市区町村立図書館3,226館），私立図書館19館である。「図書，記録その他必要な資料を収集し，整理し，保存して，一般公衆の利用に供し，その教養，調査研究，レクリエーション等に資することを目的」（同法第2条）としている。

　ユネスコ（国際連合教育科学文化機関）は，1994年に「ユネスコ公共図書館宣言」を採択している。同宣言では，「公共図書館のサービスは，年齢，人種，性別，宗教，国籍，言語，あるいは社会的身分を問わず，すべての人が平等に利用できるという原則に基づいて提供される。理由は何であれ，通常のサービスや資料の利用ができない人々，たとえば言語上の少数グループ（マイノリティ），障害者，あるいは入院患者や受刑者に対しては，特別のサービスと資料が提供されなければならない」ことが明記されている。

　公共図書館における「障害者サービス」の実態についての調査としては，2010年度と2017年度に筆者も参画して国立国会図書館により実施された「公共図書館における障害者サービスに関する調査研究」がある。これらの調査結果から主だった内容を紹介したい。

■実施率

　2010年度のサービス実施率は66.2％だった。まだ4割近くの公共図書館では「障害者サービス」を実施していないことがわかる。それでも，実施率は着実に上昇してきている。過去の同種調査からの実施率の推移を表1-2に示す。なお，2010年度の設置母体別の実施率は，都道府県立図書館92.5％，市立図書

表1-2　公共図書館における「障害者サービス」実施率の推移

調査年	回答館数	実施館数	実施率
1976年	1,050	270	25.7%
1981	1,362	517	38.0
1998	2,326	1,146	49.3
2005	2,843	1,598	56.2
2010	2,272	1,503	66.2

出典：国立国会図書館．公共図書館における障害者サービスに関する調査研究．シード・プランニング，2011，p.5の表1-1を一部改変。

館（政令市）84.1％，市立図書館（政令市を除く。東京都の特別区を含む）65.4％，町村立図書館55.4％，私立図書館38.5％だった。未実施の館からは，その理由として，「施設・設備，人員，資料，予算等が不十分で対応できない」「要望がない」「他機関（点字図書館等）で行っている」などがあげられている。

　なお，2017年度の調査では，実施率は調べていない。代わりに実績も加味した指標に適合する割合を出している。その結果，「障害者サービスの実績が「確かに」あるといえる図書館は2割にも満たない」ことがわかった。ここからは，実施率はあがっても，利用の実績が伴っていないという課題が見えてくる。まだ公共図書館が「障害者サービス」を提供していること自体を知らない利用者もたくさんいる。ぜひ積極的に広報・PRを行い，利用に結びつける努力をしていきたい。

■**実施内容**

　実施している主なサービス内容としては，次のとおりである。2017年度で，対面朗読サービス（33.5％），録音資料（音声DAISY等）の郵送貸出（31.5％），障害者施設への団体貸出（29.2％），音声DAISYの製作（13.4％）などであった。

■**所蔵資料**

　所蔵割合の高い資料としては，高い順に，大活字本（85.6％），点字絵本（66.6％），点字資料（冊子体）（64.5％），さわる絵本・布の絵本（50.0％），録音資料（音声DAISY以外のCD）（38.3％），録音資料（カセットテープ）（36.2

%），LL ブック（31.6%），録音資料（音声 DAISY）（26.7%）などであった（2017年度）。また，同じく2017年度で，「サピエ」と国立国会図書館による「視覚障害者等用データ送信サービス」を利用している図書館は，それぞれ11.5%と5.6%であった。なお，「サピエ」と「「視覚障害者等用データ送信サービス」については，4章の4.3で詳しく述べる。

■所有機器

　所有割合の高い情報保障関連機器としては，高い順に，拡大鏡（71.8%），拡大読書機（54.1%），DAISY 再生機（32.8%），音声読書機（15.9%）などであった（2017年度）。

■職員対応

　2017年度時点で，点字・手話のできる職員が1人以上いる図書館は，点字が7.7%，手話が13.3%であった。また，障害のある職員（当事者職員）が1人以上いる図書館は，28.5%であった。

■利用者

　「障害者サービス」の利用者としては，肢体不自由者が48.0%と最も多く，次いで，視覚障害者の43.0%，知的障害者の37.0%，聴覚障害者の30.4%，発達障害者の26.8%などとなっている（2017年度）。1.4で後述するように，視覚障害者中心に発展してきた「障害者サービス」であったが，現在ではさまざまな人たちが利用していることがわかる。

1.3.4　大学図書館の現状

　大学図書館は，大学設置基準（昭和31年文部省令第28号）第38条に基づき大学に設けられる図書館である。広義には，短期大学や高等専門学校に設けられる図書館も，大学図書館に含まれる。学術研究活動の支援だけでなく，近年では学生の教育・学習活動の支援も重視されている。

　大学，短期大学，高等専門学校における障害学生は37,647人であり全学生に占める割合は1.17%であった（2019年度，日本学生支援機構調べ）。障害別の人数では，多い順に，病弱，精神障害，発達障害などとなっている。また，留学生は312,214人であった（2019年度，日本学生支援機構調べ）。出身国では中

国，ベトナム，ネパールなどの順に多かった。

　大学図書館における障害学生へのサービスは，障害学生支援という枠組みのなかで行われることがある。ただし，障害学生支援は，「障害学生支援室」などの担当部署を学内に設けて，そこが中心となって実施されているケースが多い。そのため，そこに大学図書館が関わっていない場合，大学図書館として特段の支援やサービスは提供しない（できない）ということになりがちである。

　筆者が，2014年2月に独立行政法人日本学生支援機構が運営する「障害学生修学支援ネットワーク」の拠点校（協力校を含む）となっている全国の国私立10大学の図書館に，著作権法第37条第3項（1.5.4参照）に基づく障害学生へのサービス実施の有無を照会したところ，9大学から回答があった。それによると，サービスを実施していると回答したのは2大学（筑波技術大学と日本福祉大学）の図書館だけであった。日本福祉大学付属図書館では，障害学生への「所蔵資料のテキストデータの提供」を行っていた（筑波技術大学の取り組みについては6章の6.3.1参照）。全国的な実態調査は，1997年に国立大学図書館協議会身体障害者サービスに関する調査研究班による「大学図書館における身体障害者サービスの実態」以降，行われていない現状にある。

1.3.5　学校図書館の現状

　学校図書館は，学校図書館法（昭和28年法律第185号）に基づき小学校，中学校，高等学校，義務教育学校，中等教育学校，特別支援学校に設けられる図書館である。「図書，視覚聴覚教育の資料その他学校教育に必要な資料（以下「図書館資料」という。）を収集し，整理し，及び保存し，これを児童又は生徒及び教員の利用に供することによつて，学校の教育課程の展開に寄与するとともに，児童又は生徒の健全な教養を育成することを目的」（同法第2条）としている。

　障害のある児童生徒に対する教育は特別支援教育と呼ばれている。特別支援教育は，①小学校などの通常のクラスに在籍して支援を受けながらすべての授業等をそのクラスで受ける，②小学校などの通常のクラスに在籍して特定の授業は通級指導教室に通って受ける，③小学校などの特別支援のクラスに在籍す

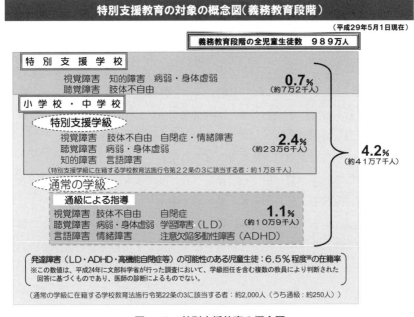

図1-2　特別支援教育の概念図

出典：文部科学省「特別支援教育の概念図」https://www8.cao.go.jp/shougai/whitepaper/h30hakusho/
zenbun/h1_03_01_01.html（参照2021-06-25）.

る，④特別支援学校に在籍する，という４つの形態で行われている。ノーマライゼーションの推進に伴って，国際的にもインクルージョン（inclusion：包摂）が進み，日本でも障害のある児童生徒は可能な限りメインストリームでの教育（④→③→②→①）が指向されるようになってきている。実際，特別支援教育を受けている児童生徒数は，義務教育段階で，特別支援学校（7.2万人）よりも小学校・中学校（34.5万人）のほうが多くなっている（2017年度：図1-2）。障害者の権利に関する条約では，インクルーシブ教育の推進も規定しており，今後さらにインクルージョンが進んでいくものと思われる。

　また，日本語が母語でないなどの理由から日本語指導が必要な児童生徒も増える傾向にある。日本語指導が必要な児童生徒は約5.1万人で，うち外国籍の児童生徒が約４万人となっている（2018年度）。10年前に比べて約1.7万人増加

している。

　以上のような現状から，特別支援学校の学校図書館だけでなく，すべての学校の学校図書館が，これらの児童生徒に対して支援やサービスを提供していかなければならない。1999年に採択された「ユネスコ／IFLA 学校図書館宣言」では，「学校図書館サービスは，年齢，人種，性別，宗教，国籍，言語，職業あるいは社会的身分にかかわらず，学校構成員全員に平等に提供されなければならない。通常の図書館サービスや資料の利用ができない人々に対しては，特別のサービスや資料が用意されなければならない」としている。

　いまのところ，小学校，中学校，高等学校，義務教育学校，中等教育学校の学校図書館におけるこれらの児童生徒への支援やサービスに関しての調査は行われておらず，実態は詳らかでない。一方，特別支援学校の学校図書館に関しては，2019年度に全国学校図書館協議会が全国調査を実施している。その調査結果の主だった内容を概観したい。

■設置率

　学校図書館法第3条によって特別支援学校においても学校図書館の設置が義務づけられているため，本来100％の設置率であるべきだが，91.0％だった。未設置の学校からは，「児童生徒数の増加に伴い，普通教室に転用している」「教室不足に対応するため」といった理由が寄せられた。

■司書教諭の発令率

　学校図書館法第5条によって専門的職務を掌る司書教諭を12学級以上の規模のある学部（小学部，中学部，高等部）に置くことになっている。司書教諭を置いている特別支援学校は58.3％だった。同年度に全国学校図書館協議会が実施した「2019年度学校図書館調査」の結果によると，他の校種における司書教諭の発令率は，小学校58.6％，中学校52.8％，高等学校75.9％だった。

■学校司書の配置率

　教員（司書教諭を含む）のほかに学校図書館を担当する専門職員として学校司書がいる（2015年4月より学校図書館法第6条に規定）。学校司書の配置率は20.0％だった。都道府県別にみると，鳥取県，島根県，沖縄県の3県では配置率100％を実現している一方で，0％の県が多数存在する。なお，「2019年度

学校図書館調査」によると，小学校は79.9%，中学校は79.6%，高等学校は
85.2%の配置率だった。

■年間予算

年間予算は平均19.4万円であり，公費，私費の別では公費17.7万円，私費1.7
万円だった。全額が私費のみだったり，そもそも予算がないというケースもあ
った。「2019年度学校図書館調査」の結果によると，小学校52.6万円（公費46.8
万円，私費5.8万円），中学校62.7万円（公費60.1万円，私費2.6万円），高等学校
115.0万円（公費75.3万円，私費39.7万円）という年間予算の平均額だった。

■所蔵資料

図書を例にとると，平均4,928冊であった。「2019年度学校図書館調査」の結
果によると，他の校種における平均蔵書数は，小学校10,335冊，中学校11,579
冊，高等学校27,204冊だった。

■公共図書館などとの連携

公共図書館など他機関と連携している割合は51.4%だった。連携先としては，
公共図書館をあげた学校がいずれの種別でも最も多かった。連携内容は，資料
の貸借が中心だった。

以上のように，特別支援学校の学校図書館は，小学校などの他の校種の学校
図書館に比べると，厳しい状況におかれている。環境整備を着実に進められる
ように，国や地方公共団体による実効性ある充実・振興施策が期待される。

1.3.6 視覚障害者情報提供施設（点字図書館）の現状

視覚障害者情報提供施設（点字図書館）は，身体障害者福祉法（昭和24年法
律第283号）第34条に基づき設置されている。同法第34条では，次の1.3.7で述
べる聴覚障害者情報提供施設とあわせて，次のように規定している。「視聴覚
障害者情報提供施設は，無料又は低額な料金で，点字刊行物，視覚障害者用の
録音物，聴覚障害者用の録画物その他各種情報を記録した物であつて専ら視聴
覚障害者の利用するものを製作し，若しくはこれらを視聴覚障害者の利用に供
し，又は点訳（文字を点字に訳すことをいう。）若しくは手話通訳等を行う者
の養成若しくは派遣その他厚生労働省令で定める便宜を供与する施設とする」。

身体障害者社会参加支援施設の設備及び運営に関する基準（平成15年厚生労働省令第21号）第34条では，点字図書館を「視聴覚障害者情報提供施設のうち点字刊行物及び視覚障害者用の録音物の貸出しその他利用に係る事業を主として行うもの」としている。2018年度現在で全国に76館設置されている。

全国の視覚障害者情報提供施設（点字図書館）の動向については，全国視覚障害者情報提供施設協会（全視情協）のウェブサイト（http://www.naiiv.net/）が参考になる。

1.3.7　聴覚障害者情報提供施設の現状

聴覚障害者情報提供施設も，前述の身体障害者福祉法第34条を根拠としている。身体障害者社会参加支援施設の設備及び運営に関する基準第34条では，聴覚障害者情報提供施設を「視聴覚障害者情報提供施設のうち聴覚障害者用の録画物の製作及び貸出しに係る事業を主として行うもの」としている。

2018年度現在で全国に51施設設置されているが，いまだにすべての県に設置されているわけではない。全国の聴覚障害者情報提供施設の動向については，全国聴覚障害者情報提供施設協議会のウェブサイト（http://www.zencho.or.jp/）が参考になる。

1.3.8　病院患者図書館の現状

病院などの医療機関のなかにある図書館というと，医師や看護師など当該医療機関に勤務する医療従事者を主な利用対象とする専門図書館である医学図書館を思い浮かべる人も少なくないだろう。医療機関は，医療従事者が患者に医療サービスを提供するところである。したがって，医療機関内に医療従事者に対する図書館があるならば，患者（特に，入院し外出に制限のある状態の人）が利用できる図書館サービスも用意されていなければならない。それが，病院患者図書館である。

菊池佑によると，1974年の時点で患者に対する図書館サービスを提供していた医療機関は84だったが，2000年になると298に増加している。しかし，2000年の段階でも，「資料」「担当者」「専用の図書室」の３点がそろっているとこ

ろとなると，43の医療機関に過ぎないという[3]。他の医療機関では，病棟や食堂の片隅に本棚を置いてセルフで利用できるようにしているなど，さまざまである。運営は，司書よりもボランティアに頼っているケースが多いとされる。

公共図書館がブックモビルの巡回拠点の一つとして医療機関を設定しているケースもみられる。また，すでに紹介した国立国会図書館による「公共図書館における障害者サービスに関する調査研究」（2010年度）の結果によれば，医療機関（および患者図書館）に対しての団体貸出などのサービスは，「障害者サービス」実施館のなかの12.9％が行っていると回答している。

1990年代以降，患者とその家族に健康・医療情報提供サービスを提供する医療機関も増えてきている。背景には，患者の知る権利や，インフォームド・コンセント，セカンド・オピニオンなどの必要性の高まりがあるとされる。健康・医療情報提供サービスは，医療機関内に「健康・医療情報室」（これも，一種の病院患者図書館機能といえる）などを新設して提供するところもあれば，既存の病院患者図書館の一つのサービスとして提供するところもある。

健康・医療情報提供サービスについては，公共図書館でも，ビジネス支援サービスや法情報サービスなどとともに課題解決支援サービスの一つとして注目されており，東京都立中央図書館など健康・医療情報サービスに積極的に取り組む公共図書館も増えつつある。

1.3.9　福祉施設図書館の現状

福祉施設としては，大きく，児童福祉施設，障害者福祉施設，高齢者福祉施設の３タイプがあり，さらに，それぞれ入所施設と通所施設に分かれる。1.3.6と1.3.7で述べた視覚障害者情報提供施設および聴覚障害者情報提供施設以外で，法令上，図書室の設置が義務づけられているのは，児童館（屋内の児童厚生施設），児童自立支援施設（以上，児童福祉施設の設備及び運営に関する基準（昭和23年厚生省令第63号））と，身体障害者福祉センターA型，同B型（以上，身体障害者社会参加支援施設の設備及び運営に関する基準（平成15

3：菊池佑『病院患者図書館—患者・市民に教育・文化・医療情報を提供』出版ニュース社，2001，p.18-29，308-317.

年厚生労働省令第21号）)に過ぎない。

　法令上義務化されていない施設（とりわけ入所施設）であっても，図書室や図書コーナーを設けているところは少なくないと思われるが，調査研究は皆無に等しく，その実態は詳らかではない。

1.3.10　刑務所図書館の現状

　刑事施設（刑務所）は，明治時代に作られた監獄法に代わって新たに制定された刑事収容施設及び被収容者等の処遇に関する法律（平成17年法律第50号）に基づき，被収容者（受刑者など）を収容して必要な処遇を行う施設である。同法第33条では，「刑事施設の長は，被収容者に対し，その刑事施設における収容の開始に際し，被収容者としての地位に応じ，次に掲げる事項を告知しなければならない」とし，告知事項の一つに「書籍等（書籍，雑誌，新聞紙その他の文書図画（信書を除く。）をいう。以下同じ。）の閲覧に関する事項」が挙げられている。ここでいう「書籍等」には，「自弁の書籍等」（いわゆる私本）と「備付書籍等」（いわゆる官本）の2つに分けられる。前者は自弁すなわち被収容者自らが購入したりした「書籍等」のことであり，後者は刑事施設に備え付けてある「書籍等」のことである。この後者の，「書籍等」を備え付け，閲覧に供する機能のことを刑務所図書館と呼んでいる。被収容者の書籍等の閲覧に関する訓令（平成18年法務省矯成訓第3300号）第9条では，「備付書籍等」について，「刑事施設の長は，被収容者の利用に供するため，法令，教育，教養および適当な娯楽に関する書籍等を刑事施設に備え付けるものとする」（第1項），「前項の書籍等（以下「備付書籍等」という。）には，職業上有用な知識の習得および学力の向上に役立つものを含むよう配慮しなければならない」（第2項）としている。

　刑事施設に図書館または図書室の設置そのものを規定する条文は法令上存在しないが，前述の「備付書籍等」の存在が刑務所図書館の根拠となっている。実際には，「図書室」を設けて「書籍等」を備え付けている刑事施設もあるものの，「図書工場」と称する「備付書籍等」の整理・保管などを行う作業室（主に被収容者自身が作業の一環としてこれらの業務を担う）を設けるという

刑事施設ならではの方式もある。「備付書籍等」の運営と利用については，前述の訓令と，被収容者の書籍等の閲覧に関する訓令の運用について（平成19年法務省矯成第3345号依命通達）（以下，運用）によっている。たとえば，利用方法については，「被収容者ができる限り多くの種類の備付書籍等の中から選択することが可能となるよう努めるものとし，例えば次のような方法によること。　ア　被収容者を図書室等に連行して開架式の書架から選択させること　イ　工場または居室棟に一定の個数の備付書籍等を備え付けて休憩時間等に選択させる方法　ウ　工場または居室棟に備付書籍等の目録を備え付けて選択させる方法　エ　備付書籍等1個ごとにカードを作成し，一定の枚数のカードを工場または居室棟に送付して選択させる方法」と運用8（2）に規定がある。

　これら「備付書籍等」について，中根憲一は「備付けの書籍等が，その種類・数量・鮮度等の面において，被収容者の読書ニーズに十分に対応できていない現状」にあると述べ，「備付書籍等」よりも「自弁書籍等」のほうが被収容者には人気であるという[4]。

　では，「備付書籍等」すなわち刑務所図書館の現状は，どうなっているのだろうか。中根は自ら訪問した施設の現状を報告しているが，そのいくつかを紹介してみたい。

■蔵書数

<u>川越少年刑務所</u>（約18,600冊），<u>市原刑務所</u>（8,070冊：総紀1,041冊，哲学464冊，歴史409冊，社会科学870冊，自然科学422冊，技術282冊，産業351冊，芸術371冊，言語402冊，文学3,458冊），<u>静岡刑務所</u>（25,388冊：総紀213冊，哲学834冊，歴史782冊，社会科学2,780冊，自然科学798冊，技術797冊，産業502冊，芸術3,761冊，言語3,014冊，文学11,907冊），<u>姫路少年刑務所</u>（12,746冊：総紀87冊，哲学628冊，歴史521冊，社会科学723冊，自然科学299冊，技術337冊，産業305冊，芸術409冊，言語362冊，文学9,075冊）

■貸出冊数と期間

<u>川越少年刑務所</u>（3冊・1週間），<u>市原刑務所</u>（3冊・1週間），<u>静岡刑務所</u>

4：中根憲一『刑務所図書館：受刑者の更生と社会復帰のために』出版ニュース社，2010，p.2.

（3冊・2週間［一般貸与官本の場合］，7冊・3月［特別貸与官本の場合］），姫路少年刑務所（3冊・1週間［一般貸与官本の場合］，2冊・1月［特別貸与官本の場合］）

■担当職員

川越少年刑務所（職員2人［専任1人，兼任1人］，図書係の被収容者6人），市原刑務所（職員1人［専任］，図書係の被収容者3人），静岡刑務所（職員4人［専任1人，兼任3人］，図書係の被収容者10人），姫路少年刑務所（職員1人［専任］，図書係の被収容者5人）

■年間予算額

川越少年刑務所（約80万円），市原刑務所（約40万円），静岡刑務所（約67万円），姫路少年刑務所（約27万円）

■公共図書館との関係

川越少年刑務所（関係なし），市原刑務所（市原市立図書館より3月ごとに団体貸出［1回240冊］），静岡刑務所（静岡市立図書館より年1回リサイクル図書の寄贈），姫路少年刑務所（姫路市立図書館より月1回団体貸出［1回30冊］のほか，リサイクル図書の寄贈）

　筆者も，2010年6月に日本最大規模の刑事施設である府中刑務所（東京都）（被収容者数：約3,000人，職員：約600人）を見学する機会を得て，刑務所図書館も視察させてもらった。府中刑務所図書館は，「図書工場」方式であった。すなわち，矯正処遇（刑務作業）の一つとしての図書の貸出，整理，保管業務を被収容者が担当している。蔵書数は71,543冊であり，このうち，外国語図書34,025冊（英語18,000冊，中国語5,200冊など）である。外国語図書が多いのは，外国籍の被収容者を多く収容していることも関係している。貸出は，単独室（独居房）の人には1人2冊・10日間，共同室の人には1人2冊・14日間となっている。被収容者は，仮就寝時間や休日の読書に利用しているという。

1.4　図書館のアクセシビリティをめぐる歴史： 公共図書館と点字図書館を中心として

1.4.1　第二次世界大戦前の歴史

　図書館をアクセス可能なものとしようとする取り組みは，古くは明治時代の初期から見られた。スコットランドのキリスト教宣教医ヘンリー・フォールズ（Henry Faulds）による取り組みである。フォールズは，1874（明治7）年の来日以降，民衆に無償で医療行為を提供していた。翌年に築地病院を開く一方で，「楽善会」に参画し「訓盲事業」開始に向けても動いていた。しかし，「訓盲事業」については事業認可を得るためにキリスト色を払拭する必要があったことなどから，フォールズは「楽善会」からは離れることになった（その後，楽善会訓盲院，現在の筑波大学附属視覚特別支援学校。授業開始は，1880年2月）。とはいえ，フォールズの「訓盲事業」への思いは変わらず，自分自身で「聖書のいくつかの章やその他のキリスト教文学を凸字印刷し」，凸字図書を作っていたという。こうした凸字図書をもとに，1880（明治13）年，築地病院内に日本初の「盲人用図書室」を開設したのであった。宣教師・宣教医たちの日本での活動内容を記した『History of Protestant Missions in Japan』（1883年）には，次のような記述が載っている。「ドクター・フォールズは，盲人用の図書を作るために特殊印刷を準備し，また，盲人用図書室を開設した」。ただし，1882（明治15）年にフォールズは日本を去っており，それに伴ってこの「盲人用図書室」は短命に終わってしまった。

　1900年代に入ってしばらく経つと，盲学校を卒業生した人たちから「盲人図書館」を設立する要求が高まり，1909（明治42）年1月，名古屋盲人会が「盲人図書館」を開館した。『内外盲人教育』第3巻秋号（1914年）に掲載された記事「名古屋盲人会一班」によると，「私共失明者の不幸なる中にも殊に智識の源泉ともいふべき図書に親しむの便を欠き，日進月歩の風潮に接触するの機会の少ひのは甚だ残念であります。幸いにも文明の余沢にて点字の発明あり，纔

に之により精神上の糧の供給を受けつゝあるのであります。然るに此点字図書の値非常に高く，普通書籍の十倍以上でありますから，到底貧困なる盲人の購求し得ざる所であります。依て本会は創立以後第一の事業として広く点字書を購入し，尚必要なる書籍は点字に附して，盲人に随意展読せしめることにしまして，此目的の為め図書館を設け，尚明治44年中巡回文庫の制を設け，毎月数回盲人各自の居所に就て，貸出しつゝありまして，大に盲人の便宜を計りて居ります。」と述べている。この記述からは，開館２年後からは巡回サービスも行っていたこともわかる。なお，「名古屋盲人会一班」によると，貸出冊数も飛躍的に増加しており，1909（明治42）年に883冊だったものが５年後の1913（大正２）年には2,031冊にまで増加していた。この名古屋盲人会による「盲人図書館」がわが国における日本人自身の手による点字図書館の初めてのものといえよう。その後，昭和初期にかけて各地に点字図書館に相当する事業や施設が設けられていき，なかでも，1935（昭和10）年に岩橋武夫によって建設されたライトハウス会館（創業は1922年，現在の日本ライトハウス情報文化センター）と，1940（昭和15）年に本間一夫によって創設された日本盲人図書館（現在の日本点字図書館）は特筆に値しよう。

　1916（大正５）年９月，東京市立本郷図書館が点字文庫を開設した。日本の公共図書館として，今日の「障害者サービス」につながる最初の取り組みである。これは，東京・小石川に住む東京盲学校卒業生の加藤梅吉が自身で所有していた点字図書200冊を本郷図書館に寄託するという形で開設されたものである。『東京市立本郷図書館点字図書部案内　附目録』（1928年12月頃発行；点字資料）から，点字文庫の概要を見ておきたい。

点字図書部案内

　東京市は社会教化の機関として市内に二十の市立図書館を設け市民に多数の良書を揃へて閲覧に供しています

　本郷図書館は明治四十三年に本郷区東片町に開館して以来市内で唯一の点字図書部を有する図書館として三百余冊の点字図書及び一万冊の墨字図書を蔵し市民の勉学或ひは娯楽等に利用されています

　　最近は盲人教化の徹底を期するために加藤梅吉氏の二百の寄贈図書の他続々点字
図書をとり揃へていますどうぞお友達やまだ知らぬ方々をお誘ひのうえご利用くだ
さい

　　開館時間　平日は午後三時半から九時まで　　日曜と祭日は午前十時から午後五時ま
　　　　　　　で
　　閲覧料　　館内閲覧　館外帯出（本を家に持ち帰ること）とも全部無料です
　　閲覧手続　受付で閲覧票を一枚貰って目録カードを探し読みたい本の名を申されま
　　　　　　　すと館員が机の上にその本を持ってきます済んだら出納口に本を返し閲覧票
　　　　　　　を受けとって受付に置いてかえればそれでよいのです
　　館外帯出　帯出希望者には保証書を差し上げますからそれをお出しになると帯出券
　　　　　　　を交付します（その札があれば家に本を持ってかえれます）帯出冊数は一回
　　　　　　　一冊で別に墨字の本も希望なら一冊同時にできます帯出期間は十日間ですな
　　　　　　　るべく点字図書帯出者は磨滅を防ぐために四六版型の箱を往復に使用して欲
　　　　　　　しいのです
　　所在地　　本郷区東片町十七　市電一高前下車白山の方へ約半町の右側にあります

　では，同文庫開設初期の利用状況はどうだったのであろうか。『東京市公報』
第176号（1918年 2 月 2 日発行）によれば，開設された1916(大正 5)年 9 月か
ら翌年 8 月までの 1 年間の閲覧人数は，館内閲覧144人，館外閲覧（館外帯出）
344人の計488人（一月平均40人）であったという。この人数が多いのか少ない
のか最初の試みゆえに同時期での比較対象もなく何とも判断し難い。最も多く
読まれていたのは「鍼按ニ関スル図書」であり，小説も多く読まれていたとい
う。このことから，三療（はり，きゅう，あんま）に従事する視覚障害者の利
用が多かったことが窺える。
　その後，大正後期から昭和初期にかけて視覚障害者に対するサービスを行う
公共図書館が徐々に増えていった。1919(大正 8)年には新潟県立図書館，1927
(昭和 2)年には石川県立図書館，1928(昭和 3)年には徳島県立光慶図書館，そ
して1929(昭和 4)年には鹿児島県立図書館，名古屋市立図書館，長野県立図書
館というように点字文庫や盲人図書室の開設が相次いだ。とはいえ，その多く
は県立図書館レベルであり，その数も数館にとどまっていた。こうした拡がり

表1-3　第二次世界大戦前の主な歴史

年	事項
1878（明治11）	京都に「京都盲唖院」開校
1880（明治13）	東京に「楽善会訓盲院」開校
1880（明治13）	ヘンリー・フォールズが築地病院内に「盲人用図書室」開設
1890（明治23）	石川倉次が日本訓盲点字を考案，採用
1909（明治42）	名古屋盲人会が「盲人図書館」設置
1916（大正5）	東京市立本郷図書館に「点字文庫」設置
1919（大正8）	新潟県立図書館に「盲人用閲覧室」設置。以降，「点字文庫」や「盲人用閲覧室」が各地の公共図書館に広がりはじめる
1922（大正11）	点字新聞『点字大阪毎日』（現，『点字毎日』）創刊
1933（昭和8）	第27回全国図書館大会において「点字図書及盲人閲覧者の取扱」討議
1934（昭和9）	東京盲学校に学校図書館の独立棟完成。地域の視覚障害者にも開放
1935（昭和10）	岩橋武夫が「ライトハウス会館」建設
1938（昭和13）	日本におけるトーキングブック（読本器）の完成
1940（昭和15）	本間一夫が「日本盲人図書館」創設

を反映してか，1933（昭和8）年に開かれた第27回図書館大会では，初めて「点字図書及盲人閲覧者の取扱」という議題での討議がなされており，今後も公共図書館としていっそう，点字図書の収集と閲覧に取り組んでいくことが決議されていた。この決議が戦前期の公共図書館における「障害者サービス」の到達点を示しているといえる。

　ところで，1937（昭和12）年のヘレン・ケラー（Helen Adams Keller）来日の際に，アメリカの盲人協会からレコード形態のトーキング・ブック（これを当時，「読本器」と和訳したようである）が中央盲人福祉協会に寄贈されたことを契機として，日本でも読本器の研究開発がはじまった。そして翌年6月に，中央盲人福祉協会や日本放送協会の研究のもと，日本ビクター蓄音機株式会社の製作によって完成を見た。1938（昭和13）年10月に開かれた「第五回全国盲人保護会議」では，「読本器頒布に関する件」というテーマで懇談が行われている。それによると，読本器機械とレコードの頒布は，「今後各道府県に本協会支部を設置し，支部を通じ，之を道府県内の盲人に普及せしむる様致したき希

望なり」と述べ，具体的な頒布価格が示されている。その価格は，「手捲式読本器機械」1台85円，「電気式読本器機械」1台225円，レコード1枚3円95銭であった。その後，1940(昭和15)年末までに機械200台とレコード1,000枚あまりが恩賜財団軍人援護会等の協力により全国の盲学校や陸海軍病院，各種盲人団体等に頒布され，一般の視覚障害者や失明軍人の利用に供された。

　表1-3に第二次世界大戦前の主な歴史を整理した。

1.4.2　第二次世界大戦後の歴史

　第二次世界大戦後の1949(昭和24)年に身体障害者福祉法が制定されると，そのなかに点字図書館の規定が盛り込まれた。一方で，点字図書館が明確な法的根拠を得たこともあって，公共図書館における点字文庫などの実践は，その後しばらくの間停滞していった。

　公共図書館において再び実践が具体化するのは，1970(昭和45)年のことであった。日本盲大学生会などが東京都立日比谷図書館（現，千代田区立日比谷図書文化館）に対して門戸開放を要求したのを契機として，この年，日比谷図書館が対面朗読と録音資料の製作および貸出を開始したのである。また，同年には，「視覚障害者読書権保障協議会」（視読協）が結成され，「読書権」の公的保障の実現に向けて積極的な活動を展開していった。

　これ以降，各地の公共図書館で対面朗読など視覚障害者に対するサービスが広がっていった。また，公共図書館と点字図書館の連携を強化する動きも現れ，1974(昭和49)年には公共図書館と点字図書館が参加して「近畿点字図書館研究協議会」（現，「近畿視覚障害者情報サービス研究協議会」）が発足したのはその好例である。

　1976(昭和51)年には，全国図書館大会の「障害者サービス」の分科会において，視覚障害者に限らず“図書館利用に障害のある人々”を「障害者」とする捉え方が示された。ここには，ノーマライゼーションの考え方，海外の「障害者サービス」の動向などが影響していたものと思われる。その後，1981(昭和56)年の「国際障害者年」や1986(昭和61)年のIFLA東京大会などを通して，この「障害者サービス」の捉え方は徐々に浸透していった。

表1-4　第二次世界大戦後の主な歴史

年	事項
1949（昭和24）	**身体障害者福祉法制定され，点字図書館について規定**
1961（昭和36）	郵便法改正され，盲人用郵便物無料化
1969（昭和44）	日本盲大学生会などが都立日比谷図書館と国立国会図書館に対して門戸開放を要求
1970（昭和45）	**東京都立日比谷図書館が対面朗読サービスなどを開始**
1970（昭和45）	著作権法公布され，第37条に点字による複製等を規定
1970（昭和45）	視覚障害者読書権保障協議会（視読協）結成
1971（昭和46）	視読協が全国図書館大会で「図書館協会会員に訴える―視覚障害者の読書環境整備を」とアピール
1974（昭和49）	近畿点字図書館研究協議会発足
1974（昭和49）	全国図書館大会で初めて身体障害者への図書館サービス分科会を設定
1975（昭和50）	国立国会図書館が学術文献録音サービスを開始
1976（昭和51）	身体障害者用書籍小包制度（現，心身障害者用ゆうメール）を開始
1978（昭和53）	日本図書館協会に「障害者サービス委員会」を設置
1981（昭和56）	国際障害者年
1982（昭和57）	**聴力障害者情報文化センター，字幕・手話付きビデオの貸出開始**
1982（昭和57）	**国立国会図書館が「点字図書・録音図書全国総合目録」刊行を開始**
1986（昭和61）	IFLA 東京大会開催
1988（昭和63）	**点訳オンラインデータベース「てんやく広場」開始（1998年に「ないーぶネット」に変更）**
1989（平成元）	公共図書館で働く視覚障害職員の会（なごや会）発足
1989（平成元）	聴覚障害者用小包郵便制度（現，聴覚障害者用ゆうパック）を開始
1992（平成4）	EYE マーク・音声訳推進協議会発足
1997（平成9）	IFLA 盲人図書館専門家会議，「DAISY」を国際標準規格として正式決定
1998（平成10）	障害者放送協議会結成
2001（平成13）	**文部科学省，公立図書館の設置及び運営上の望ましい基準に障害者サービスを初めて明記**
2003（平成15）	文化庁，障害者のための著作物の自由利用マークを発表
2004（平成16）	**DAISY 図書配信システム「びぶりおネット」が開始**
2006（平成18）	第61回国連総会で障害者の権利に関する条約採択（日本政府の批准は2014年1月）
2009（平成21）	著作権法改正（第37条第3項など）〈2010年1月1日施行〉
2010（平成22）	**「ないーぶネット」が「サピエ」に移行**
2013（平成25）	WIPO，マラケシュ条約採択

2014（平成26）	国立国会図書館が視覚障害者等用データの収集及び送信サービスを開始
2015（平成27）	日本図書館協会が「図書館利用における障害者差別の解消に関する宣言」発表
2016（平成28）	障害者差別解消法施行により行政機関等に「合理的配慮」の提供義務化
2019（平成31）	マラケシュ条約国内発効
2019（令和元）	読書バリアフリー法制定・施行
2020（令和2）	国の読書バリアフリー基本計画策定・公表

　とはいえ，1.3.3で述べたように，まだ多くの公共図書館では視覚障害者に対してのサービス（狭義の「障害者サービス」）が実践の中心である。図書館のアクセシビリティ，なかでもその中心的な実践としての"図書館利用に障害のある人々"へのサービスである「障害者サービス」を実質化していくにはどうしたらよいのか，私たち一人ひとりがこれまでの歴史と各館の現状をふまえながら，考えていきたいものである。
　表1-4に第二次世界大戦後の主な歴史を整理した。

1.5　図書館のアクセシビリティに関わる主な法令

1.5.1　障害を理由とする差別の解消の推進に関する法律（障害者差別解消法）

　すでに述べたように，障害を理由とする差別の解消の推進に関する法律が，障害者の権利に関する条約批准に向けての国内法整備の一環として2013年6月に制定された。同法は，2016年4月から施行されている。
　同法では，第5条で「行政機関等及び事業者は，社会的障壁の除去についての必要かつ合理的な配慮を的確に行うため，自ら設置する施設の構造の改善及び設備の整備，関係職員に対する研修その他の必要な環境の整備に努めなければならない」とし，行政機関等と民間事業者の双方に，「合理的配慮」を的確に行うための「基礎的環境整備」に努めることを求めている。
　このうち，行政機関等（公立図書館，国公立学校図書館などを含む）につい

ては、「その事務又は事業を行うに当たり、障害者から現に社会的障壁の除去を必要としている旨の意志の表明があった場合において、その実施に伴う負担が過重でないときは、障害者の権利利益を侵害することとならないよう、当該障害者の性別、年齢及び障害の状態に応じて、社会的障壁の除去の実施についての必要かつ合理的な配慮をしなければならない」（同法第7条第2項）として「合理的配慮」の提供を義務づけている。一方で、民間事業者（私立図書館、私立学校図書館などを含む）については、「合理的配慮」の提供に努めるよう求めている（同法第8条第2項）。

　なお、行政機関等と民間事業者の双方に対して、障害者への不当な差別的取り扱いを禁止している（同法第7条第1項及び第8条第1項）。

1.5.2　視覚障害者等の読書環境の整備の推進に関する法律（読書バリアフリー法）

　2019年6月には、視覚障害者等の読書環境の整備の推進に関する法律が制定・施行された。一般には読書バリアフリー法と呼ばれている。18条から成る読書バリアフリー法の概要は次のとおりである。

　第1条では法律の目的が示されている。その目的は「視覚障害者等の読書環境の整備を総合的かつ計画的に推進し、もって障害の有無にかかわらず全ての国民が等しく読書を通じて文字・活字文化の恵沢を享受することができる社会の実現に寄与すること」である。

　第2条ではこの法律にいう「視覚障害者等」「視覚障害者等が利用しやすい書籍」「視覚障害者等が利用しやすい電子書籍」の定義が示されている。このうち、「視覚障害者等」は、視覚障害者に限定するものではなく、後述の著作権法第37条第3項と同じく「視覚による表現の認識が困難な者」を指す。

　第3条では「視覚障害者等の読書環境の整備の推進」にかかる3つの基本理念が示されている。すなわち、

①視覚障害者等が利用しやすい電子書籍等が視覚障害者等の読書の利便性向上に著しく資する特性を有することからその普及が図られるとともに、引き続き、視覚障害者等が利用しやすい書籍が提供されること。

②視覚障害者等が利用しやすい書籍及び電子書籍等の量的拡充及び質の向上
　　が図られること。

③視覚障害者等の障害の種類及び程度に応じた配慮がなされること。

の3つである。

　第4条から第6条では国と地方公共団体の責務が示されている。とりわけ,
第6条において「政府は,視覚障害者等の読書環境の整備の推進に関する施策
を実施するため必要な財政上の措置その他の措置を講じなければならない」と
していることは重要だろう。関連して,第7条では国に「視覚障害者等の読書
環境の整備の推進に関する基本的な計画」策定の義務を,また第8条では地方
公共団体に「視覚障害者等の読書環境の整備の推進に関する計画」策定の努力
義務を課している。

　第9条から第17条では国の基本計画等に盛り込み,実施すべき基本的施策が
示されている。いずれも重要な施策であるが,なかでも第9条ではすべての館
種について「視覚障害者等が利用しやすい書籍等の充実,視覚障害者等が利用
しやすい書籍等の円滑な利用のための支援の充実その他の視覚障害者等による
これらの図書館の利用に係る体制の整備が行われるよう,必要な施策を講ずる
ものとする」としている。

　最後の第18条は国の基本計画の策定等に関する協議の場についての規定であ
る。この協議の場(関係者協議会)での検討を経て,2020年7月には国の視覚
障害者等の読書環境の整備の推進等に関する基本的な計画(読書バリアフリー
基本計画)が策定,公表されている。今後は,この計画の内容が着実に実行さ
れていくこと,そして,第8条に基づき地方公共団体も計画を策定し,計画的
に取り組みを進めていくことが求められる。

1.5.3 著作権法

　図書館サービスを提供するにあたって,著作権法(昭和45年法律第48号)の
規定は重要である。たとえば,国立国会図書館や公共図書館,大学図書館にと
っては,同法第31条の「図書館等における複製」の規定は,いわゆる「複写サ
ービス」の根拠となっている。

　本来，複製権などの著作権は著作権者が専有している。したがって，複製などを行おうとするときは，著作権者の許諾が必要となる。しかし，著作権法には著作権者の著作権を制限（権利制限）し，著作権者の許諾なく複製などを行うことのできる規定（例外規定）を設けている（同法第30条～50条）。前述の「図書館等における複製」もその一つである。

　図書館のアクセシビリティに関わって，著作権法にはいくつかの権利制限の規定が存在する。主なものとしては，「視覚障害者等のための複製等」（同法第37条），「聴覚障害者等のための複製等」（同法第37条の２），「営利を目的としない上演等」（同法第38条）があげられる。

■第37条第１項及び第２項

　「公表された著作物は，点字により複製することができる」（第１項），「公表された著作物については，電子計算機を用いて点字を処理する方式により，記録媒体に記録し，又は公衆送信（放送又は有線放送を除き，自動公衆送信の場合にあつては送信可能化を含む。）を行うことができる」（第２項）。

　まず，第１項にあるように，点字による複製，すなわち点字資料の製作は誰でも行うことができる（図書館でなくても可能）。

　次に，第２項にあるように，点字のデータを USB などの記録媒体に記録したり，インターネットを介して配信することも，誰でも行うことができる。

■第37条第３項

　「視覚障害その他の障害により視覚による表現の認識が困難な者（以下この項及び第百二条第四項において「視覚障害者等」という。）の福祉に関する事業を行う者で政令で定めるものは，公表された著作物であつて，視覚によりその表現が認識される方式（視覚及び他の知覚により認識される方式を含む。）により公衆に提供され，又は提示されているもの（当該著作物以外の著作物で，当該著作物において複製されているものその他当該著作物と一体として公衆に提供され，又は提示されているものを含む。以下この項及び同条第四項において「視覚著作物」という。）について，専ら視覚障害者等で当該方式によつては当該視覚著作物を利用することが困難な者の用に供するために必要と認められる限度において，当該視覚著作物に係る文字を音声にすることその他当該視

覚障害者等が利用するために必要な方式により，複製し，又は公衆送信を行うことができる。ただし，当該視覚著作物について，著作権者又はその許諾を得た者若しくは第七十九条の出版権の設定を受けた者若しくはその複製許諾若しくは公衆送信許諾を得た者により，当該方式による公衆への提供又は提示が行われている場合は，この限りでない」。

まず，「視覚障害その他の障害により視覚による表現の認識が困難な者」とはどのような人を指すのであろうか。日本図書館協会など図書館関係5団体が2010年2月に策定した「図書館の障害者サービスにおける著作権法第37条第3項に基づく著作物の複製等に関するガイドライン」（以下，本項においてガイドラインとする。本書巻末に全文掲載）によると，「別表1に例示する状態にあって，視覚著作物をそのままの方式では利用することが困難な者」とし，別表1には"視覚障害，聴覚障害，肢体障害，精神障害，知的障害，内部障害，発達障害，学習障害，いわゆる「寝たきり」の状態，一過性の障害，入院患者，その他図書館が認めた障害"が挙げられている。これらに該当するかどうかは障害者手帳の有無だけで判断するものではない。そのため，判断するためのリストも，ガイドラインには掲載されている。

次に，「福祉に関する事業を行う者で政令で定めるもの」として，著作権法施行令（昭和45年政令第335号）第2条には，国立国会図書館，公共図書館，大学図書館，学校図書館，視覚障害者情報提供施設（点字図書館）のほか，障害児入所施設や障害者支援施設，視覚障害者等のために情報を提供する事業を行う法人などが定められている。

さらに，「当該視覚著作物に係る文字を音声にすることその他当該視覚障害者等が利用するために必要な方式」としては，ガイドラインでは，「録音，拡大文字，テキストデータ，マルチメディア DAISY，布の絵本，触図・触地図，ピクトグラム[5]，リライト[6]（録音に伴うもの，拡大に伴うもの），各種コード化

5：絵記号のこと。非常口サインや車いすサインなどが好例である。日本工業規格（JIS）により標準化されたものもある（JIS　Z8210）。

6：リライトとは，文章などをやさしく（読みやすく）書きなおすこと。文意が変わらないように留意する必要がある。

（SP コード[7]など），映像資料のサウンドを映像の音声解説とともに録音すること等」をあげている。これらの方式での複製だけでなく，公衆送信も可能である。4章の4.3で説明する「サピエ」は，この規定に基づく自動公衆送信を行っている。ただし，複製しようとする方式と同じ方式のものがすでに入手可能な状態で出版，販売されている場合には，図書館において複製または公衆送信を行うことはできないので，注意しなければならない。

　なお，当然ながら，この規定により複製された，または公衆送信されたものは，「視覚障害その他の障害により視覚による表現の認識が困難な者」にしか提供できない。日本語の読み書きを苦手とする外国にルーツのある人などからも，提供を求める声はあるものの，現行の規定では提供することはできない。

■第37条の2
　「聴覚障害者その他聴覚による表現の認識に障害のある者（以下この条及び次条第5項において「聴覚障害者等」という。）の福祉に関する事業を行う者で次の各号に掲げる利用の区分に応じて政令で定めるものは，公表された著作物であつて，聴覚によりその表現が認識される方式（聴覚及び他の知覚により認識される方式を含む。）により公衆に提供され，又は提示されているもの（当該著作物以外の著作物で，当該著作物において複製されているものその他当該著作物と一体として公衆に提供され，又は提示されているものを含む。以下この条において「聴覚著作物」という。について，専ら聴覚障害者等で当該方式によつては当該聴覚著作物を利用することが困難な者の用に供するために必要と認められる限度において，それぞれ当該各号に掲げる利用を行うことができる。ただし，当該聴覚著作物について，著作権者又はその許諾を得た者若しくは第79条の出版権の設定を受けた者若しくはその複製許諾若しくは公衆送信許諾を得た者により，当該聴覚障害者等が利用するために必要な方式による公衆への提供又は提示が行われている場合は，この限りでない。

7：音声コード（SP コード）は，2次元コードである（下図）。QR コードに似ているが，SP コードは QR コードよりも情報量を多く収納でき，音声読上げ装置でコードを読み取らせると，紙に印刷された文字と同じ内容を音声で読み上げることができる。音声読み上げ装置は日常生活用具の一つに指定されている。

一 当該聴覚著作物に係る音声について，これを文字にすることその他当該聴
覚障害者等が利用するために必要な方式により，複製し，又は自動公衆送信
（送信可能化を含む。）を行うこと。

二 専ら当該聴覚障害者等向けの貸出しの用に供するため，複製すること（当
該聴覚著作物に係る音声を文字にすることその他当該聴覚障害者等が利用する
ために必要な方式による当該音声の複製と併せて行うものに限る）」。

　まず，第一号の「当該聴覚著作物に係る音声について，これを文字にするこ
とその他当該聴覚障害者等が利用するために必要な方式により，複製し，又は
自動公衆送信（送信可能化を含む。）を行うこと」については，著作権法施行
令第2条の2により，聴覚障害者情報提供施設のみに認められている。

　次に，第二号の「専ら当該聴覚障害者等向けの貸出しの用に供するため，複
製すること（当該聴覚著作物に係る音声を文字にすることその他当該聴覚障害
者等が利用するために必要な方式による当該音声の複製と併せて行うものに限
る）」については，同じく著作権法施行令第2条の2により，聴覚障害者情報
提供施設に加えて，公共図書館，大学図書館，学校図書館も該当する。これら
の図書館などでは，映像資料（DVDやビデオテープなど）について，聴覚障
害者などへ貸し出すために字幕や手話を付けた形で元の映像や音声を含めて複
製することが可能となった。ところが，映像資料については，同法第38条第5
項の規定により，公共図書館では貸出に際して著作権者などに相当額の補償
金を支払う必要があるとされているものの，その補償金処理に関する公的な仕
組みが整備されていない現状にある。また，大学図書館や学校図書館では，そ
もそも，映像資料の貸出を認める権利制限の規定自体が存在しない（もちろん，
個別に著作権者などに許諾を得た場合は除く）。そのため，同法第37条の2の
第二号の規定は，事実上，有名無実化しているのである。実効性をもたせるた
めには，同法第38条第5項の改正などの措置が必要といえる。

　なお，著作権法第37条の2については，ガイドラインに相当するものは策定
されていない。

■第38条第1項

　「公表された著作物は，営利を目的とせず，かつ，聴衆又は観衆から料金

（いずれの名義をもつてするかを問わず，著作物の提供又は提示につき受ける対価をいう。以下この条において同じ。）を受けない場合には，公に上演し，演奏し，上映し，又は口述することができる。ただし，当該上演，演奏，上映又は口述について実演家又は口述を行う者に対し報酬が支払われる場合は，この限りではない」。

　この規定は，非営利・無料の図書館サービスの一環として行う対面朗読や読み聞かせなどに適用できる。ところで，「ただし，当該上演，演奏，上映又は口述について実演家又は口述を行う者に対し報酬が支払われる場合は，この限りではない」とあるが，朗読者（図書館協力者）に支払われる報償費などは「報酬」に当たるのだろうか。この点について，国立国会図書館の南亮一は，「対面朗読の報償費はいわゆる音訳だけでなく，図表・写真の説明や調査研究のための作業等，さまざまな活動全体に支払われるものです。また，実質的に，交通費や弁当代（実費相当額）程度のところも多く，問題としないことが賢明です」と述べている[8]。

　なお，ここまでの著作権法の規定に関連して，盲人，視覚障害者その他の印刷物の判読に障害のある者が発行された著作物を利用する機会を促進するためのマラケシュ条約が，2013年6月に世界知的所有権機構（WIPO）で採択されたことにも触れておきたい。同条約は，締約国間で「公認機関（authorized entity）」などを通して，各国の国内法による著作権者の権利制限で製作されたアクセシブルな図書を共有することを可能とするものである。同条約について，日本政府は2018年に締結し，2019年1月から国内発効となっている。

1.5.4　郵便法および約款

　郵便法（昭和22年法律第165号）と日本郵便株式会社の約款には，図書館から障害のある人に対して郵送などにより資料を貸し出しする際の料金の減免が規定されている。

8：日本図書館協会障害者サービス委員会・著作権委員会編『障害者サービスと著作権法』日本図書館協会，2014，p.34.

　まず，郵便法第27条では第四種郵便物を規定し，そのなかに「盲人用点字の
みを掲げたものを内容とするもの」と「盲人用の録音物又は点字用紙を内容と
する郵便物で，郵便約款の定めるところにより，点字図書館，点字出版施設等
盲人の福祉を増進することを目的とする施設（総務省令で定める基準に従い会
社が指定するものに限る。）から差し出し，又はこれらの施設にあてて差し出
されるもの」（これを「特定録音物等郵便物」という）が含まれている。日本
郵便株式会社の内国郵便約款（平成24年）の「第5表　第四種郵便物の料金」
では，前述の第四種郵便物は無料とされている。なお，図書館が「特定録音物
等郵便物」の貸出・返却のために発受するには，内国郵便約款に従い所定の書
面で郵便局に申請し，該当する施設としてあらかじめ指定を受けておく必要が
ある。

　また，日本郵便株式会社のゆうパック約款（平成19年）によると，「聴覚障
害者用ゆうパック」を用いることで，割引料金で，図書館や聴覚障害者情報提
供施設などから聴覚障害者に対して「ビデオテープその他の録画物」の貸出・
返却のために発受することができる。発受するには，ゆうパック約款に従い所
定の書面に，聴覚障害者にサービスを行っていることを示す書類などを添付し
て郵便局に申請し，該当する施設としてあらかじめ指定を受けておく必要がある。

　さらに，日本郵便株式会社のポスパケット約款（平成19年）によると，図書
館と重度の身体障害者または重度の知的障害者との間で図書の貸出・返却のた
めの「心身障害者用ゆうメール」がある。通常のゆうメールの半額の料金で発
受することができる。発受することができるのは，図書館法に規定する公共図
書館だけであり，発受を行おうとする場合には，ポスパケット約款に従い所定
の書面に「心身障害者用ゆうメールによる図書の閲覧業務に関する資料」を添
付して郵便局に申請し，該当する施設としてあらかじめ指定を受けておく必要
がある。なお，「心身障害者用ゆうメール」で発受できるのは，図書だけであ
り，DAISYなどCD形態の資料は発受できないので，注意が必要である。

　郵送などによる貸出へのニーズは，近年，上述した制度に位置づけられてい
る人以外からも高まっている。こうしたニーズに応えるための制度のあり方の
検討が求められる。

2章
図書館資料のアクセシビリティ

　2章では，図書館資料のアクセシビリティについて考える。まず，図書館で収集可能なアクセシブルな出版物を取り上げ，その種類，現状と課題などについて具体例を交えながら紹介する。また，普及が進むとともに，アクセシビリティ機能への期待が高まっている電子資料の動向について，電子書籍を中心に述べる。さらに，図書館では，著作権法第37条第3項の規定に基づき視覚障害者等のために資料の複製（媒体変換）が認められている。その実際と課題についても触れたい。

2.1　アクセシブルな出版物

2.1.1　「視覚」を活用する資料

（1）大活字図書（大きな文字の本）

　現在，一般の読者を想定して出版されている図書の文字サイズは，単行本では9ポイント（サイズ），文庫本では8ポイントが多く，Microsoft Office のWord では，初期設定が10.5ポイントとなっている。近年では，文字を大きく，また行間を広くとる傾向にある。図2-1の2つの図版を比べてみよう。

　この図版を見比べて，どちらが読みやすいと思われるだろうか。大半の人は左のほうが読みやすいと感じるのではないだろうか。図書の印刷方式は，80年代後半に活版印刷からオフセット印刷に変わっており，これを境に，書体は金属活字からデジタルフォントに変化している。一見して文字サイズは明らかに

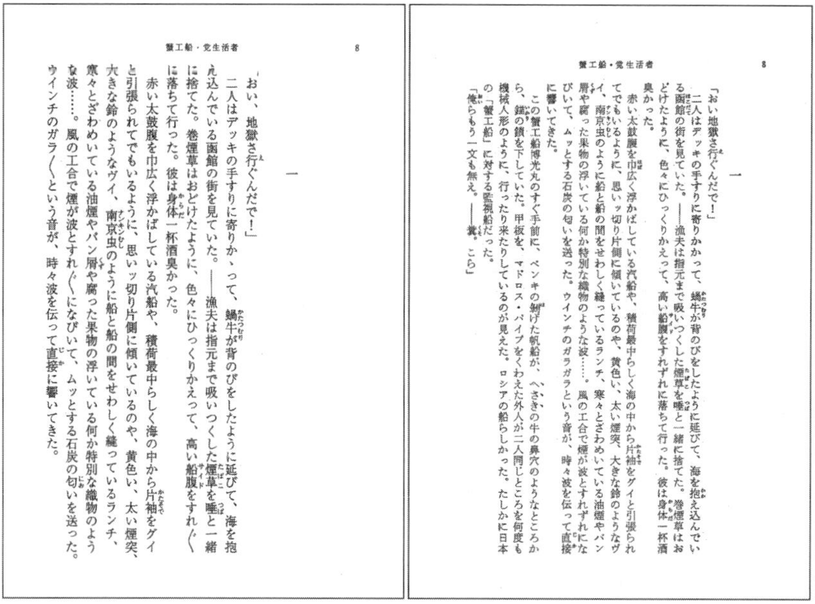
蟹工船・党生活者　8

一

「おい、地獄さ行ぐんだで！」

二人はデッキの手すりに寄りかゝって、蝸牛が背のびをしたように延びて、海を抱え込んでいる函館の街を見ていた。――漁夫は指元まで吸いつくした煙草を唾と一緒に捨てた。巻煙草はおどけたように、色々にひっくりかえって、高い船腹をすれ〳〵に落ちて行った。彼は身体一杯酒臭かった。

赤い太鼓腹を巾広く浮かばしている汽船や、積荷最中らしく海の中から片袖をグイと引張られてでもいるように、思いッ切り片側に傾いているのや、黄色い、太い煙突、大きな鈴のようなヴイ、南京虫のように船と船の間をせわしく縫っているランチ、寒々とざわめいている油煙やパン屑や腐った果物の浮いている何か特別な織物のような波……。風の工合で煙が波とすれ〳〵になびいて、ムッとする石炭の匂いを送った。ウインチのガラ〳〵という音が、時々波を伝って直接に響いてきた。

蟹工船・党生活者　8

一

「おい地獄さ行ぐんだで！」

二人はデッキの手すりに寄りかかって、蝸牛が背のびをしたように延びて、海を抱え込んでいる函館の街を見ていた。――漁夫は指元まで吸いつくした煙草を唾と一緒に捨てた。巻煙草はおどけたように、色々にひっくりかえって、高い船腹をすれずれに落ちて行った。彼は身体一杯酒臭かった。

赤い太鼓腹を巾広く浮かばしている汽船や、積荷最中らしく海の中から片袖をグイと引張られてでもいるように、思いッ切り片側に傾いているのや、黄色い、太い煙突、大きな鈴のようなヴイ、南京虫のように船と船の間をせわしく縫っているランチ、寒々とざわめいている油煙やパン屑や腐った果物の浮いている何か特別な織物のような波……。風の工合で煙が波とすれずれになびいて、ムッとする石炭の匂いを送った。ウインチのガラガラという音が、時々波を伝って直接に響いてきた。

この蟹工船博光丸のすぐ手前に、ペンキの剝げた帆船が、へさきの牛の鼻穴のようなところから、錨の鎖を下していた。甲板を、マドロス・パイプをくわえた外人が二人同じところを何度も機械人形のように、行ったり来たりしているのが見えた。ロシアの船らしかった。たしかに日本の「蟹工船」に対する監視船だった。

「俺らもう一文も無え。――糞。こら」

図2-1　文字サイズ・行間の比較（小林多喜二『蟹工船・党生活者』新潮文庫；右が活版印刷で昭和43年32刷改版，左がオフセット印刷で平成15年91刷改版）

大きくなっていることがわかる。新聞社が一定期間をおいて徐々に文字サイズを大きくしているように，出版社も明らかに文字サイズを大きくしていく傾向にあり，文庫本の帯には，そのような表現を記載するケースが増えてきている。

一般に，図書の文字サイズが大きくなってきているのは事実であるが，それでは，視覚障害のある人の中でロービジョン（弱視）と呼ばれる人たちが，十分に読みやすくなっているのかといえば，そうではない。

講談社の「青い鳥文庫」は1980年に創刊以来，『黒魔女さんが通る!!』や『若おかみは小学生！』などの人気シリーズが収録され，小学生を中心に愛読されている。しかしながら，2009年より「青い鳥文庫」に収録されている作品の中の約100タイトルについて，ロービジョンの子どもたち向けに「大きな文字の青い鳥文庫」を出版していることは意外と知られていない（図2-2）。

ここで，大活字図書の歴史を振り返っておきたい。

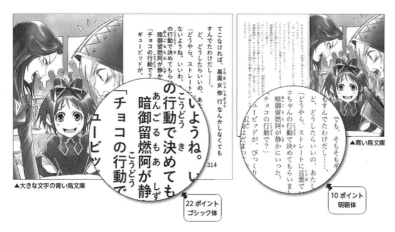

図2-2　大きな文字の青い鳥文庫の見本（左）と青い鳥文庫（右）
（石崎洋司・作，藤田香・絵『黒魔女さんが通る‼』講談社）

　大活字図書は，欧米では largeprint などの名前で，古くから出版されてきた。日本においては，活版印刷の時代，漢字・ひらがな・カタカナ・アルファベット・数字といった文字について，すべて大きな活字を揃えなければならないという技術的なむずかしさもあり，一文字一文字フェルトペンなどで手書きする方式の「拡大写本」という方式が行われた時期が長い。

　1970年代，大手出版社の一つ，小学館が販売協力をする方式で，『窓ぎわのトットちゃん』（黒柳徹子），『ギリシャ神話』（串田孫一）などを東京ルリユールが大活字図書として出版した。当時は手動写植という方式で製作されたが，コストの問題が大きく，継続的な出版には至らず，その後，東京ルリユールは解散した。

　1980年代に入り，社会福祉法人埼玉福祉会が，「高齢者・障害者向け」として，大活字図書の製作販売を始め，現在まで継続している。

　埼玉福祉会の最大の功績は，全国の図書館に「大活字図書」の PR を続けた結果，多くの公共図書館に「大活字図書コーナー」が設置されるようになったことである。1989年に日本図書館協会が行った調査では，回答した1,243館のうち639館に大活字図書が所蔵されるまでになった。その後，1998年の調査で

は，1,317館にまで拡大しているが，その理由としては1990年代に入り，埼玉福祉会以外にも複数の出版社（リブリオ出版，河出書房新社，作品社，大活字など）が大活字図書を発行するようになったことがあげられる。

その後，東京ルリユールが果たせなかった弱視者も読みやすい大活字図書を継続的に出版するという目的で，1996年に，長年点字図書館や公共図書館の障害者サービスにかかわってきた市橋正晴によって大活字（以下，大活字社）が創業された。そこには，次の2つの技術の誕生が背景にあり，初めて成り立った事業である。

■パソコンによる編集組版（DTP = DeskTop Publishing）

活版印刷の時代は，大活字図書を製作するためには，すべて大きなポイントの活字を一式揃えなければならず，現実的ではなかった。写真植字（写植）の時代になり，技術的に可能にはなったが，当時の組版技術にはいろいろな制約があり，読みやすいレイアウト調整を施すためには，膨大な時間とコストが必要であった。

ところが，1990年代に入り，パソコンによる編集技術が普及するようになり，かつて手書きで拡大写本を製作していた人たちが習得していた技術が，パソコンのアプリケーションソフト上で再現できるようになりはじめていた。

■少部数印刷環境の普及

活版印刷からオフセット印刷への移行にともない，活字を組み合わせたハンコは，フィルムに置き換わった。大量な印刷物には向いている方式であったが，少部数しか製作しない場合，フィルムの製版コストが大きいため，たとえば，単価が1万円を超えてしまうなど製作費が高くなってしまう場合が多く，少部数出版は事実上不可能であった。

しかし，1990年代に入り，フィルムを使わない印刷方式（シルバーマスター方式など）やオンデマンド印刷機などが登場し，少部数，あるいは1冊単位の印刷をしても，出版可能と考えられるコストに近づいてきた。

市橋がこの事業をスタートさせるヒントとなったのは，視覚障碍者読書支援協会の代表であった浦口明徳による「ハイテク拡大写本」の実践であった。先にふれた拡大写本はもともと手書きによるボランティア活動であったが，IT

表2-1　大活字社と従来の出版社の大活字図書の違い

	大活字社の大活字図書	それまでの大活字図書
製本	ソフトカバー（並製）	ハードカバー（上製）
文字サイズ	22ポイント	14ポイントが主流
フォント	ゴシック体	明朝体
販売方法	タイトルごとに販売	セット販売が主流
選書方針	話題になっている新刊が中心	古典的な名作が中心

技術に精通していた浦口は，パソコンを活用する拡大写本サービスへと転換させていた[1]。市橋の大活字出版事業には，この「ハイテク拡大写本」技術が全面的に応用されている。

　大活字社による大活字図書と，従来の大活字図書との大きな違いをまとめると，表2-1のとおりである。

　この大活字社の大活字図書の特徴を生み出した源は，創業者である市橋正晴が弱視当事者であり，図書館サービスや拡大写本サービスの利用者の一人でもあったことにあると思われる。

　そして，2008年6月には，障害のある児童及び生徒のための教科用特定図書等の普及の促進等に関する法律（教科書バリアフリー法）が成立した。

　これは，おもに視覚障害をはじめとする，障害のある子どもたちに対して，一人ひとりにあった形式の教科書を国が保障する体制が必要ではないかという，障害当事者や現場の先生方，保護者などによる長年にわたる運動の結果，法律が成立したもので，まだ不十分な点も残されているが[2]，一定の成果をあげている。

1：インターネットを活用する電子図書館として，草分け的な立場として「青空文庫」がある。主宰者の富田倫生は，浦口からのメールがきっかけとなり，視覚障害者が電子ファイルを利用する際，シンプルなファイル形式を望んでいることを知り，2002年エクスパンドブック形式による提供を中止し，テキストファイルとHTMLファイル形式の提供だけに移行した。〈富田倫生「青空文庫からのメッセージ」『出版のユニバーサルデザインを考える』読書工房，2006〉

2：高校の教科書については，2021年現在，一部を除き多くの拡大教科書の提供が進んでいない。

　この法律により，事実上，ボランティアによる製作が前提になっていた弱視者向け「拡大教科書」を，小学校・中学校用検定教科書を発行している教科書会社自身が製作し，一般の教科書と同時に発行するという状況が実現することとなった。

　このことを応用して考えれば，一般の出版物においても，同じ内容の「大きな文字版」を出版社自身が手がけることがもっとも理想的であると考えられる。

　まだ小さな取り組みではあるが，先に紹介した講談社による「大きな文字の青い鳥文庫」が発行されることになった背景には，講談社で電子書籍製作に携わっていた金子和弘らによる「講談社オンデマンドブックス」という新しい技術開発が存在した[3]。

　金子は，ボイジャーが開発したT-Timeという閲覧ブラウザで読むための電子書籍の製作を進めていく中で，手元の閲覧ブラウザ上で一人ひとりにあった読みやすい紙面が実現するのであれば，それを固定化し，オンデマンド印刷技術と組み合わせれば，高齢者から弱視者まで幅広い読者層のニーズにあった"究極の"大活字図書出版が実現するのではないかと考えたのである。

　その後，タブレット端末，スマートフォンの普及により，各出版社にとって電子書籍の製作販売への対応を無視できない時代に入ってきていることを考えると，これから大活字図書の出版は，電子書籍の普及とあわせて，選択肢の一つとして，より意識されてくる時代がやってくるだろう。

（2）LLブック（やさしく読める本）

　「LLブック」という言葉を聞いたことがあるだろうか。「LL」といっても，LLサイズの巨大な本でも，長持ちする（Longlife）本でもない。もともとLLブックの発行が始まったのは，スウェーデンであり，LLというのは，スウェーデン語のLättläst（やさしく読める）という単語からとられている。

　1960年代，スウェーデンでも広がり始めたノーマライゼーションという考え方は，当然，情報という分野においても，重要な役割を果たすものと考えられ

3：金子和弘「大活字出版をブックオンデマンドで」出版ニュース2005年7月下旬号.

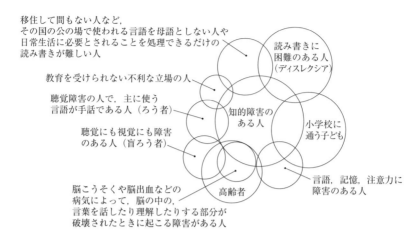

移住して間もない人など，
その国の公の場で使われる言語を母語としない人や
日常生活に必要とされることを処理できるだけの
読み書きが難しい人

読み書きに
困難のある人
（ディスレクシア）

教育を受けられない不利な立場の人

聴覚障害の人で，主に使う
言語が手話である人（ろう者）

知的障害の
ある人

小学校に
通う子ども

聴覚にも視覚にも障害
のある人（盲ろう者）

脳こうそくや脳出血などの
病気によって，脳の中の，
言葉を話したり理解したりする部分が
破壊されたときに起こる障害がある人

高齢者

言語，記憶，注意力に
障害のある人

図2-3　やさしく読める本や情報を必要とする人たちの概念図
出典：藤澤和子・服部敦司編著『LL ブックを届ける』読書工房，2009，p.24. に加筆。

た。社会を構成する一員として，社会のしくみや決まり，文化などを知ること
は必要であるし，また自分の考えをもち，自分の意見を表明すること，話し合
いに参加することも重要視された。

　そうした流れの中で，むずかしい内容のものを，文章表現やレイアウトなど
を工夫することによって，わかりやすく提示することへの模索が始められた。

　図2-3は，スウェーデンでLL ブックを必要とする読者層について説明す
るために作られた図である。

　なお，スウェーデン以外の国では，必ずしも LL ブックと呼ばれているわけ
ではなく，easy to read など別な表現が使われている。

　筆者は講演などの際，LL ブックと児童書の違いについて説明をするのに，
大阪にある国際交流基金関西国際センター図書館に勤める司書の方に伺ったエ
ピソードを紹介することが多い。

　関西国際センターには，アジア圏を中心にさまざまな国から留学生が勉強し
にきている。このセンターの図書館では，たくさんの日本語の本を所蔵してい
るが，司書の方は選書にたいへん苦労するという。読みがながつき，図や写真
を多用している児童書は留学生にとってもたいへん役に立つので，かなり所蔵

している。しかし，児童書だけでは，成人の留学生が求めている情報を満たすことはできないのである。

　たしかに児童書は，語彙を制限し，読みやすい工夫がされている。しかし，成人の留学生にとっては，もっと幅広い内容の情報が読みやすく編集されている本が必要なのである。

　同様のことは，知的障害のある読者にとっても，あてはまる。知的年齢は，たとえば小学生レベルであったとしても，生活年齢は，20歳を超えている人の場合，児童書だけで満足するわけではない。仕事のこと，恋愛や結婚のこと，政治や経済のこと，生活や趣味に関することなど，知りたいことは人によってそれぞれ異なるはずである。

　日本で最初に LL ブックを紹介したのは，藤澤和子である。スウェーデンで出版されていた『山頂にむかって』や『リーサのたのしい一日—乗りものサービスのバスがくる—』（愛育社）を監修して出版した（図2-4）。

　これらの本の特徴は，わかりやすい文章，写真とともに，ピクトグラムが使われていることである。ピクトグラムにはいろいろな方式があるが，ここでは PIC（Pictogram Ideogram Communication）と呼ばれるピクトグラムが使用されている。ピクトグラムを挿入することで，知的障害や自閉症などのある，

図2-4　『山頂にむかって』（愛育社）

図2-5　『わたしのかぞく―なにが起こるかな？』（樹村房）

言葉による理解がむずかしい読者に，よりわかりやすく内容を伝えることができる。

　藤澤は，まったく文字を使わない LL ブック製作にも挑戦している。『わたしのかぞく―なにが起こるかな？』（樹村房）は，ある家族の間に起こるさまざまなエピソードを，写真だけで4コママンガ風に表現した写真絵本である。

　全国手をつなぐ育成会連合会では，「自立生活ハンドブック」シリーズや，『あたらしいほうりつの本』『たのしい，わかりやすい料理の本』などの LL ブックを発行している。

　LL ブックの入門書として，『LL ブックを届ける―やさしく読める本を知的障害・自閉症のある読者へ』（藤澤和子・服部敦司編著，読書工房）がある。日本における大活字図書の普及に貢献した埼玉福祉会は2016年から，国土社も2021年から LL ブックの出版を始めた。

（3）手話 DVD

　聴覚に障害のある人の中でも，ネイティブサイナーと呼ばれる人たちがいる。生まれつき，あるいは幼い頃，聴覚に障害をもつこととなり，手話を母語（第一言語）としている人にとって，日本語で書かれた本の内容にわかりにくさを感じやすいことが知られている。

　そこで，手話を使った資料として，手話 DVD の製作が試みられている。

　偕成社は，2020年『ノンタンがんばるもん』など3つの絵本を手話で読み聞

図2-6　DVD『手話で楽しむ絵本』（偕成社）
手話読み聞かせ：早瀬憲太郎

かせする動画を収録する DVD『手話で楽しむ絵本』を出版した。

DVD のメニュー機能を使い，日本語字幕のオンオフや，声による読み聞か
せを選択することができる。

2.1.2　「聴覚」を活用する資料：オーディオブック

日本では，視覚障害者等を対象として，1950年代にオープンリールを使った
録音資料づくりが始まり，その後1970年代に8トラックテープやカセットテー
プが普及していく中で，図書館等においてさまざまな録音資料が作られるよう
になった。その担い手の中心は，ボランティアベースの音訳者であり，図書館
においては図書館協力者やボランティアの形で携わってきた（詳しくは，
2.3.1参照）。これら録音資料は，表紙や奥付の説明から，図や写真の説明まで，
すべての情報をあまねく言葉に変えて（＝音訳して），録音されていることに
大きな特徴がある。

2000年代に入ると，図書館が作る録音資料は，カセットテープから DAISY
に急速に移行した。DAISY は，Digital Accessible Information SYstem の略で，
「アクセシブルな情報システム」と和訳されるデジタル録音資料のフォーマッ
トである。DAISY 開発のきっかけは，1986年に東京で開催された国際図書館
連盟（IFLA）の大会の中で，視覚障害者のためのデジタル録音資料の標準化
が話し合われたことであった。1990年代に入ると，スウェーデンで DAISY の
開発が開始され，1996年には日本を含む6か国で DAISY コンソーシアムが結

成された。DAISY はパッケージとしては CD 形態で提供されるが，近年は，「サピエ（視覚障害者情報総合ネットワーク）」（http://www.sapie.or.jp/）などの電子図書館を介してのデータ提供がメインになりつつある。DAISY には，録音資料である音声 DAISY のほかに，音声と文字情報を同期させたマルチメディア DAISY もある。これについては電子書籍の課題とともに，2.2.3で取り上げる。

　なお，著作権法第37条第3項の規定に基づき図書館内で作られた録音資料は，「視覚障害その他の障害により視覚による表現の認識が困難な者」にしか提供できない。そのため，たとえば，外国にルーツのある人が図書館でこれらの録音資料を借りて読書したいと思っても，「視覚障害その他の障害により視覚による表現の認識が困難な者」ではないため，利用することはできない。市販のオーディオブックが増え，それらを図書館が広く収集・提供することができれば，こうした課題に対応することができる。

　市販のオーディオブックとしては，1980年代にカセットテープの普及とともに，新潮社をはじめ，多い時で130社以上の出版社が製作・販売を行った[4]。しかしながら，十分な市場を形成することができず，1990年代に入ると，一般出版社によるオーディオブックの製作・販売は，徐々に下火になっていった。対照的に，録音資料をボランティアとして作ってきた音訳者たちが，相次いで専業出版社を創業した。音訳サービス・J，オフィス・コア，横浜録音図書などである[5]。

　そもそも，カセットテープを使って製作されたオーディオブックは，1作品あたり4〜6本にもなってしまうため，製作コストも高く，それほど販売本数が見込めるものではなかった。しかし，1990年代には CD も普及し，さらにMP3という圧縮技術の登場に伴い，1枚の CD の中に数時間の音訳データを収録できるようになって，若干ではあるがコストの削減が進められた。

4：岡田雅之「オーディオブック普及の可能性」『出版のユニバーサルデザインを考える』読書工房，2006.
5：横浜録音図書は，2015年3月に廃業し，音源はオーディオブックの専門出版社であることのは出版に引き継がれた。また，オフィス・コアは，2015年3月製作を中止し，2018年3月に販売を終了した。

　日本のオーディオブックの市場は，ポッドキャスト配信やスマートフォンなどの普及にともない，再び市場が活性化してきた。この背景として，楽曲販売においてCDというパッケージ販売ではなく，ダウンロード販売が定着したことがある。とくに定額制（サブスクリプション）の導入をきっかけに，audible（アマゾン）とaudiobook.jp（オトバンク）の利用が伸びている[6]。

　それでも，日本で現在市場流通しているオーディオブックのタイトル数は1万5000点，国内売り上げは，CDなどのパッケージ型が約30億円，ダウンロードなど配信型が約20億円，合計約50億円とされている[7]。これらからすると，書籍市場全体の0.6％程度でまだ小さな市場と言わざるを得ない。そこで2015年4月7日に，小学館，講談社，KADOKAWA，オトバンクら出版社16社がオーディオブック普及に向け連携し，「日本オーディオブック協議会」の設立が発表された[8]。同協議会では「電子書籍の次の柱としてオーディオブックの認知度を向上させ，出版業界としてオーディオブック市場を推進」するとして，設立目的の一つに「高齢者・障害者へのオーディオブックの普及に関する協議」を掲げている。

　世界に目を向けると，アメリカやドイツでは，オーディオブックが大きな市場を形成し，視覚障害者に限らず広く普及している。なかでもドイツでは，DAISY形式で製作されたオーディオブックも，インターネットで販売されている。たとえば，ベルリンに本社をおくオーディオブック出版社であるアルゴン社[9]では，2008年10月から，同社のオーディオブックのうち販売上位20タイ

6：audible　https://www.audible.co.jp/
　　audiobook.jp　https://audiobook.jp/
7：ITmedia eBook USER「電子書籍の次の柱に──大手出版社など16社，「日本オーディオブック協議会」設立」http://ebook.itmedia.co.jp/ebook/articles/1504/06/news155.html，（参照2016-06-30）.
8：国立国会図書館 Current Awareness Portal「出版社16社がオーディオブック普及に向け連携，「日本オーディオブック協議会」が設立」http://current.ndl.go.jp/node/28293，（参照2016-06-30）.
9：同社は1952年に設立され，現在はホルツブリンク出版グループに属している。同グループはドイツに本社をおく世界規模の出版メディアグループで，傘下にマクミラン社や科学雑誌『サイエンティフィック・アメリカン』がある。

図2-7　ドイツハンブルグ州立図書館における貸出用オーディオブック（オーディオ機器ごと貸し出す）

トルの DAISY 化を開始し，同社のウェブサイトで販売されている。いずれも試聴可能で書店からも同社のウェブサイトからも購入できる。製作にあたっては，ライプチヒにあるドイツ中央点字図書館（Deutsche Zentralbücherei für Blinde, http://www.dzb.de/）と連携している[10]。

　なお，オーディオブックが普及しているアメリカやドイツでは公共図書館でのオーディオブックの貸出も広く行われている（図2-7）。

2.1.3　「触覚」を活用する資料

（1）点字図書，点字新聞・雑誌

　明治時代に点訳奉仕（ボランティア）による製作からスタートした点字図書であるが，やがて点字出版所が生まれていく。日本盲人社会福祉施設協議会という団体の点字出版部会には，25の点字出版所が加盟している。『日本点字出版総合目録』の最新のものは，現在のところ，2011年3月版であるが，歴史・哲学・社会科学・自然科学・芸術・言語・文学など多方面にわたる点字図書が出版されていることがわかる（http://www.ncawb.org/book.html）。

10：詳しくは同社ウェブサイト参照。http://www.argon-verlag.de/，（参照2015-01-07）.

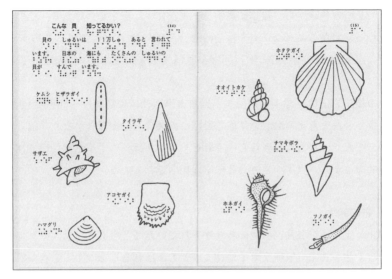

図2-8　点字雑誌『テルミ』（日本児童教育振興財団）

　なお，点字新聞としては，大正時代から毎日新聞社より発行されている「点字毎日」（週刊）などがある。

　点字雑誌としては，社会福祉法人東京ヘレン・ケラー協会から発行されている『点字ジャーナル』（月刊）や，社会福祉法人視覚障害者支援総合センターから発行されている『視覚障害—その研究と情報』（月刊）などが知られている[11]。

　小学館と関係の深い一般財団法人日本児童教育振興財団は，『テルミ』という点字雑誌を定期刊行している（隔月刊）。『テルミ』は発泡インクという方式で印刷され，触察できるイラストが豊富に掲載され，さわる図鑑としての機能を果たしている（図2-8）。

（2）点字つきさわる絵本

　全盲の岩田美津子は，子育てを通して，わが子に自ら絵本の読み聞かせがで

11：「視覚障害—その研究と情報」は，2021年現在，点字版のほかに，CD-R版（点字データ），墨字版，DAISY版の4媒体で発行されている。

きないという体験から，絵本に透明シールを使い，点字をつけたり，絵の輪郭をさわってわかるような工夫をはじめた。これがきっかけとなり，1984年に大阪で「点訳絵本の会岩田文庫」（現在のてんやく絵本ふれあい文庫）が開設された。

　その後，岩田は，絵本を出版する児童書出版社によびかけ，「点字つき絵本の出版と普及を考える会」を結成した。この会の活動が母体となり，福音館書店の『てんじつきさわるえほん　ぐりとぐら』をはじめ，小学館，偕成社，こぐま社などから，点字つきさわる絵本が出版されている。

（3）布の絵本

　1950年代，まだ公共図書館の普及が遅れていたこともあり，個人やグループによる子ども文庫（家庭文庫や地域文庫ともよばれる）をつくる動きが盛んになった。

　岩波書店の児童図書編集者だった小林静江は，1966年，東京・練馬区の自宅の一室を開放し，子ども文庫を開設していたが，北海道に移住してから，障害のある子どものための文庫活動を開始した。これは，1970年に脊髄カリエスのため長年寝たきりだった妹を亡くす経験がきっかけとなっている。

　当初は，病院の中に子ども文庫を開設することをめざし，1973年小樽市立病院小児科プレイルームに病院内子ども文庫として，「ふきのとう文庫」が開設された。その後，「障害をもつ子どもと本の会」をはじめることとなり，その例会で参加者が紹介したアメリカの主婦が作ったという布の絵本が話題となり，ふきのとう文庫による布の絵本の試作がはじまった。

　布の絵本の最大の特徴は，紙と違い，子どもたちが少し乱暴に扱っても壊れにくいため，障害のある子どもや乳幼児の利用にも適していることや，ひもやファスナー，ボタンなどを使ったさまざまなしかけを通したあそびが可能であることである。

　ふきのとう文庫は，その後札幌市内で日本でもめずらしい私立の児童図書館としての活動を続け，2013年には札幌駅近くに新築移転し，現在でも，布の絵本の製作活動を続けている。また，布の絵本の製作セットを販売している（図

書館等に限り完成品の販売も受け付けている）。

2.2　電子資料のアクセシビリティ

2.2.1　電子資料の普及と期待

　90年代後半より，自然科学系学術雑誌の電子化が進み，大学図書館を中心に普及した。このような電子化された学術雑誌を「電子ジャーナル」と呼び，今では学術雑誌の多くが電子化されている。さらに2010年に入って電子書籍に続き，一般誌，商業雑誌の電子化が注目された。これらは電子ジャーナルとは別に，「デジタル雑誌」「電子雑誌」と呼ぶのが一般的である。

　現在では，図書などの印刷資料として提供されてきた図書館資料の多くも，デジタル化されてきている。この中には百科事典，辞典，法令集，新聞の縮刷版などのように，紙面を単にデジタル化したのではなく，データベース化して，検索性を高め，利用しやすいインタフェースを備えた資料もある。また，大学図書館における利用では，電子ジャーナルに加え，大学が保有する紀要や学内論文誌が機関リポジトリに電子資料として収められている。公共図書館では，郷土資料を中心にデジタルアーカイブの構築が始まっている。

　また，国立国会図書館では，インターネット等で出版（公開）される電子情報で，図書または逐次刊行物に相当するものを「オンライン資料」と呼び，これらを文化財として蓄積し，将来にわたって利用できることを目的として，2013年7月1日から制度的収集を始めている（eデポ）。このオンライン資料とは，まさに電子書籍，電子ジャーナルなどにあたるものである。なお，当面，無償かつDRM（技術的制限手段）のないものに限定している[12]。

　このような電子書籍，電子ジャーナルなどのデジタルデータは，内部にテキストを保持していれば，TTS（text to speech：音声合成）による音声読み上

12：2015年12月から2020年1月までの「電子書籍・電子雑誌収集実証実験事業」を踏まえて，早ければ2022年度中に有償電子書籍を含めたオンライン資料の全面的な制度収集が開始される予定である。

げ機能，文字サイズの拡大機能，画面の白黒反転機能などを活用して，アクセ
シビリティを向上することができる。そのため，電子書籍に対しては，紙に印
刷された図書などをそのままの状態で読むことの難しい人から大きな期待が寄
せられている。

　しかし，技術的制約，あるいは契約条件から，すべてのデジタル化された資
料が必ずしも TTS に対応しているわけではない。電子書籍のどのコンテンツ，
端末，ビューワーで，どのようなアクセシビリティ機能が利用可能なのかにつ
いては，十分に把握，整理されていない現状にある。

2.2.2 　電子書籍の定義と市場規模

　ここでは電子書籍を中心に，電子資料のアクセシビリティについて取り上げ
る。

　はじめに電子書籍を定義しておくことにしよう。書籍や雑誌を電子化し，電
子端末で読むコンテンツを電子書籍と呼ぶようになったのは，それほど古いこ
とではない。出版業界で使われ始めたのは，1998年10月に設立された電子書籍
コンソーシアムがきっかけである。それまでは「電子出版」という用語が一般
的で，書籍や雑誌を含む電子的な出版物や電子化作業を総称していた。この電
子出版という用語は，1980年代半ばに DTP が普及し，CD-ROM による電子
辞典が発売されたことを機に概念化されている。

　1990年代半ばに情報流通基盤としてインターネットが普及し，次に携帯電話
の利活用が若年層まで広がったことで，デジタルコンテンツをネットワークに
より配信する「コンテンツ系電子出版」が主流になった。このコンテンツ系電
子出版を，現在では電子書籍と呼んでいる。従来の流通の違いによる出版分類
にならって，書籍系だけを電子書籍，雑誌系を電子雑誌，学術雑誌を電子ジャ
ーナルと呼び分けることもあるが，デジタルコンテンツとしてネットワークで
流通しディスプレイで読まれる以上，読み手の立場で出自にこだわらない限り，
書籍と雑誌を分ける意味は失せている。

　一方，デジタルコンテンツの流通量が増大し，ディスプレイで文字を読む機
会が増えている。さまざまなデジタルコンテンツが流通する中で，新聞，書籍，

雑誌などの印刷データから変換されたものは有償コンテンツが多いが，戦略的に無料公開されたものもある。

　これらのことから電子書籍を定義すると「既存の書籍や雑誌に代わる有償あるいは無償の電子的著作物で，電子端末上で専用の閲覧ソフト（ビューワー）により閲覧されるフォーマット化されたデータ」となる。

　流通チャネルの変化で分けると，1990年代後半のインターネットとパソコンの時代から，2000年代に入って電話通信網と携帯電話に移行して市場が成長した。2010年のいわゆる「電子書籍元年」以降，３G回線網とタブレットPC，さらには電子書籍専用端末がブームを形成している。

2.2.3　マルチメディア DAISY

　2.1.2でも述べたように，現在，DAISY は，音声のみの形式（音声DAISY）に加え，音声にテキストを同期させたマルチメディア DAISY 形式が普及しはじめている。

　マルチメディア DAISY は，アクセシビリティ機能（音声読み上げ，文字の拡大，読み上げている文字部分のハイライト，地と文字の白黒反転など）を重視した電子書籍であり，視覚障害者のみならず，学習障害者（なかでも，ディスレクシアの人）や知的障害者など，紙媒体に印刷された文字の読みに困難のある人々にとって有効な読書媒体の一つとなっている。しかし，マルチメディア DAISY は，ほとんどがボランティアによる製作となっているため，国内におけるマルチメディア DAISY で入手可能な作品は，1,500タイトル程度と少ないのが現状である。

　市場流通している電子書籍であっても，内部にテキストを保持する書籍であれば，TTS による音声読み上げや文字の拡大などのアクセシビリティ機能を実現できるものは多い。なかでも DAISY と電子書籍の国際標準である EPUBは連携し，技術開発が先行している HTML に準拠してアクセシビリティ機能の向上・強化を図ってきた。技術的には，EPUB と DAISY は HTML を親にもつ兄弟関係にある。その結果，濱田麻邑が指摘するように，「DAISY のアクセシビリティの機能をすべて EPUB3に持たせるという形」が実現し，「一般

的な利用者のためのメインストリームの規格でアクセシビリティを実現する」
ことが可能となった[13]。

2.2.4 TTS と電子書籍

　音声読み上げは，アクセシビリティ機能の技術的解決策としても歴史が古く，
マルチメディア DAISY を製作する方法とともに，TTS を利用する方法がある。
　視覚障害者が自立的に読書を行える可能性は，TTS の進歩によって開かれ
たといってよい。1980年代，TTS によるパソコン用の画面読み上げソフト（ス
クリーンリーダー）が実用化した。1990年代に入ると，イメージスキャナなど
で読み取った印刷物の画像データから文字を読み取ってテキストデータ化する
技術である OCR（光学的文字認識）も実用化した。
　そして，これらを組み合わせることによって，新しい読書の方法が生まれた。
印刷された書籍をスキャニングして OCR 処理をすることによってテキストデ
ータ化し，それをスクリーンリーダーに読み上げさせるという方法である。
　紙に印刷された書籍をスキャニングして電子化する行為は，近年「自炊」と
呼ばれて一般にも広がりを見せているが，その以前から一部の視覚障害者の間
で「ハイテク読書」などと呼ばれ行われてきた。
　視覚障害者が，新刊の書籍などで点字や録音の媒体が存在しないものをすぐ
に読むためには，長い間，誰かに傍らで読んでもらうしかなかった。それが前
述のような方法によって，初めて自分で読むことが可能になったのである。
　しかし，課題もある。視覚障害者が読みたいと思った書籍を書店に行って購
入することは独りでできても，それをデジタル化し，さらに校正する作業まで
独りで行うことは困難である。書籍をスキャニングした画像は鮮明であっても，
OCR ソフトはしばしば文字を誤認識する。また，OCR ソフトが正しく認識し
ても，音声読み上げソフトが誤読することがある。視覚障害者本人にはその間
違いの確認や修正ができない。加えて，音声読み上げに利用できる端末が主と
してパソコンしかなかったうちは，携帯性にも難点があった。

13：濱田麻邑「次世代 DAISY 規格と電子書籍規格 EPUB3」『カレントアウェアネス』
　　No.316，p.15-18，2013.

　2000年代に入ると，視覚障害者でも電子書籍を読めるようにする取り組みがはじまった。従来から開発されてきたスクリーンリーダーに日本語対応の電子書籍ビューワーを組み合わせる取り組みである。日本語に対応した代表的なスクリーンリーダーには，株式会社高知システム開発が提供している PC Talker がある。また，欧米では JAWS for Windows やフリーソフトの NVDA が以前から開発されてきており，それぞれ日本語の音声合成エンジンを搭載して日本語環境に移植されている。

　「電子書籍元年」と言われた2010年以降は，インターネット上で電子書籍を販売するサービスが本格化して電子書籍の点数が飛躍的に増加した。一方で，スマートフォンやタブレット端末が相次いで発売されて読者端末も普及した。これらの端末は，文字サイズなどを自分で読みやすいようにカスタマイズできる上に，音声読み上げ機能も搭載するようになってきた。当初は視覚障害者には不可能と思われたタッチパネルの操作も，音声ガイドなどによって可能になってきた。

2.3　図書館による資料の複製（媒体変換）

　図書館では，2.1で述べたようなアクセシブルな出版物を購入によって収集するとともに，1章で解説した著作権法第37条第3項等の規定に基づき，原資料を点字資料や録音資料などのアクセシブルな資料に複製（媒体変換）しているところがある。その実務は，図書館職員だけでなく，図書館協力者やボランティアによって担われるケースも多い。なお，図書館協力者については，5章の5.2で事例も交えて詳述する。

　ここでは，アクセシブルな資料への複製（媒体変換）について，録音資料とテキストデータを例に述べていく。

2.3.1　録音資料への複製（媒体変換）

　図書館で録音資料への複製（媒体変換）を行うためには，館内に録音室などの防音設備が確保された専用の部屋のあることが理想的である。

　実務を担う図書館協力者である音訳者がやむを得ず自宅で録音を行う場合には，比較的外部の音が入ってこないような時間を選択することが求められる。たとえば，夏は蝉（せみ）などの虫の声，日中は家族などの声，住居によっては学校や鉄道，お店や工事現場など近隣施設の音など生活音が入ってしまうため，それらへの配慮が必要である。場合によっては，エアコンの排気音や，携帯電話や蛍光灯などからノイズを拾ってしまうこともあるので注意したい。

　録音資料を製作するには，昔はカセットデッキなどを使用していたが，最近ではパソコンを用いて録音するのが一般的である。パソコンを用いて録音を行うに際しては，パソコンとマイクとの間にオーディオインターフェースなどを準備し，場合によってはミキサーやアンプなどの設備も必要となる。ほかにも，書見台やマイクスタンド，ヘッドフォンなどが必要だが，マイクとヘッドフォンの一体化したヘッドセットなどもある。ただ，一般的にはヘッドセットのマイクでは音質に難があり，外付けのマイクを使用することのほうが多い。

　ちなみに，パソコンを使用せず，従来のカセットデッキのように操作できるデジタル録音機器なども発売されている。ただし，専用のデジタル録音機器を使用しても，あくまでも録音操作の簡略化に効果があるのみで，最終的にはパソコンでDAISY形式に編集する必要がある。そのため，一般的にはパソコンによるダイレクト録音が普及しているといえる。

　パソコンを用いてDAISY形式での編集を行う際に必要となる編集ソフトは市販されている。ただし，図書館や音訳者グループには，数に限りはあるが無償で機能限定された編集ソフトも提供されている。図書館や音訳者グループを通じて，実際に実務を担う音訳者の氏名やメールアドレスなどのライセンス情報を通知することで入手することができる。詳しくは，日本障害者リハビリテーション協会のウェブサイト（http://www.dinf.ne.jp/doc/daisy）を参照いただきたい。

　なお，録音資料への複製（媒体変換）の作業プロセスにおいて処理に迷った時には，気軽に相談できる音訳者の仲間や，図書館職員の存在が不可欠である。特に，図書館職員には，相談の内容によっては，同じ経験をもつ音訳者の先輩などに聞ける環境をコーディネートしていくことも求められる。図書館が主催

して，定期的に勉強会などを行うことも一案であり，音訳者の技術向上と相互の繋がりを作るための場を意識的に設定するようにしたい。また，可能であれば，音訳者が実際に録音資料を利用している人から話を聞く機会をつくるとよい。たとえば，利用者懇談会や，音訳者と利用者の交流会などを年に1度程度は開催して，利用者の要望などを直接聞く機会を設けるのである。録音資料はどのように工夫すれば文字などの視覚情報を音声情報に代えて伝えるかが重要であり，そのノウハウは利用者である視覚障害者などの当事者と直接関わることでしか身に付かないといっても過言ではないからである。

2.3.2　テキストデータへの複製（媒体変換）

　近年，視覚障害者の多くが，パソコンを使用して文字の読み書きができるようになっている。パソコン自体は市販されている機器をそのまま使用できるが，ロービジョン（弱視）の人の場合には画面拡大ソフト，全盲や強度の弱視の人はスクリーンリーダーを使用してパソコンを操作している。点字ディスプレイを接続すれば音声だけでなく，点字で内容を把握することも可能である。そのため，視覚障害者だけでなく，目と耳の不自由な盲ろう者もパソコンを使用しての文字の読み書きが可能となっている。こうした機能を使用してパソコンを操作することで，インターネット上の情報にもアクセスすることができるようになった。もちろん，ある程度のICTスキルは身に付けなければならないため，その支援を図書館サービスの一環として行っている図書館もある。

　前述したICT環境のもとで，電子書籍を利用したいとのニーズは高い。しかしながら，すべての電子書籍が音声読み上げできるわけではない。そこで，電子データ，なかでも汎用性の高いテキストデータ化の希望が図書館には多く寄せられている。

　テキストデータであれば音声読み上げはもちろん，拡大表示や点字表示などの操作も容易に行うことができる。また，検索なども簡単で，論文などへの引用も難なく行うことができるからである。そこで印刷書籍を個人で購入した視覚障害者等が出版社に対してテキストデータの提供を求める動きがあり，一部の出版社にとどまるものの，実際にテキストデータの提供が行われるようにな

ってきている。

　図書館であれば，著作権法第37条第3項の規定により，録音資料への複製（媒体変換）と同様に，テキストデータへの複製（媒体変換）も原資料の著作権者に無許諾で行える。そこで，一部の図書館では，テキストデータへの複製（媒体変換）を行う動きが出てきている。

　その複製方法については，まだ試行錯誤の段階というのが実情である。いわゆる自炊に近い方法だが，原資料を裁断してから連続読み取りに対応したスキャナーで読み込んでデータ化して，それを読み上げ可能なデータに変換することなどが行われている（5章の5.2.2のインタビュー内容も参照）。

　データの提供にあたっては，単なるテキストデータではなく，ページ情報や見出し情報を付加して，音声DAISY同様に構造化したテキストDAISY形式で提供する取り組みも行われている。

　データの利用者への提供方法は，現状では，USBやCDなどの媒体で提供するか，自動公衆送信での提供しか認められていない（著作権法第37条第3項）。著作権法改正により公衆送信が可能となり，メール添付での提供も行えるようになった。その結果，従来行われてきたSDカードやUSBメモリー等の郵送による提供に比べ，スピーディーにデータ提供できるようになったことから利用者の利便性の向上につながった。あわせて，図書館においては郵送作業が不要になり，送料の軽減にもつながった。

　こうしたテキストデータへの複製（媒体変換）についても，図書館協力者，とりわけ音訳者によるところが大きい。図表や写真，グラフなどの文字以外の視覚情報はOCRソフトにかけただけでは対応できないからである。また，OCRソフトにより文字の誤認識の問題もある。

　録音資料への複製（媒体変換）の場合，録音室などの整備が求められ，活動できる時間や場所も制限されるケースが多い。しかし，テキストデータへの複製（媒体変換）については，パソコンとインターネット環境さえあれば，時間や場所の制限なく対応可能である。また，録音資料への複製（媒体変換）は，1冊の印刷書籍を複製する場合，読み方や作品イメージの問題から1人の音訳者が最初から最後まで読み通すケースが多い。そのため，どうしても完成まで

に時間がかかってしまうという問題があった。

　一方で，テキストデータへの複製（媒体変換）ならば，複数人で分担して一斉に作業できるため，タイムロスが少なくて済むという利点もある。

3章
図書館施設・設備のアクセシビリティ

　3章では，図書館施設・設備と各種機器類のアクセシビリティについて取り上げる。施設については，まず，誰もが自立的にアクセスできる場所に存在することが重要である。また，既存施設・設備のバリアフリー化を進めるとともに，新たに施設・設備を整備する際にはユニバーサルデザインの視点を設計段階から盛り込むことが求められる。さらに，図書館には拡大読書機などの各種の情報保障機器類を整備することも必要であり，その種類と具体例を紹介したい。

3.1　地域計画と図書館の配置

　図書館施設のアクセシビリティを考える場合，何よりも重要なのは，自立的にアクセスできる場所に図書館が存在していることである。モータリゼーション化を反映して商業施設のみならず公共図書館も郊外に大規模・複合化して整備するケースが少なくないが，はたして自動車をアクセス手段として利用しない子ども，障害者，高齢者などにとってアクセスしやすいといえるだろうか。もちろん，公共交通機関としてのバスなどが高頻度運行されていれば別であるが，図書館として公共交通機関についてまで配慮しているケースは決して多くはない。高齢社会に突入した日本（特に，地方ほど顕著）において，図書館の地域計画（配置計画，規模計画，実施計画）の策定段階からアクセシビリティについても配慮していくことが欠かせない。

　先に公共交通機関について触れたが，公共交通機関の最寄駅や停留所から図

書館までのアクセス経路がわかりやすく利用者に示されていることも重要である。わかりやすい看板やサイン（3.2.2(1)も参照）が設置されていることはもちろんのこと，段差などのバリアがない歩道が整備されていること，そこに点字誘導ブロックが敷設されていること，さらに，交差点がある場合には音声信号が設置されていることなどである。これらは，図書館単独では整備できないので，市町村の道路管理担当の部局や警察署と相談して，可能な部分から整備を求めていくことが大切である。

　以上のことは，公共図書館を例にしての説明だが，地域を学校や病院などに置き換えれば，学校や病院内における図書館の配置やそこまでのアクセス経路のアクセシビリティについても同様に当てはまることである。

3.2　アクセシブルな図書館施設・設備

3.2.1　バリアフリーとユニバーサルデザイン

　図書館施設・設備の利用上のバリア（障害）を取り除き，誰もが利用しやすいものとするためには，1章の1.2でも述べたように，バリアフリーの推進とユニバーサルデザインの採用が有効である。

　バリアフリーは，既存の施設・設備などが有するバリアを解消する（取り除く）ことである。バリアフリーを推進するためには，何が施設・設備の利用上のバリアとなっているのかを図書館職員自身が把握しておかなければならない。職員のなかに視覚障害者などの当事者職員がいる場合には比較的バリアに気づく機会は多いが，そうでない場合にはどう把握するかが課題となる。職員がアイマスクや車いすを用いて施設・設備を実際に利用してみることでバリアに気づくこともできよう。しかし，すべての状態を疑似体験できるわけではない。やはり，利用者からの意見を聴取することが有効な方法の一つといえる。「障害者サービス」のコアな利用者であれば，図書館を利用していて日ごろ気づいたことを職員に伝えてくれることもあるが，そうでない利用者のほうが多い。そこで，アンケートをとったり，個別にヒアリングしたりなどの方法により，

幅広く意見を聴取したい。利用者によっては，アンケートに記入することが難しかったり，自分の意見を口頭でうまく説明することが難しい人もいるので，なるべく多様な回答方法を用意しておき，多くの利用者の意見を聴取できるようにしたい。なお，既存の施設・設備の現状を，後述するユニバーサルデザインの7原則に照らして検討してみることで，バリアを浮き彫りにすることも可能である。

　ユニバーサルデザインは，誰もが利用可能なデザインのことである。したがって，はじめからバリアを生じないようにデザインすることになる。1985年にアメリカ・ノースカロライナ州立大学のロナルド・メイス（Ronald Mace）が提唱したもので，施設・設備などのハード面だけでなく，サービスなどのソフト面にも適用可能な概念である。これまではハード面でのユニバーサルデザインに注目されてきたが，近年では学校における授業のユニバーサルデザインなどソフト面での実践も取り組まれつつある。ロナルド・メイスらは，ユニバーサルデザインの7原則を提示している。すなわち，

　原則1：公平な利用……誰にとっても公平に利用できること
　原則2：利用における柔軟性……幅広い利用者の好みや能力に有効であること
　原則3：単純で直観的な利用……利用が容易であり，利用者の経験，知識，言語などに依存しないこと
　原則4：認知できる情報……利用者の能力に関係なく，必要な情報がわかりやすく伝わること
　原則5：失敗に対する寛容さ……利用上の意図しない失敗や間違いによって利用者が危険な状態や不都合な状態に陥らないようにすること
　原則6：少ない身体的な努力……利用者の身体的な負担を少なくすること
　原則7：接近や利用のためのサイズと空間……誰でも利用できる広さと大きさを確保すること

である。

　ユニバーサルデザインは，新たに図書館施設・設備を設計，整備する場合には，必ず留意したい。しかし，残念ながら，ユニバーサルデザインを重視しな

い建築家がいるのも事実である。施設の外観は立派でも内部が利用上のバリア
だらけで使い勝手の悪い施設では，利用者は困ってしまう。ユニバーサルデザ
インをベースに設計してほしい旨を建築家にあらかじめ伝えておき，設計の基
本コンセプトに位置づけてもらうことが欠かせない。国土交通省では，「ユニ
バーサルデザインの考え方を導入した公共建築整備のガイドライン」を策定，
公表しており，参考になる。

　なお，高齢者，障害者等の移動等の円滑化の促進に関する法律（平成18年法
律第91号）によって，延べ床面積が2,000㎡未満の図書館（「特定建築物」）に
おいては，同法施行令（平成18年政令第379号）の第11条から第23条に定める
「建築物移動等円滑化基準」に適合するように努力することが，また，2,000㎡
以上の図書館（「特別特定建築物」）にあっては，「建築物移動等円滑化基準」
に適合する義務が課されている。「建築物移動等円滑化基準」では，廊下，階
段，便所，駐車場，標識などについての基準が示されている。

3.2.2　既存施設・設備のバリアフリー化

　既存施設・設備で利用上のバリアとなりやすい箇所とバリアフリー化につい
て，主だったものを具体的にみていきたい。

（1）サイン・案内

　サインや案内を誰にとってもわかりやすいものとするためには，次の点に留
意したい。
①点字の併用……入口の館内案内図などには，点字を併用し，視覚障害者が触
ってわかるようにする。
②音声ガイドの採用……入口の館内案内図などには点字とともにボタンを押す
と音声で案内してくれる装置を備え付けるのも一案である。
③文字のサイズ・フォントの配慮……読みやすい文字の大きさとフォント（た
とえば，ゴシック体）を採用する。
④わかりやすい表現の採用……レファレンスなど図書館だけでしか通用しない
用語や表現は避け，簡便でわかりやすい表現に改める。

⑤ピクトグラムの併用……ピクトグラム（絵記号）の併用は，わかりやすさを補強する。

⑥多言語表記の併用……外国にルーツのある利用者が多い図書館では，多言語表記の併用も有効である。

⑦色彩の配慮……色遣いも重要である。色覚障害者や白内障のある高齢者などにとっては，見づらい色がある。なかでも，色覚障害者では，赤や緑系統の色の弁別の困難な人が多いといわれているが，状態は多様である。カラーユニバーサルデザインに関する研究も蓄積されつつあるので，参考にしたい。

⑧掲出の位置や高さへの配慮……サインや案内をどこにどのように掲出するかも重要である。加えて，必要なところに必要なサイン・案内が掲出されていないということがないように，いま一度館内を確認したい。

　これらの対応は，業者に依頼せずとも，職員が手づくりで対応できる部分も多い。ぜひできるところから取り入れたい。

（2）駐車場

　図書館の出入口近くに障害者用駐車スペースを確保したい。車いす利用者を想定して，幅を広めに設定しておく。1章で紹介した国立国会図書館による「公共図書館における障害者サービスに関する調査研究」（2017年度）（以下，本章では2017年度調査とする）では，障害者用駐車スペースを確保している公共図書館は81.7％だった。

（3）出入り口や移動経路（通路，階段など）

　出入り口に段差があると，入館すること自体にバリアが生じかねない。スロープを付けるなどの対応が必要となる。また，歩行しての館内利用が難しい利用者のために，出入り口には車いすを常備しておきたい（図3-1）。さらに，出入り口には，視覚障害者に出入り口であることを知らせる誘導チャイムや，案内などが必要なときに職員に連絡できるようにインターフォンを設置しておくことも有効である。出入り口からカウンターや対面朗読室などへ向かって，特に視覚障害者の利用を想定した動線上には，点字誘導ブロックを敷設したい

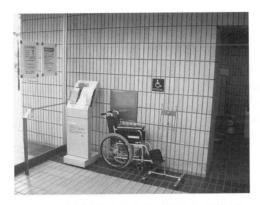

図3-1　図書館の出入り口に常備された車いす
(浦安市立中央図書館)

図3-2　館内に敷設された
点字誘導ブロック
(名古屋市立鶴舞中央図書館)

(図3-2)。上下階への移動を要する場合には，エレベーターの設置が必要となる。エレベーターには，操作ボタンに点字表示や音声ガイド，車いす用の操作ボタンを備え付けたい。エレベーターの有無に関係なく，階段のバリアフリー化も欠かせない。手すりや滑り止めを付けたり，階数を示す点字表示を掲出するなどの対応が必要である。

(4) 閲覧机やカウンター

　車いす利用者でも快適に利用できる高さの閲覧机とカウンターを採用したい。図3-3には車いす利用者に適した閲覧机の高さを示す。

(5) 書架

　書架と書架の間が狭い図書館や，高い書架を採用している図書館は多い。書架と書架の間は，図3-4にあるような幅を最低でも確保し，可能な限り，その倍以上の幅，すなわち車いす同士ですれ違えるくらいのゆとりをもたせたい。また，書架の高さについても，図3-5に示す高さに収めることが望ましい(図3-6)。

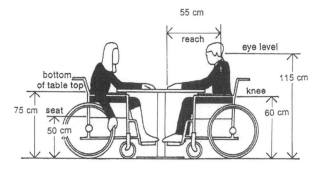

テーブルと車椅子の高さ

図3-3　閲覧机と車いすの高さ

出典：国際図書館連盟ディスアドバンティジド・パーソンズ図書館分科会作業部会編，日本図書館協会障害者サービス委員会訳『IFLA 病院患者図書館ガイドライン2000』日本図書館協会，2001，p.75.

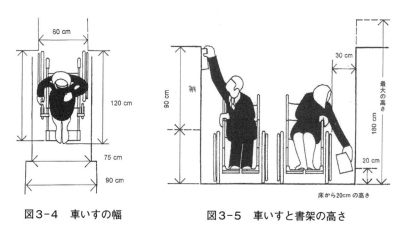

図3-4　車いすの幅　　　　　図3-5　車いすと書架の高さ

出典：図3-3と同。図3-4は p.74，図3-5は p.75.

図3-6 低書架の採用
(千葉市中央図書館)

(6) トイレ

トイレは，快適な図書館利用にとって不可欠な設備である。車いす利用者やオストメイト（人工肛門や人工膀胱のある人）の利用者などでも安心して利用できるように，多目的・多機能トイレ（「誰でもトイレ」などの名称も使われている）への改修や増設を計画していきたい。2017年度調査では，障害者用トイレを設置している公共図書館は93.0％，オストメイト対応トイレを設置している公共図書館は30.6％だった。

(7) 緊急時の連絡

近年，図書館としても防災・防犯対策が課題となっているが，聴覚障害者にとっては音声での緊急アナウンスが届きにくい。そこで，非常時に点灯するランプを天井や壁に備え付けたり，同種の情報を表示するデジタルサイネージやモニターを備え付けることが必要となる。デジタルサイネージやモニターは，普段は図書館からのお知らせを流すなどして防災・防犯対策の用途に限らずに活用できる。

　既存施設・設備のバリアフリー化は，図書館の改築や大規模改修などの機会でないと着手できないものもある。しかしながら，その機会を逃さないためにも，図書館職員は常にバリアフリー化の意識をもち，その必要性を職員間で共有しておくことが大切である。このことは，次に述べる「障害者サービス」に不可欠な施設・設備の整備についても当てはまる。

3.2.3　「障害者サービス」に必要となる施設・設備の整備

　「障害者サービス」を提供していくうえでは，専用の施設・設備の整備も必要となってくる。具体的には，対面朗読室，録音室と編集作業室，点訳作業室，映像資料製作室などである。

（1）対面朗読室

　対面朗読（4章の4.1.1参照）のための部屋である（図3-7）。2017年度調査では，公共図書館における対面朗読室の設置率は40.0％だった。室内には，テーブルといすのほかに，読みの調査などに欠かせない基本的な辞書類などを備えるための書架も用意したい。また，防音対策を施すことも必要とな

図3-7　対面朗読室
（調布市立中央図書館）

る。意外と防音の対策が抜け落ちているケースが存在する。最近開館したある市の中央図書館では，閲覧スペースの一角に対面朗読室が設けられているが，防音対策が施されていないために，対面朗読の音声が室外の閲覧スペースに漏れてしまう状況になっている。

（2）録音室と編集作業室

　DAISYの録音と編集作業（2章の2.3.1参照）を行うための部屋である（図3-8）。室内には，録音と編集に必要な機器類を一式揃える必要がある。前述の対面朗読室と兼用の図書館もある。録音の場合は，対面朗読室以上に音への

図3-8　録音室と編集作業室
（大阪市立中央図書館）

配慮が欠かせない。たとえば，室内の空調である。録音時に空調の音を拾ってしまい雑音となる場合があるので，全館空調ではなく個別に風量などを調整できるような空調の整備が必要となる。また，蛍光灯もノイズを生じることがあるので，白熱電球かLED照明を採用するようにしたい。

（3）点訳作業室

点字資料の製作作業を行うための部屋である。点訳作業用のパソコンや点字プリンターなどの専用機器を備えつける必要がある。

（4）映像資料製作室

聴覚障害者のために手話や字幕入りの映像資料を独自に製作する図書館では，そのためのスタジオや編集作業を行うための部屋が必要となる。カメラや編集に必要な機器類の整備も欠かせない。

このほか，マルチメディアDAISYなど音が出る資料を閲覧する利用者のために，専用の部屋を整備することもある。また，対面朗読や資料製作を担う図書館協力者（あるいはボランティア）と図書館職員が打合せをするための部屋などもあるとよいだろう。

3.3　情報保障機器

図書館のアクセシビリティ，なかでも「障害者サービス」の提供にあたっては，通常の資料の検索や閲覧などが困難な人にもそれを可能にするためのさまざまな「情報保障機器」をそろえておく必要もある。具体的には，拡大読書機，音声読書機，DAISY再生機，障害者に配慮したパソコン，点字ディスプレイなどである。

また，図書館が利用者の情報保障のために使用するものもある。DAISY録音編集システム，点字プリンタなどがある。

3.3.1 利用者が使用する情報保障機器

（1）拡大読書機

厚生労働省による「平成28年生活のしづらさなどに関する調査（全国在宅障害児・者等実態調査）」によると，身体障害者手帳の交付を受けている視覚障害者の数は全国で31.2万人である。このうち約7割がロービジョン（弱視）で，身体障害者手帳の交付を受けていない人も含めるとその数は100万人に達するともいわれる。

その弱視の人のため資料を読みやすくする装置が，拡大読書機である。国立国会図書館による2017年度調査では，館内利用のために拡大読書機を設置している公共図書館は54.1％であり，拡大鏡の71.8％に次ぐ，代表的な情報保障機器となっている。

拡大読書機には，2つのタイプがある。1つは，可動式のテーブルに資料を乗せて大きなモニターに映して見る据置型の製品で，1980年代の後半から親しまれている。その後，軽量化・高機能化が進んで，もう1つのタイプである携帯型が登場してきた。携帯型は，読みたい部分に直接置いて使う。「電子ルー

図3-9　拡大読書機（左：据置型で反転表示，右：携帯型）

ペ」とも呼ばれる。

　拡大読書機の表示機能には，拡大の他に，オートフォーカス，コントラスト強調，白黒反転などがある。白黒反転とは，通常の「白地に黒文字」の印刷ではまぶしさを感じる人のために，「黒地に白文字」へと反転させる機能である。

　据置型の拡大読書機の操作法は，複雑ではないがコツが要る。初心者が手で資料を動かしながら目でモニターの文字を追うと，往々にして船酔いのような感覚を覚え，長く読むことができない。今後，弱視の人のみならず，加齢によって視力の著しく低下した高齢者のニーズも増えると考えられ，図書館による適切な利用支援が必要である。

（2）音声読書機

　全盲の人が点訳も音訳もされていない文字情報を得るためには，長い間，人に読んでもらうしかなかった。それを独力で読めるようにしたのが音声読書機で，2000年代に入って登場してきた。2017年度調査では，館内利用のために音声読書機を設置している公共図書館は15.9％である。

図3-10　音声読書機「よむべえ」

　音声読書機は，本体上部の読み取り面に印刷された資料を乗せてボタンを押すと，自動的に活字を読み取ってテキストデータ化し，それを音声で読み上げてくれる。図書のように複数ページあるものは，1ページずつ読み取りと読み上げをさせるのではなく，最後まで読み取りをさせてから通しで読み上げさせることもできる。

　ただし，平易な文字遣いの読み物はかなり読み取りの精度が高いが，外国語表記，数字・数式などが混在した複雑な文章になると精度は下がり，意味不明の読み上げ箇所が頻出することに

なる。また，写真などの絵柄の上に文字が印刷されている場合（雑誌やパンフレットなどによく見られる）は，いかに平易な文字遣いでも，文字として読み取ることができない。

　したがって，現状では，音声読書機を対面朗読に取って代わるものと考えることはできない。

（3）DAISY 再生機

　点字をすらすらと触読できる人は 3 万人程度といわれ，全盲の人（約10万人）の中でも少数派である。視覚障害者の多くは大人になってからの中途障害であり，歳をとるほど点字を触読する力を身につけるのは困難だからである。このため，視覚障害者情報提供施設（点字図書館）でも，実際には点字資料より録音資料のニーズが多い。

　録音資料の媒体は，アナログ録音のカセットテープから DAISY 形式でデジタル録音した CD へと移行している。また，インターネット上の「サピエ」

**図3-11　DAISY 録音・再生機（プレ
クストークポータブルレコーダー
PTR2）**

**図3-12　ポケットサイズの DAISY 録
音・再生機（プレクストーク
PTP1）**

（4章4.3参照）からDAISY形式の音声データをダウンロードするという方法も生まれている。

DAISY再生機とは，そのＣＤや音声データを再生する機器のことである。2017年度調査では，館内利用のためにDAISY再生機を用意している公共図書館は32.8％である。

DAISY再生機のほとんどは，シナノケンシ社の「プレクストーク」シリーズである。最も普及しているのは，再生専用のPTN2と，録音機能ももったPTR2。どちらも操作が簡単で，高齢になってから視覚障害となった人などにも使いやすく，2017年には後継機のPTN3とPTR3が発売された。

この他に，小型軽量でポケットに入るサイズの製品，「ポケットPTP1」と「リンクポケットPTP1/LINK」がある。前者は，ＣＤのデータはパソコン経由で移動させる必要があるが，後者はインターネットにアクセスして「サピエ」からデータをダウンロードして利用する機能をもっている。

ポケットサイズの製品は，視覚障害者としてパソコンやインターネットの利用経験がある人に向いているといえる。

（4）障害者に配慮したパソコン

図書館における利用者用のパソコンは，インターネットの閲覧，蔵書の検索のほか，「サピエ」からの音声DAISYや点字のデータの利用など，さまざまな用途がある。これを，なるべく多くの障害者にも活用できるように，ニーズに応じて利用可能なコンピュータ端末（パソコン）を用意する必要がある。

国立国会図書館による2010年度調査から利用者用パソコンに備わっている機能・配慮を見ると，画面拡大機能ありと答えた公共図書館が10.1％であり，ほかには音声出力2.5％，タッチパネル3.3％，使いやすいキーボード4.7％，車椅子用の高さへの配慮23.9％などとなっていた。2017年度調査では「読み上げソフトがインストールされたパソコン」の有無についてのみ問うていて，ありと答えた公共図書館は12.5％である。

「障害者サービス」の実態として視覚障害者の利用が多いことを考えると，いっそうの導入加速が求められる。

（5）点字ディスプレイ

　点字は1文字あたり6つの点の打ち
方によって表される。その一つひとつ
の点を表すピンを機械的に上げ下げし
て点字を表示する装置で，「ピンディ
スプレイ」とも呼ばれる。

　点字の利用者は決して多くはない。
しかし，視覚にも聴覚にも障害のある
盲ろう者（全国に数万人と言われるが
正確に把握されていない）にとっては，
点字は貴重なコミュニケーション手段
である。デジタルデータは，音声化，
点字化，拡大表示など，利用者の手も
とでその人にとって適当な出力ができ

**図3-13　点字ディスプレイを接続した
PC**

る点が優れているが，まったく見ることも聞くこともできない盲ろう者に利用
可能な出力手段は，今のところ点字しかない。

　また，読み上げを利用している点字利用者でも，熟読・精読したいときは点
字で読みたいという人が多い。読み上げを聞くという受動的な読書よりも，触
って読むという能動的な読書のほうが，記憶に残るともいう。したがって，決
して音声環境があれば点字は不要というわけではない。

　点字ディスプレイには，漢字かな交じり文のテキストを自動点訳して表示で
きるものと，パソコンにインストールした点訳ソフトで点字データに変換した
ものを表示できるものとがある。

　読書の用途としては，「サピエ」に点字のデータが約18万点所蔵されており，
そこからダウンロードして読むために使われることが多い。

3.3.2　図書館が情報保障のために使用する機器

（1）DAISY 録音編集システム

　図書館がDAISY形式の録音資料を製作するためのシステムである。録音専

用機（見出しをつけるなどの簡単な編集機能はある）と，パソコンにインスト
ールして使う録音編集ソフトウェアがある。2017年度調査では，自館業務用に
デジタル録音機を保有している公共図書館は13.6％，DAISY録音編集ソフト
の保有は14.0％である。

　録音専用機は，カセットデッキを扱うのと同じくらい簡単に操作することが
できて，パソコンの知識は要らない。カセットテープ版の録音資料の製作に携
わってきたベテランの図書館協力者・ボランティア（音訳者）にはDAISY形
式の録音資料の製作への移行がしやすい。また，録音資料製作の多くを担う図
書館協力者・ボランティアは，新規に始める人にも年配者が多く，その点から
も操作が簡単な専用機のニーズがある。

　ただし，複数の音訳者が録音したデータを統合して１点の資料として整える
などの高度な編集作業には，パソコンにインストールして使う編集ソフトが必
要である。録音機能も併せ持つ編集ソフトが発売されており，こちらを基本に
録音編集環境を整えることが推奨される。

（2）点字プリンタ

　パソコン内の点字データを，専用の用紙に打ち出す機器である。点字と一緒
に墨字（晴眼者が読み書きする文字）を印字する機能をもったものもある。
2017年度調査では，自館業務用に点字プリンタを保有している公共図書館は
14.2％である。

　用途は主として主に２つある。１つは，点字を常用する利用者向けの各種の
案内や手紙の作成。もう１つは，点字資料や録音資料の書名などのシールづくりである。後者は，タックペーパーと呼ばれる透明のシートに点字で書名などを打ち，点字資料や録音資料の表紙や背に貼り付ける。

　点字プリンタは，厚手の紙に凸点を物理的に打ち出すため，静かな事務室

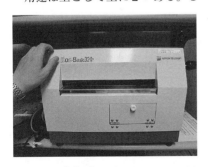

図3-14　点字プリンタ　DOG-Basic32

の環境の中ではかなりの騒音となる。設置場所や使用時の環境への配慮が必要
である。

3.3.3　情報保障機器をそろえる意味

「障害者サービス」の利用者には，郵送貸出や宅配のニーズが高い。それは，
ひとりでの外出が困難な人が多いからであり，来館せずとも図書館資料の利用
が可能だからである。

では，なぜ図書館内に各種の情報保障機器をそろえておく必要があるのだろ
うか。1つには，来館して利用する人もいるからだが，もう1つ，大きな理由
がある。便利なものがあることを実際に触れて知ってもらう機会を提供するた
めである。

身体障害が生じた年齢を調べた調査結果（厚生労働省「身体障害児・者実態
調査」平成18年）によると，視覚障害，聴覚・言語障害，肢体不自由，内部障
害のいずれも，40歳以上が半数近く，ないし半数以上を占めている。若干デー
タが古いが，少子高齢化の進行を考えれば中年期以降に障害者となった人は，
増えているものと推察される。

中途障害者は，幼少期からの障害者と違い，障害者を支援する制度，機関・
施設，製品・サービスなどを十分に知らないことが多い。また，同じ障害のあ
る人や関係者とのつながりや接点がない。このため，社会的に孤立してしまう
人も少なくない。

自立の回復へと歩み出すには，その支えとなる社会資源についての情報が不
可欠である。にもかかわらず，上記のような理由から，必要な情報を得ること
そのものにも障害を生じかねないのである。こうした"情報障害"ともいえる
状況にある人に対して，図書館は，単に資料を読めるようにするだけでなく，
より広く，情報にアクセスできるようにすることも，大きな役割である。

したがって，中途障害者には，まず情報保障のための機器の存在自体を知ら
せる必要がある。また，この分野の技術の進歩は早いので，幼少期からの障害
者も含めて，新しい機器についての情報を提供する必要がある。

図書館には，機器のパンフレット等だけではなく，機器の実物をそろえる必

要がある。それは，これらの多くが高価であるにもかかわらず，実際に触れて
試してみる場がほとんどないからである。

　前述した機器の大まかな価格をみてみよう。拡大読書機（20万円前後），音
声読書機（約20万円），DAISY再生機（再生専用機4万8000円，録音再生機
8万5000円など），点字ディスプレイ（よく使われる製品で，点字データを表
示するもの約40万円，自動点訳機能をもつもの約60万円）となっている。重度
の障害者には日常生活用具給付等事業[1]を利用することによって定価の1割程
度で入手できる場合があるが，その他の障害者には特に購入支援はない。

　障害者には仕事に就けなかったり失職したりして，障害年金や生活保護で暮
らしている人も少なくない。仕事をしている人でも，障害者でない人よりも低
い賃金水準で働いている人が多い。そのような人にとっては，ひときわ高価で
ある。

　しかも，障害の状態やニーズは人それぞれで，パンフレット等の記述だけで
自分に使えるかどうか，使いやすいかどうかを判断するのはむずかしい。にも
かかわらず，これらの機器が一般の電器店などに陳列されることはなく，いろ
いろ触って体験する場がない。

　そのような事情から，全国各地にある公共図書館に実物をそろえておくこと
が求められるのである。

　当然だが，利用者が使用する情報保障機器は，ただそろえて置いておけばよ
いわけではない。来館者の求めに応じて使ってもらいながら説明するだけでな
く，セミナーを催すなどして積極的に情報を発信していくことが大切である。
セミナーなどは，参加者の間でいろいろな情報や体験談の交換が生まれると，
さらに有益である。

　たとえば，弱視の人には「見えなくなったわけではない」と目で見ることを
変えず，録音資料や音声読み上げなどに関心を向けない人も多い。弱視の状態
が進行して全盲になる可能性が高いとわかっている場合ですら，目で見ること

1：障害者が日常生活をより円滑に行えるようにするための用具を給付または貸与する事業
　　で，対象となる用具と障害者が定められている。市町村が行う事業で（国と都道府県から
　　の補助金あり），利用者負担は市町村の判断による。

に固執し，見えなくなった時の準備なしに全盲になって困り果てるという人が少なくない。

一方，録音資料や音声読み上げを使いこなす全盲の人には，実はそのような体験を経ていて，「いま思えば，見えているうちから準備しておけば，もっと楽だったのですが」と後悔を語る人たちもいるのである。

当事者や体験者しか語りえない話がある。そうした話がやりとりされる機会は，一般的にいっても重要である。図書館の中にもそうした機会を用意し，情報保障機器を使うことが悪いことでも恥ずかしいことでもないという意識を広めることが大切である。

3.3.4　電子化の時代をむかえて

すでに，インターネット上の「サピエ」から，自宅などに居ながらにして点字資料や録音資料のデータをダウンロードして読むことが可能になっている。スマートフォンやタブレットにダウンロードして読み上げるためのソフトも登場している。

そして，スマートフォンやタブレットを利用する視覚障害者が，まだ一部ではあるが，増えている。iOS，Android，Windows という 3 つの主要な OS が，いずれも音声読み上げや画面拡大の機能を標準搭載するようになったからである。

図書館で導入が広がる兆しを見せている電子書籍貸出サービスは，現状ではシステムにも提供コンテンツにもアクセシビリティ機能がまだ十分とはいえないため，すべての視覚障害者にとって自立的に利用可能なものとなっていない（4章4.2参照）。

しかし，電子書籍貸出サービスをはじめ図書館のデジタルサービス全般のアクセシビリティ向上を求める声は高まっている。今後，図書館全体の電子化を進めるにあたっては，アクセシビリティの向上も同時にきちんと推進していくことが大切である。

4章
図書館サービスのアクセシビリティ

　4章では，図書館サービスのアクセシビリティについて取り上げる。これまでの「障害者サービス」において実践されてきた各種のサービスに加えて，近年は電子図書館サービスや電子書籍貸出サービスなど ICT を活用したサービスも提供されつつある。本章では，前者を「アナログベースのサービス」，後者を「デジタルベースのサービス」と呼ぶこととし，サービスの種類と具体例を紹介したい。また，サービスの提供にあたっては，図書館相互の連携協力が必要であり，その意義と具体例についても述べる。

4.1　アナログベースのサービス

　図書館が提供している各種のサービスは，すべての利用者が等しく利用できなければならない。加えて，図書館は，利用者のニーズに応じて以下に述べるようなサービスや配慮の提供に留意しなければならない。

4.1.1　対面朗読サービス

　対面朗読サービスは，対面朗読室などにおいて利用者の希望する活字ベースの資料を音訳する図書館サービスである（図4-1）。このことから，対面音訳サービス，対面読書サービス，代読サービスなどとも呼ばれている。利用者のプライバシーを保護する観点から，対面朗読室などの部屋を館内に整備して，サービスを提供することが望ましい。図書館によっては，図書館以外の公共施設や利用者宅に出向いてサービスを行っているケースもある。サービスは職員

図4-1　対面朗読サービス（調布市立中央図書館）

によって担われている館もあるが，図書館協力者（あるいはボランティア）と
しての音訳者によって担われているケースが多い。ウイズコロナ時代をふまえ，
利用者と音訳者の感染予防の見地から，Zoom 等のオンライン会議システムを
使用した遠隔対面朗読を実施する図書館が徐々に増えてきている。遠隔対面朗
読の実施は，移動に障害のある視覚障害者にとっては外出の手間の軽減につな
がるとともに，より気軽に対面朗読を利用できるという結果を生んだ。

　1章で紹介した国立国会図書館による「公共図書館における障害者サービス
に関する調査研究」（2017年度）（以下，本章では2017年度調査とする）では，
33.5％で対面朗読サービスを実施しているとの回答であった。

　対面朗読サービスの利用者としては視覚障害者が多い。しかしながら，「活
字による読書に障害のある人全てを対象としている」とする図書館が，対面朗
読サービス実施館の53.9％にのぼる（2017年度調査）。実際，肢体不自由者や
高齢者，聴覚障害者，知的障害者などの利用実績のある館も存在する。"対面
朗読サービス＝視覚障害者のためのサービス"ではない。活字ベースの資料の
利用に障害を感じる人に広く提供できるように，各館で規程や体制を整えてい
きたい。

　対面朗読サービスに類似する考え方として，聴覚障害者などに対する対面手話サービスもある。資料の内容を利用者に対面で手話通訳するサービスである。今後は，日本語を母語としない利用者に対して資料の内容を対面で母語に通訳するサービス（対面翻訳サービス）なども検討されてよいだろう。

　なお，対面朗読サービスにおいて，図書館資料以外に利用者が持参した資料・文書（取扱説明書・パンフレット・私的な手紙など）も音訳している図書館は少なくない。たとえば，対面朗読サービス実施館のうち，利用者の持参した取扱説明書やパンフレットなどを音訳している館は45.1％，利用者の持参した私的な手紙などを音訳している館は24.2％存在する（2017年度調査）。こうした利用者の希望に応じて持参した資料・文書を音訳するなどのサービスをプライベートサービスと呼んでいる。プライベートサービスとして，持参した資料・文書の点訳，代筆などを行っている館もある。ただし，公共図書館の場合は，福祉サービスではないので無制限な対応は好ましくはない。どこまで対応すべきなのかについて各館のなかで検討して明確化しておくことが望ましい。

4.1.2　読み聞かせなどのサービス

　前述の対面朗読サービスについては，特に年齢を制限するものではないが，公共図書館においては成人利用者に対して提供しているケースがほとんどと思われる。そもそも，「障害者サービス」自体が実態として成人利用者中心になっているきらいがある。子どもに対しては，公共図書館の場合，伝統的に「乳幼児サービス」「児童サービス」「ヤングアダルトサービス」などとして図書館サービスを提供するケースが多い。しかしながら，これらのサービスのなかで，障害のある子どもや外国にルーツのある子どものニーズに応じたサービスを提供している館はどれだけ存在するであろうか。つまり，障害のある子どもや外国にルーツのある子どもへのサービスは，「障害者サービス」からも「児童サービス」などからも抜け落ち，いわば図書館サービスの"谷間"となりがちなのである。図書館として"谷間"が生じないように，図書館サービスの全体計画のなかに明確に位置づけることが重要である。

　そのうえで，障害のある子どもや外国にルーツのある子どもも楽しめる読み

聞かせなどのサービスを図書館協力者やボランティアの協力も得ながら「障害者サービス」と「児童サービス」などが協同して提供していくことが大切である。たとえば，聴覚障害児も楽しめるように"手話で楽しむおはなし"，知的障害児の楽しめるように"手遊びや歌を交えての読み聞かせ"，外国にルーツのある子どもも楽しめるように"多言語での読み聞かせ"などの開催が考えられる。開催にあたっては，もちろん，障害のある子どもや外国にルーツのある子どもに参加を限定することなく，すべての子どもが一緒に参加できるようにすることが重要である。

4.1.3　利用者への郵送貸出サービス

　図書館に来館して資料を利用（閲覧，貸出など）することが難しい利用者に対しては，郵送貸出や宅配という形で資料を届けるサービスを提供している。このうち，ここでは，前者の郵送貸出サービスについて述べる。

　まず，視覚障害者に対して録音資料と点字資料（これらを特定録音物等郵便物という。第四種郵便物の1種）を郵便により貸出・返却する場合には，1章の1.5.4で述べたように，郵便法と日本郵便株式会社の内国郵便約款の規定により，無料で行うことが可能である（図4-2）。ただし，この制度を利用するには，あらかじめ郵便局で手続きを済ませ，図書館が特定録音物等郵便物発受施設の指定を受けておく必要がある。視覚障害者が来館せずとも資料検索ができるように図書館のウェブページやOPACなどの目録システムのアクセシビ

点字図書郵送袋

録音図書郵送袋

図4-2　郵送貸出サービス用具（日本点字図書館）

リティの担保，向上もしておきたい。また，利用者が利用できる媒体（点字版，音声版，テキストデータ版などの形）で資料目録や新着図書案内などを製作し，提供することも重要である。なお，2017年度調査では，公共図書館のうち，録音資料の郵送貸出サービスを行っている館は34.7％，同じく点字資料については29.7％であった。

　次に，録音資料と点字資料以外の郵送貸出サービスについてである。1章の1.5.4で述べたように日本郵便株式会社では「心身障害者用ゆうメール」と「聴覚障害者用ゆうパック」が制度化されている。前者では通常のゆうメール料金の半額で重度の身体障害者または重度の知的障害者に対する図書（冊子形態のもののみ）の貸出・返却に利用でき，後者では割引料金で聴覚障害者に対する「ビデオテープその他の録画物」の貸出・返却に利用できる。両者とも利用に際しては，あらかじめ郵便局で手続きを済ませ，発受施設の指定を受けておかなければならない。

　これら制度の対象者以外の利用者からも郵送貸出サービスへのニーズは高まりつつあるが，郵送貸出を行おうとすると，当然，通常の郵便料金がかかることになる。また，民間の宅配便業者を利用してサービスを提供する図書館もあるが，この場合も通常の宅配便料金がかかることになる。そのため，実施する場合，その費用を誰が負担するかが問題となる。2017年度調査では，「往復とも図書館負担」が41.6％であった。利用者のニーズに応えていくためにも，制度のあり方も含めた検討が必要だろう。

4.1.4　利用者への宅配サービス

　宅配サービスも，図書館に来館して資料を利用することが難しい利用者に対しての図書館サービスである。このサービスは，希望する利用者の自宅まで資料を直接届けるサービスである。図書館職員が担当するケースと，図書館ボランティアが行うケースとに大別される。

　前者について，たとえば，千葉県浦安市立中央図書館では，1982（昭和57）年以来，図書館職員による宅配サービスを実施している。視覚障害者などの宅配登録者のもとに職員が分担して宅配している。利用者のニーズを把握しやすく，

また，職員が「障害者サービス」業務の認識を保つことにも役立っているという。同館以外でも職員による宅配サービスを実施している館からは，宅配時に利用者からの要望を直接聞くことができたり，レファレンスや読書相談，対面朗読といったサービスをあわせて提供したり，さらに他の業務の途中に公用車で宅配したり，自転車や徒歩で宅配することで経費をおさえられるなどのメリットが指摘されている。

　一方で，後者についても，経費をかけずに利用者のもとに宅配できる。しかし，職員が行う場合と異なって，直接のニーズ把握やレファレンスなどのサービスを同時に提供することはできない。また，ボランティアから利用者のプライバシーが漏れることがないように，事前の研修を行うことも欠かせない。

　いずれにしても，宅配サービスは，制度や料金のしばりがある郵送貸出サービスよりも各図書館での運用の自由度が高く，運用次第で来館利用の難しい利用者のニーズに広く対応できる可能性がある。

4.1.5　学校・施設・病院などへの団体貸出・訪問サービス

　特別支援学校（学校図書館を含む）へのサービスは，公共図書館のうち25.5％で実施している（2017年度調査）。障害のある児童生徒は小学校や中学校などにも多数学んでおり，これらの学校と学校図書館へのサービスも77.2％の公共図書館が実施している。今後は，日本国内にある外国人学校とその図書館へのサービスについてもニーズに応じて検討していきたい。

　サービスの内容としては，資料の団体貸出が中心であるが，公共図書館の職員が学校を訪問して読み聞かせやおはなしなどを行うか，逆に，学校が児童生徒を引率して公共図書館を訪問して見学や職場体験などをすることもある。

　なお，特別支援学校の多くは都道府県立校であるため，それを理由に，学校の所在する市町村の公共図書館から連携を断られるという事例も発生している。公共図書館のサービスエリアに学校が所在しながら，行政所管の違いを理由にサービス提供を拒否するとはまったくナンセンスである。早急な見直しが必要である。

　障害者施設へのサービスは，公共図書館のうち29.2％で実施している（2017

年度調査）。サービスの内容は，前述の学校（学校図書館を含む）へのサービスとほぼ同様であるが，施設に入所している個人を対象として郵送貸出サービスや宅配サービスを提供している館もある。なお，障害者施設のほかに，施設には高齢者施設や刑事施設もある。このうち，刑事施設への公共図書館からのサービスはまだ限られている。刑事施設を含む矯正施設の一つに少年院があるが，脇谷邦子による2005年の調査によれば，公共図書館から団体貸出を受けている少年院は2施設（9％）に過ぎず，そもそも公共図書館から団体貸出を受けられること自体を知らない少年院が9施設（41％）にものぼることが明らかとなっている。まずは，公共図書館の側から，これらの施設にアプローチしていくことがサービス提供への第一歩となるだろう。

　病院（病院患者図書館を含む）へのサービスは，公共図書館のうち18.0％で実施している（2017年度調査）。学校や障害者施設へのサービスに比べると，その割合は低くなっている。サービス内容は，やはり資料の団体貸出が中心である。近年は，除菌・滅菌装置などを備える図書館も増えているが，入院患者のなかには抵抗力の弱い人もいるので，特に病院への貸出の前に資料の除菌・滅菌をしておくと病院側としては安心だろう。ただし，国際的にも，資料の除菌・滅菌の対処をしなかったからといって感染症が発生したなどの問題の報告はなく，あまり神経質になる必要もない。

4.1.6　ブックモビル（移動図書館サービス）

　前述の学校・施設・病院を巡回拠点の一つに設定する形でブックモビル（移動図書館サービス）を運用している公共図書館もある（図4-3）。ブックモビルは，学校・施設・病院に限らず，図書館そのものが近くになく来館が難しい地域の人々に図書館サービスを届ける「アウトリーチサービス」の重要な手段となっている。

　図書館サービスをあまねく届けるために果たしてきたブックモビルの役割は大きく，デジタル化が進展するこれからの時代においても，その役割の大きさは変わることはない。しかしながら，近年は，図書館施設の整備の進展やブックモビルの維持コストなどが関係して，ブックモビルの減少傾向がみられる。

図4-3　ブックモビル（高知市民図書館）

　2020年度で全国の公共図書館（すべて公立図書館）に542台のブックモビルが稼働しているが，1999年度の682台をピークに130台余も減少している（日本図書館協会調べ）。今後も，減少傾向は続くのではないかと思われるが，運用する館においてはコストだけではなくサービス全体を多面的に評価したうえでブックモビルの今後を慎重に検討したい。

4.1.7　利用促進・拡大へ向けての広報・PR

　筆者が全国の図書館を訪れると，「対面朗読室を整備していつでも対面朗読サービスを提供できるようにしているが利用者がいない」という趣旨の意見を聞くことが少なくない。せっかく環境を整え準備もできているのに利用に結びついていないのはもったいないことである。「障害者サービス」を実施しているという公共図書館であっても，それを「利用案内」やウェブページで積極的に，かつ，わかりやすく広報・PRしている館は決して多くはない。利用してもらってこその図書館である。もっと利用者に広報・PRしていくべきである。

　広報・PRをするといったときに，図書館単独で行っても効果は限定的だろう。図書館のアクセシビリティ，なかでも「障害者サービス」に関する広報・

PR であれば，市町村役場の障害者福祉や高齢者福祉の部局，同じく国際交流の部局，市町村の社会福祉協議会や国際交流協会，地域内の学校，福祉施設，病院，刑事施設，当事者団体などと協力して行うことが効果的である。たとえば，案内のチラシを前述の部局や機関に置かせてもらったり，当事者の会合に参加させてもらって図書館の各種サービスについて PR するなどである。

各種のサービスや資料の存在自体は知っていても，なかなか利用するきっかけをつかめずにいる人に向けては，利用体験会のようなものを開いてもよいだろう。実際に，DAISY 利用体験会や対面朗読体験会などを開いている図書館がある。

こうした広報・PR の必要性は，何も公共図書館だけに限った話ではない。他の館種であっても，同様である。

このほか，図書館が行う行事や集会に際しては，聴覚障害者のために手話通訳を付ける，補聴器利用者のためにマイクの音を直接補聴器で聴けるようにした磁気誘導ループを設置するなど，図書館サービス全般にわたって利用者のニーズに応じた配慮が求められる。もう一度，現在の図書館サービスがアクセシブルなものとなっているかどうか館内で検討し，アクセシビリティを高める取り組みを進めてほしい。近年では，指定管理者制度[1]を活用するなど，図書館経営や業務の一部ないし全部をアウトソーシングする傾向が強まっている。アウトソーシングする場合，地方公共団体と指定管理者や受託事業者との委任ないし契約を締結する段階において，各種サービスのアクセシビリティに関してもきちんと盛り込んでおくことが不可欠である。

なお，以上のほか，図書館協力者（あるいはボランティア）による各種資料の製作については，2章の2.3ですでに述べたので，参照されたい。

1：公共施設の管理や運営を指定する団体（ここには非営利団体だけでなく営利企業も含む）に包括的に代行させる制度。2003年の地方自治法（昭和22年法律第67号）の一部改正に伴って制度化された。

4.2 デジタルベースのサービス

4.2.1 図書館におけるデジタルサービスのアクセシビリティ

　図書館サービスの中で，利用者が資料を借りて読書するまでの自立的な行為の流れを考えると，大きく分けて「館外からの利用」「館内での検索」「館内での閲覧・読書」となる。今日，これらの図書館サービスを実現するためには情報技術（ICT）の活用は不可欠であり，そこには何らかの形でデジタルデータやデジタル端末が関与していることがわかる。

　「館外からの利用」の主たるものとしては，図書館のウェブサイトがある。利用者はインターネットにつながった端末さえあれば，図書館のウェブサイトで OPAC（online public access catalog）と呼ばれる蔵書検索・予約をはじめ，新着図書，開館時間，交通機関，利用方法など，さまざまな案内を受けることができる。その際，使われる端末は，必ずしもパソコンだけではなく，スマートフォンやタブレット PC などのモバイル端末が多く使われるようになった。このため画面の小さなスマートフォン向けにカスタマイズされたウェブサイトも用意されている（4.2.2参照）。

　「館内での検索」については，現在，どの公共図書館においても，端末が設置され，館内における OPAC や新聞，辞書などの商用データベースの利用に供されている。大学図書館では，これに加えて，電子ジャーナルや機関リポジトリなどの検索・閲覧が行われている。それらの端末も今では図書館基幹システムの専用端末から，Microsoft Windows 搭載パソコンなどの汎用端末に置き換わっている。そこにスクリーンリーダーなどのソフトウェアをインストールすることで，OPAC 画面や各種データベースの TTS による利用を図ることができる。

　「館内での閲覧・読書」では，端末を利用した電子書籍の読書がある。館内の電子書籍貸出サービスが注目されており，図書館界からもそのアクセシビリティ機能が期待されている。この点を指摘した調査報告に，電子出版制作・流

通協議会（電流協）が日本図書館協会の協力を得て行っている「公共図書館の
電子図書館・電子書籍貸出サービス調査」がある。

　電流協による同調査は2013年から実施している。2019年7月〜8月に実施し
た7回目の調査[2]では，全国の自治体が設置する公共図書館の中央館988館を対
象に実施した。電子書籍に期待する機能として，音声読み上げ機能79.8％，文
字拡大機能76.2％，文字と地色の反転機能60.7％など，アクセシビリティ機能
が上位となっている。なお，非来館型サービスとしての電子書籍貸出サービス
については80.5％の図書館がメリットありと回答しており，この点が2020年か
らのコロナ禍において電子書籍貸出サービスが注目された理由でもある。また，
電子書籍の提供対象者として，1位が「図書館利用に障害のある人」で，63.9
％を占めていた。図書館向け電子書籍貸出サービスの開発にあたってはアクセ
シビリティ機能の搭載が求められていることが，これらの結果からもわかる。

　電流協によると，2021年4月の時点で，電子書籍貸出サービスを導入してい
る館は201館で，自治体数では205である。2020年4月の導入が91館，実施自治
体数で94であったことから，コロナ禍で電子図書館が注目され，1年間で倍増
したことになる。「新型コロナウイルス感染症対応地方創生臨時交付金」によ
り電子書籍貸出サービスの導入が交付対象となったことで，未導入の自治体で
の検討・導入がさらに進むと考えられる。

　2021年現在，公共図書館が導入している電子書籍貸出サービスとそのシステ
ムベンダーは，TRC-DL（図書館流通センター），OverDrive（メディアドゥ），
LibrariE（日本電子図書館サービス），Maruzen eBook Library（丸善雄松堂），
KinoDen（紀伊國屋書店），ジャパンナレッジ（ネットアドバンス），ELCIE-
LO（京セラコミュニケーションシステム），EBSCO eBooks（EBSCO）など
である。

　電子書籍貸出サービスが始まった頃の2014年4月〜8月に，筆者らは，協力
の得られたベンダー4社（A社〜D社）の担当者に対してヒアリング調査を実

2：植村八潮，野口武悟ほか編『電子図書館・電子書籍貸出サービス調査報告2019』印刷学
　会出版部，2019.

表4-1　ベンダー4社の電子書籍サービスシステムの概要

	ベンダー	A社	B社	C社	D社
システム	システムタイプ	クラウドコンピューティング型	インハウス（WiFi配信）型	インハウス型／クラウドコンピューティング型	クラウドコンピューティング型
	デバイス	PC／iPad／TabletPC	PC／iPad／TabletPC	PC／iPad／TabletPC	iPad
	OS	Win／iOS／Android	iOS／Android	Win／iOS／Android	iOS
	特徴	郷土資料の追加	システム導入容易，郷土資料の追加	Flash絵本やオーディオブックにも対応	TTS対応，ハイライト表示
アクセシビリティ	利用のための音声ガイド	△＊1	×	×	×
	コンテンツのTTS対応	○＊2	×	○	○＊3
	音訳コンテンツ（オーディオブック）対応	○	○	○	×
	文字サイズの変更	○	×	○	○
	書体の変更	○	×	○	○
	組方向の変更	○	×	○	○

＊1 スクリーンリーダーを用いて対応
＊2 2015年バージョンアップでアクセシビリティ対応
＊3 男声／女声の選択，速度調整，音声にあわせてテキスト部分にハイライトを付す機能の利用が可能

施した。以下の記述は，そのときの調査結果に基づいている[3]。

表4-1[4]に4社のシステムの概要を示す。なお，どの社のシステムにおいても，コンテンツがTTSで読み上げられるためには，対象とする電子書籍がテ

3：野口武悟，植村八潮「公共図書館における電子書籍サービスの現状と課題」『日本印刷学会誌』vol. 52, no. 1, 2015, p.25-33.

キストを保持しているリフロー型電子書籍で，なおかつ著作権者が許諾しているか，パブリックドメインのコンテンツであることが前提となる。また，各社が契約している図書館は，歴史的経緯や既存の図書館基幹システムから，自館の運用方法に対するこだわりが強い。このため各館の要望に合わせてカスタマイズすることによる開発コストの増加や手間が共通の問題である。

A社のシステムは，導入を容易にするために，専用のビューワー（リーダーソフト）をインストールせず，ウェブブラウザで読むシステムである。このためシステム導入の拡張性が高く，ユーザビリティが向上した。しかし，EPUBの電子書籍コンテンツであっても画像データに変換して表示していることから，導入初期のシステムでは音声読み上げには対応していなかった。2015年に行ったシステムバージョンアップで音声読み上げに対応した。提供可能な電子書籍コンテンツのタイトル数は4社のなかで最も多く，導入館も多い。

B社のシステムは，もともと音声付きコミックを喫茶店など小規模商業施設で提供することを目的として開発したシステムを拡張して，電子書籍コンテンツにも対応可能としたものである。音読（音訳）コンテンツをストリーミングにより再生することができる。専用の小型サーバにコンテンツを収め，WiFi配信している。また，配信は無線LANの届く範囲に限られることから，結果的に館内での利用に限定されている。アクセシビリティ機能はほとんど備えていない。

C社のシステムは，当初は，インハウス型で電子書籍コンテンツを館内サーバに蓄積する必要があった。現在では，クラウドコンピューティング型のシステムも開発済みである。利用者は，電子書籍をダウンロードもしくはストリーミングする形で利用する。Flashを用いた絵本や，オーディオブックにも対応したシステムとなっている。

D社のシステムは，ベンチャー企業らしく電子図書館に対する独特な思想が随所にうかがえるシステムとなっている。このシステムにおける電子書籍の読

4：野口武悟，植村八潮「公共図書館における電子書籍サービスの現状と課題」『日本印刷学会誌』vol. 52, no. 1, 2015, p.29. の表2を元にシステムバージョンアップに対応して修正した。

書は，手続きを要する貸出概念ではなく，閲覧棚から抜き出して"本"を開く行為（閲覧）をイメージし，再現している。仮想空間の本棚から"本"を選んだ時点で読書がはじまり，"本"を閉じる行為で棚に戻り読書が終了する。また，D社の社長は自身でアクセシビリティに関する講演を行うなどアクセシビリティへの関心と理解が深く，アクセシビリティ機能にも反映されている。たとえばTTSエンジンをシステムに独自にもつことで，TTSによる音声読み上げを行う際に，対応箇所のテキストがハイライトできる機能をもっている。

2021年現在では，各社の電子書籍貸出サービスシステムもTTSエンジンを積むなど技術進歩し，普及に向けていっそう使いやすくなっている。

4.2.2　図書館ウェブサイトのアクセシビリティ

インターネットは視覚や聴覚の障害をもつ者にとって，情報入手手段として注目されており，視覚障害者の91.7%，聴覚障害者の93.4%，肢体不自由者の82.7%，知的障害者の46.9%が利用している[5]。障害者にとってインターネットやウェブサイトが活用されていることがわかる。これらのウェブサイトは，設計次第では障害者にとって極めて利用しやすい有益な情報源となるが，一方，適切に設計されていなければ，情報を読み取ることはできなくなる。このようにウェブサイトを運用するにあたって，アクセシビリティに配慮することは極めて重要なことである。

ウェブアクセシビリティとは，「インターネット技術を用いて制定されたコンテンツで，利用者がウェブブラウザなどを用いてアクセスするあらゆる情報やサービスに対するアクセシビリティ」[6]を指し，障害者がウェブを利用できることである。より具体的には，障害者がウェブを知覚し，理解し，ウェブサイトのページ間やページ内を移動したり見てまわったり，ウェブに入力したり情報を受け取ったりしてウェブを利用できることである。

5：総務省「障がいのある方々のインターネット等の利用に関する調査研究［結果概要］」総務省情報通信政策研究所調査研究部，2012.6.
6：アライド・ブレインズ編『WebアクセシビリティJIS規格完全ガイド改訂版』日経BP社，2008，p.8-10.

　図書館が「知る権利の保障」を掲げ，広く市民に対して情報提供を保障している以上，図書館のウェブサイトはアクセシビリティの遵守向上が強く求められる。しかし，アライド・ブレインズが2010年8月10日〜19日にかけて全国128の公共図書館におけるウェブサイトについて行ったアクセシビリティ調査によれば，自治体の公式ウェブサイトよりも公共図書館のウェブサイトのほうが不十分な状態にあることが指摘されている[7]。

　世界的なウェブアクセシビリティのガイドラインには，「WCAG（Web Content Accessibility Guidelines）」[8]がある。WCAG は，W3C（World wide web consortium）の勧告として，その下部組織である WAI（Web Accessibility Initiative）によって1999年5月に第1版が策定され，その後，2008年12月に第2版として改訂された「アクセシビリティのための原則と設計に関するガイドライン」である。

　W3C 勧告は，情報に関する国際標準である ISO/IEC JTC1に準じて扱われるため，参照資料としての利用や基準となる参考資料として引用することが認められている。WCAG 1.0によりウェブアクセシビリティが世界的に注目され，日本でも，これを元に省庁や企業などによってガイドラインが策定された。ただし，国際標準そのものではないため，そのまま翻訳して国内規格の日本工業規格（JIS）とすることはできなかった。そこで日本では WCAG 1.0に準拠して，2004年6月に，JIS X8341-3「高齢者・障害者等配慮設計指針 − 情報通信における機器，ソフトウェア及びサービス − 第3部：ウェブコンテンツ」が策定された。一般的に「ウェブコンテンツ JIS」と呼ばれている。

　その後，WCAG は2.0にバージョンアップし，2012年10月に国際標準化機構（ISO）と国際電気標準会議（IEC）の合同技術標準「ISO/IEC 40500:2012」となっている。一方，JIS X8341-3は，WCAG2.0と整合をとるために改正され，さらに2016年3月22日に第3版に改正された。

7：アライド・ブレインズ「A.A.O. ウェブサイトクオリティ実態調査　図書館編第1回」http://www.aao.ne.jp/research/cronos2/2010_library/index.html，（参照2016-03-15）.

8：ウェブアクセシビリティ基盤委員会「JIS X8341-3:2010解説」http://waic.jp/docs/jis2010-understanding/201008/，（参照2016-03-15）.

　WCAG2.0の特徴として，劇的に進歩するインターネット技術の中で，陳腐化しないために技術に依存しない形で記述したことである。WCAG1.0が勧告された1999年当時には想定できなかったFlashやPDFなどが，次々に生まれ標準的な技術となっている。そこで技術非依存とすることで，長期間利用できるように設計されている。

　具体的には，ウェブコンテンツについて「視覚による情報入手が不自由な状態であっても操作または利用できること」「聴覚による情報入手が不自由な状態であっても操作または利用できること」「特定の身体部分だけを想定した入力方法に限定せず，多用な身体部分で操作または利用できること」「身体の安全を害することなく操作または利用できること」があげられる。特に，視覚障害の場合は音声や点字だけの情報で十分に伝わっているか，聴覚の場合は音声が文字で伝わっているかが問われている。

　総務省では，JIS X 8341-3の制定・改正に合わせ，2005年度に「みんなの公共サイト運用モデル」を策定し，2010年度に改定を行った[9]。さらに2016年のJIS改正に合わせて刷新し，名称も「みんなの公共サイト運用ガイドライン」に改めた。これは国及び地方公共団体等の公的機関のウェブサイトが，高齢者や障害者を含む誰もが利用しやすいものになるために，ウェブアクセシビリティの確保・向上に取り組む際の手順等を解説したものである。

　ウェブコンテンツJISの制定と同時期に改正された障害者基本法によると「国及び地方公共団体は，（中略）行政の情報化及び公共分野における情報通信技術の活用の推進に当たっては，障害者の利用の便宜が図られるよう特に配慮しなければならない」（同法22条2）とある。さらに障害者差別解消法において，ウェブアクセシビリティを含む情報アクセシビリティは，合理的配慮を的確に行うための環境の整備と位置づけられた。また，工業標準化法には，「国及び地方公共団体は，（中略）日本工業規格を尊重しなければならない」（同法67条）とある。

9：総務省「「みんなの公共サイト運用ガイドライン（2016年版）」及び「みんなのアクセシビリティ評価ツール：miChecker Ver.2.0」の公表」http://www.soumu.go.jp/menu_news/s-news/01ryutsu05_02000074.html，（参照2016-08-08）.

　これにより，日本の公共機関のウェブサイトはウェブコンテンツ JIS を遵守することが求められており，なかでも公共図書館のウェブサイトが遵守することはすでに述べたとおりである。

4.3　他館との連携・協力

　日本では，毎年 7 万点近くの新刊図書が刊行されている。このうち，視覚障害者等が利用可能なアクセシブルな出版物として刊行されているものはごくわずかに過ぎない。また，全国の公共図書館や視覚障害者情報提供施設（点字図書館）などで作られている録音資料等も同様である。そのため，各図書館が保有する資料の情報を共有し，お互いに貸したり借りたりすることで資料の円滑な利用を促進するための相互貸借が活発に行われている。

　相互貸借は，同一館種同士で行われることもあれば，館種を超えて（例えば，公共図書館と視覚障害者情報提供施設（点字図書館）間など）で行われることもある。また，相互貸借は，2 館間で行われることもあるが，今日では，「サピエ」や国立国会図書館を介した全国的なネットワークの活用が中心となってきている。

　「サピエ（視覚障害者情報総合ネットワーク）」（https://www.sapie.or.jp/）は，視覚障害者等に対して点字資料や録音資料，暮らしに密着した地域・生活情報などを提供する全国ネットワークである。日本点字図書館がシステムを管理し，全国視覚障害者情報提供施設協会が運営を行っている。「サピエ」には，全国の視覚障害者情報提供施設（点字図書館）等で製作された点字資料や録音資料のデータや書誌情報がアップロードされており，全国規模でこれらの共有が図られている。現在，視覚障害者等の個人会員18,000人以上が直接利用する電子図書館であるとともに，全国の視覚障害者情報提供施設（点字図書館）や公共図書館，大学図書館，学校図書館など416（うち，公共図書館は218）が加盟する図書館ネットワークでもある。

　「サピエ」に利用登録することで，個人や図書館は，点字資料のデータ約23万点，録音資料のデータ（DAISY データ）約10万点をパソコンやスマートフ

ォンなどからストリーミング再生したり，直接ダウンロードすることができる。点字・録音ともに毎年1万点程度ずつ増え続けている。また，前述の約33万点を含む約76万点の点字資料や録音資料の書誌情報も検索できるようになっている。さらに，「サピエ」には資料製作支援の機能があり，点字資料や録音資料等の製作の効率化を図るため，インターネットを介してのデータのやりとりをはじめ，製作者同士が連携しやすいシステムの提供を行っている。

なお，「サピエ」の利用料は，個人会員は原則無料だが，公共図書館等は年間4万円となっている。

「サピエ」とともに，「国立国会図書館サーチ　障害者向け資料検索」（http://iss.ndl.go.jp/）も相互貸借を行うためのツールとして活用されている。

国立国会図書館の取り組みについては6章の6.1で詳しく紹介するが，国立国会図書館では1975年から学術文献録音図書の製作を開始し，2014年1月からはインターネット経由による「視覚障害者等用データ送信サービス」を行っている。国立国会図書館に直接利用登録することにより個人が直接ダウンロードできるほか，全国にある359館の貸出承認館を通じて学術文献録音図書を国立国会図書館から取り寄せて利用できるようになっている。製作されていない録音資料については国立国会図書館に製作依頼を出すこともできるようになっている。

また，国立国会図書館では「サピエ」との連携を強化しており，「サピエ」にログインすると，国立国会図書館に所蔵されている同館製作の録音資料約1,900点と，全国の公共図書館が製作した録音資料約26,000点を利用することができるようになっている。

さらに，1982年から国立国会図書館が提供している「点字図書・録音図書全国総合目録」がある。国立国会図書館のウェブサイトによると，点字資料・データが約16万点，録音資料（カセット）が約22万点，録音資料（音声DAISY）が約13万点の計約51万点が目録に掲載されている。「サピエ」とともに，これら資料の相互貸借を促進する重要なシステムである。

5章
図書館のアクセシビリティに
関わる「人」をめぐって

5章では，図書館のアクセシビリティに関わる「人」を取り上げる。

職員，図書館協力者・ボランティア，利用者の別に，知っておいてほしい知識や心がけなどについて概説的に述べたうえで，事例として職員，図書館協力者・ボランティア，利用者の数人にヒアリングし，活動や利用の内容，思いなどを語ってもらった。

5.1 職員

5.1.1 職員をめぐって

公共図書館において「障害者サービス」に取り組む場合は障害者サービス担当者を選任し，その人がすべての業務を担う形が多く見られる。しかし，「合理的配慮」の提供を的確に行っていくためには，すべての職員が何らかの形で「障害者サービス」をはじめアクセシビリティの向上に関わるのが理想的である。

2016年4月の障害を理由とする差別の解消の推進に関する法律（障害者差別解消法）の施行で仕方なく「障害者サービス」などのアクセシビリティ向上に取り組み始めるのではなく，図書館サービスの幅を拡げる好機として位置づけていく姿勢が大切である。

現在，日本の図書館界では，館種を問わず，職員の非正規化（非常勤，嘱託，派遣など）が進行している。しかし，利用者からしてみれば，応対する職員が正規か非正規かは判断のつかないことである。どんな雇用形態で勤務していよ

うとも，職員はその図書館を背負って利用者にサービスを提供しているという意識をもって勤務する必要がある。同時に，これからは，正規であろうと非正規であろうと，すべての職員には図書館のアクセシビリティ，なかでも「障害者サービス」に関する基礎・基本の理解が求められる。

「障害者サービス」についての研修が受けられる機会としては，毎年開催されているものとして，日本図書館協会による研修会（東京，6月）や，国立国会図書館関西館と日本図書館協会の共催による研修会（京都，11月）がある。いずれも受講者募集の情報などは，日本図書館協会のホームページ（http://www.jla.or.jp/）や機関誌『図書館雑誌』などに掲載されるので，参照してほしい。また，都道府県立図書館においても，エリア内の市町村図書館の職員向けに「障害者サービス」についての研修会を行っているところがある。

このほかにも，図書館に関する各種団体が主催する研修会やセミナーの1コマとして「障害者サービス」やアクセシビリティをテーマにすることもあり，図書館職員はこうした機会に積極的に参加して新たな知識やスキルを吸収するように努めてほしい。併せて，本書のほかに，下記のような図書も基礎・基本を理解するのに役立つだろう。ぜひ読んでいただきたい。

- ・近畿視覚障害者情報サービス研究協議会編『視覚障害者サービスマニュアル　2007：情報のバリアフリーをめざす図書館のために』読書工房，2006.
- ・公共図書館で働く視覚障害職員の会編著『見えない，見えにくい人も「読める」図書館』読書工房，2009.
- ・佐藤聖一著『1からわかる図書館の障害者サービス：誰もが使える図書館を目指して』学文社，2015.
- ・日本図書館協会障害者サービス委員会編『図書館利用に障害のある人々へのサービス』（JLA 図書館実践シリーズ37，38）日本図書館協会，印刷版，2018.8，電子書籍版，2018.11.

5.1.2　職員の事例：全盲職員の活躍

千葉市中央図書館で「障害者サービス」を担当する大川和彦さんは，自館での仕事の他，「障害者サービス」に関する研修の講師などとして全国的な活躍

をしている（2015年8月取材）。しかし，「障害者
サービス」の担当はもとより図書館の職員も，志
望してなったものではなかった。

　幼い頃から片目が見えなかったが，もう片方は
40歳で完全に失明するまでわずかに見えた。理療
を学んでマッサージ師として働いたが，28歳の頃
に勤務先の経営が悪化。そんなときに，たまたま
千葉市で障害者対象の職員募集があって採用され，
配属されたのが図書館だった。

図5-1　職員：大川和彦さん

　最初の仕事は，まだ片目が見えていたので，一
般利用者向けの業務だった。しばらくして千葉市中央図書館（2001年開館）の
開設準備室に異動になると，新図書館オープンを機に「障害者サービス」を本
格的に始める準備が進められていた。これに加わったのが，今日にいたる障害
者サービス担当者としてのキャリアの始まりだ。

（1）研修のテーマはいくらでも

　初期の頃を振り返ってもらうと，大川さんはこう語った。

　「「障害者サービス」のことはもちろん，そもそもの図書館員としての素養も
欠けていたと思います。たとえば，視覚障害のある利用者にはいわゆる "おま
かせ" 利用が多いです。本屋さんで本を探したりすることが難しいので，図書
館で自分の読みたいジャンルなどを話しておすすめを尋ねるのです。ところが，
当時の私は知識の引き出しが少なくて，その人その人に合わせておすすめする
ことができませんでした。申し訳なかったと思います。利用者さんとのやりと
りで，育てていただいたという感じです」。

　大川さんは，自学自習に加え，県立図書館などが開く「障害者サービス」に
関する研修への参加，「公共図書館で働く視覚障害職員の会」（通称「なごや
会」）に入会しての情報交換などによって，障害者サービス担当者としての力
をつけていった。

　現在では，自館で開催する研修の企画の他，なごや会が開催する研修の企

画・講師，日本図書館協会の障害者サービス委員会委員と同会主催の研修会の講師などを務める。しかし，もはや研修を受ける側ではなくなったのかと問うと，そんなことはないという。

「「障害者サービス」は，大きく変化しています。たとえば，DAISY をはじめ，新しい技術や機器類が次々と登場しています。障害者差別解消法の施行にともなう合理的配慮の問題もあります。マラケシュ条約など，海外の動きもあります。「障害者サービス」は，視覚障害者だけが対象ではないので，他の利用者のことも考えなければいけません。常にアンテナを張っている必要がありますし，自らも学ばなければならない研修テーマはいくらでもあるのです」。

だが，「障害者サービス」の担当者で，大川さんのように長年にわたって担当して専門性を高めることができる人は少ない。

（2）担当者を支える環境を

国会図書館による「公共図書館における障害者サービスに関する調査研究」（2010年）によれば，「障害者サービス」を実施していると回答した図書館は66.2％である。そのうち専任の職員を置いている図書館は9.4％で，ほとんどの担当職員は兼任である。

しかも，異動のあるところがほとんどであり，大川さんのように長年担当する職員は，障害者職員（当事者職員）を除くと，ほとんどいない。「障害者サービス」に障害者職員が携わっている図書館は15.9％（正規10.4％，非正規5.5％）である。

つまり，「障害者サービス」を実施している図書館でも，その多くは障害者についても「障害者サービス」についても特段の知識をもたない人が異動でやってきて兼務し，何年か後には異動で去っていくというのが一般的である。担当者が複数いるところでは一度に全員が異動するわけではないが，異動にあたって十分な引き継ぎの時間が考慮されているとはいえず，現状，「障害者サービス」の知識やノウハウを確実に継承・蓄積していくのはむずかしい。

大川さんは，そうした中で「障害者サービス」の担当者となる職員のことを心配する。1つは，「障害者サービス」を実施するうえで必要不可欠な存在と

なっている図書館協力者との関係である。

「たとえば，音訳者に依頼して DAISY 図書を作るとき，読み方や編集の仕方について話し合って，最終的には職員が判断を下さなければいけません。それができる知識が必要です。でないと，おまかせになってしまいます」。

もう１つは，利用者との関係である。

「図書館利用に障害のある人へのサービスという基本的な考え方は，かなり前からあるものですが，職員の間にすら定着しているとは言えません。まだまだ一から知ってもらわなければいけない状況が続いています。そこに，合理的配慮の義務化がやってきます。利用者さんからも配慮を求める声が出てくると思います。そのときにどう対応するのか……」。

大川さんは，「障害者サービス」の担当者以外にも基礎的・基本的なことを理解しておいてもらう研修を一つの課題と考えている。また，担当者には，年に何度かしかない研修を受ける機会の他に，日常的に相談できる環境が必要だという。

「誰がいつ異動で担当者になるかわかりませんので，担当者以外の人にもきちんと伝えておく必要があります。また，担当者には必要なときに相談できる人が必要です。しかし，中規模以下の図書館では，「障害者サービス」コーナーがなくて，いろいろな仕事を兼務しながら「障害者サービス」にも対応しているといったケースも多く，そういうところでは館内に相談できる人は見つけにくいです。各館の担当者をつなぐメーリングリストがあれば，館を超えて相談したり情報交換したりしやすいのではないかと思います」。

実は，千葉県では，視覚障害者支援施設に勤務する視覚障害当事者が，障害者サービス担当者のためのメーリングリストを立ち上げ，大川さんもこれに加わっている。経験豊富な担当者として，後進を支える使命も感じての参加である。

（3）図書館協力者の確保に向けて

対面朗読や録音資料の製作など「障害者サービス」の実務は，専門の技能をもつ図書館協力者によって担われている場合が多い。質や内容の管理責任は図

書館にあるので「おまかせ」にしてよいわけではないが，新任の担当者にとって知識や経験の豊富なベテラン協力者は頼りになる存在である。

　しかし，全国的に協力者の高齢化が進み，若い協力者は集まりにくくなっている。自館で養成できる図書館は少ない。「障害者サービス」の担当者にとって協力者の確保は，いっそう重要な問題になってきている。大川さんも例外ではない。

　千葉市中央図書館では，自館養成はしておらず，視覚障害者総合支援センターちばが毎年開催する音訳ボランティア養成講座の修了者に協力を呼びかけ，協力者として登録した人に対面朗読と録音資料の製作を依頼している。

　しかし，登録した人は専属の協力者というわけではない。まずは，研修を受けた視覚障害者総合支援センターちばからの依頼が優先であり，ほかに，県立図書館に登録している人もいるという。

　「さらに，朗読サークルに参加している人。民生委員をしていたり，他のボランティア活動に参加していたりする人。とにかくアクティブな方が多いですから，たとえば対面朗読の申し込みがあっても，それに応じられる人を探すのはいつも大変です」。

　録音資料の製作は協力者の都合の良い時間に作業してもらうことができるが，対面朗読は利用者の都合とのマッチングが必要になる。しかも，利用者の「早く読みたい」という思いは強い。利用者の要望に確実に応えるには，より多くの協力者を確保しておく必要がある。

　さて，対面朗読で特にニーズがあるのは，雑誌の拾い読みだという。

　「雑誌の情報は即時性が求められます。そして朗読者に『その記事はとばしていいです。あっ，その記事は読んで下さい』というように柔軟に要望できます。対面朗読のメリットが一番得られるのが雑誌の拾い読みだと思います」。

　また，切実なニーズとして，仕事のための読書がある。

　ある仕事をする人にとって必読の図書や記事とされたものは，障害者であれ，その仕事で生きていこうとする以上，「読めない」で済ますわけにはいかない。だが，毎年8万点以上も発行されている図書の中で音訳されるものはほんの一握りにすぎず，雑誌にいたっては1号分まるごと音訳されているものはほとん

どない。

　近年では，紙の図書を自分でスキャンしてテキストデータ化する，いわゆる"自炊"（晴眼者の助けは必要だが）をして音声読み上げさせる人や，３章で取り上げた音声読書機を利用する人もいる。しかし，３章でも記したように，読み取りの際の誤認識や読み取り不能の部分が出ることは避けられない。

　電子書籍への期待は高いが，「探す」「購入する」「読む」のいずれの段階でも，まだ十分にアクセシビリティが確保されていない。

　こうしたことから，大川さんは「当面，対面朗読のニーズが減ることは考えにくい」と語る。もちろん，「もっと録音資料を」というニーズも減ることはない。だが，そのための協力者は，以前に比べて集まりにくくなっている。どうしたらよいのか。

　「インターネットを活用したハードルの低い参加の仕方などを考え，これまで接点がなかった層にもアプローチしていく必要があると思います。今後について皆で真剣に考えなければならない時期に来ていることは間違いありません。一方，そうしている間にも，既存のアプローチはきちんと続けていく必要があります。先日，ある全盲の職員がいる図書館で音訳者を募集したら，期待以上の人数が集まった，しかも比較的若い人たちも来てくれたという話を聞きました。積極的に働きかけることによって，まだ新たに興味をもって集まってくださる方はいると思います」。

（4）利用者にももっと働きかけを

　大川さんは，利用者に対する働きかけも，もっと必要だと考えている。

　「障害者サービス」の利用者には，「あるものでいいです」「いつでもいいです」などと必要以上に控え目な人が多い。「障害者サービス」を特別な恩恵として提供してもらっているような意識があるものと推察される。しかし，もちろん，特別な恩恵などではない。「図書館利用に障害のある人へのサービス」である「障害者サービス」は，図書館の側にあるバリアを解消しようとする実践である。

　「一般の人が『ちょっと図書館に行ってみよう』と思うのと同じ感覚で利用

してほしい。そして，もっと求めて良いと思います。私たちは，もっとそうできるような雰囲気づくりをしていかなければいけないと考えています」。

　中途障害者は，障害者として生きていくための情報を知らずに障害当事者となって孤立してしまうことがある。図書館の「障害者サービス」はその人たちにいろいろな情報を提供できるのだが，当人はその存在も知らない。

　「潜在ニーズの掘り起こしは大きなテーマです。病院やリハビリテーション施設など，障害を負った時に利用するような場所に図書館の「障害者サービス」についてのパンフレット置かせてもらうといったことも必要でしょう。また，地域のお祭りに出て行くとか，千葉にはないですけどコミュニティFMでPRするとか，何らかのルートで「障害者サービス」の活動が伝わるように，もっともっと外に向かって発信していくことが必要だと思います」。

　課題山積の「障害者サービス」。新たにサービスをはじめる図書館や担当者には，荷が重いようにも思われる。しかし，大川さんは，そうした大きな課題の解決に中心的役割を期待されるのは，長年担当している自分たち障害当事者の職員であろうと話し，最後に次のようにエールを送った。

　「何から手を付けたらよいかわからないという話をよく聞きますが，とりあえず，できることから始めてもらえたら良いと思います。担当者は普通3〜4年で異動になってしまうという現実がありますが，その期間，熱い気持ちで学んで取り組めば，ガラッと変わりますよ」。

　「合理的配慮の義務化」は，「障害者サービス」担当者だけの問題でも図書館職員だけの問題でもない。すべての公務員が知らなければならない問題である。大川さんは，いろいろなことが大きく動く可能性があるこの機会を生かせたら，「障害者サービス」への理解もガラッと変わる，大きく広めることができると見ている。

5.2 図書館協力者

5.2.1 図書館協力者とは

図書館において「障害者サービス」を行う場合，図書館職員が電話や来館時の初動の対応を行うことは可能だが，実際には限られた人員の中ですべての対応を行うには限界がある。

たとえば，対面朗読を職員が行うには，辞書の一項目を読んだり，書名や著者名などを伝えたり，雑誌の短い記事を朗読する程度なら可能だが，十分な読みの訓練をしていないため聞きやすい読みを担保するには無理がある。また，録音資料の製作には経験や技能が必要なため，限られた勤務時間で製作することは困難である。対面朗読や録音資料の製作といった音訳作業は，専門性が高く，図表ひとつとってもどのように言葉に置き換えて説明したら理解できるか，その対応はたいへん難しい。そこで，読む訓練を受けた人たち（音訳者）に協力を依頼して，対応することになる。そのほうが合理的だからである。

こうした音訳者など，図書館からの依頼に応えて，図書館の責任のもとに活動している人たちのことを図書館協力者という。図書館協力者には，音訳や点訳，拡大訳などの高度な専門技能とノウハウが求められ，その体系的な学習と継続的な経験の蓄積が必要である。まったくのボランティアというわけではなく，図書館協力者の活動に対してはわずか（交通費やお弁当代程度）であるが報償費を支払うことが一般的である。なお，宅配など，無償のボランティアの形で図書館が募集して，活動してもらっているケースもある。

図書館協力者になるには，図書館等が行う養成講座や研修を受講することが一般的である。たとえば，音訳者の場合，基礎（初級）研修だけでも１コマ２時間で15回から20回程度の研修が，また録音資料の製作まで行うとなると機械の操作や図表の処理などで同程度の応用研修が必要といわれている。

近年は，現在活動している図書館協力者の高齢化が進んでおり，社会情勢やライフスタイルの変化から新規の参加希望者が少ないという実情も指摘されて

いる。こうしたなかで，これまでの利用者の多くは視覚障害者であったが，そ
れ以外の図書館利用に障害のある人たちが求める読書にいかに応えていくかを
見定めつつ，新しいニーズにも対応できる図書館協力者の確保と養成が求めら
れている。

5.2.2　図書館協力者・ボランティアの事例：全国音訳ボランティア ネットワーク

　全国各地で音訳活動をしているグループや個人が連携をもつことによって，
利用者により多くの良質な音訳を迅速に提供することをめざす。全国音訳ボラ
ンティアネットワーク（通称：音ボラネット）は，そのような目的から2007年
に発足した。

　音訳とは，視覚的な情報を得ることが困難な人のために音声で情報を伝える
活動である。図書館協力者としては，対面朗読や録音資料の製作を行う。

　音ボラネットは，東日本大震災の後から印刷物をテキストデータ化して提供
する活動も行っている。音訳とテキストデータ化ではまったく求められる技能
が異なるようにも思われるが，実は，図・表・写真まで言葉にして伝える経験
を積んだ音訳者は，そのような内容も含んだ文書のテキストデータ化に適任な
のである。

　音訳とテキストデータ化，それぞれの現状や図書館との関係などについて，
音ボラネット代表の藤田晶子さんら3人に聞いた（2015年8月取材）。

（1）音訳者の活動

　鶴岡幸子さんは，17年あまりの経歴をもつ音訳者である。子どもが大学を卒
業したのを契機に何かボランティアをしたいと思って探したときに，たまたま
図書館で音訳の初級講座があって受講したのが始まりだったという。

　現在は「葛飾音訳ボランティアの会」の代表として約50名の音訳者を率い，
葛飾区立図書館の「ハンディキャップサービス」への協力と，個人の依頼に応
える活動をしている。そのかたわら，音ボラネットの運営にも参画している。

　葛飾区立図書館とは協力内容について契約を交わし，報償費を受けている。

依頼件数は，対面朗読については利用者１人につき月４回まで，１回あたり２時間までという取り決めで，年間200回あまり。録音資料の製作については，年間25〜30点程度だという。

　利用者から図書館への依頼が多いと図書館の報償費の予算枠をオーバーしてしまうことも考えられるが，そうなった場合は，その分は無償で行い，録音資料は「寄贈」するという。

　ただし，図書館協力者は無償で良いという考えには与<ruby>与<rt>くみ</rt></ruby>しない。

　「個人からの依頼では，もちろんお金はいただきません。でも，行政の仕事は違うと思います。私たちはすべて交渉して契約していて，たとえば区から１冊だけ読んでほしいという依頼があっても，契約に基づいて報酬をいただいています。活動にはお金がかかりますし，なにがしかのお金をいただくことで，みんな，またがんばっていけるという部分があると思います」。

　対面朗読の依頼に応じるには，交通費がかかる。録音資料を製作するには，録音編集のための機材（パソコンと DAISY 録音編集ソフトなど）と静かな部屋が必要である。葛飾区においては12館（地区館６を含む）ある区立図書館の中で録音室があるのは中央図書館だけで，その数は２部屋である。

　「常に15人くらいの音訳者が何かしら読むものを持っています。２つの録音室だけでは間に合いませんから，家でも録音できる環境を整えないと，この活動は長く続けられません」。

　さて，音訳者には対面朗読と録音資料のどちらの活動をしたいと望む人が多いかを鶴岡さんにたずねたとき，次のような話が聞かれた。

　「録音をしたい人が多いと思います。視覚障害者のための蔵書づくりに協力したいという思いが一番にあります。ただ，対面は１回２時間ぶっ通しで読むわけですから，対面をよくやる人はうまくなりますね。録音は，いまはデジタル化されて，挿入や削除が簡単です。だから，そうはいかなかったカセットテープの時代の音訳者のほうが，うまい人が多かったなと思います」。

　音訳者を志した人が一人前に育つには，最低でも５年程度は必要といわれる。録音資料の編集が簡単になったことは，経験の浅い音訳者にも活躍の機会を拡げたかもしれないが，もちろん，図書館に納めるには一定以上の品質で作り上

げなければならない。

　鶴岡さんたちは，品質の管理をどうしているのだろうか。

　「メンバーの技量は私が把握していますので，私が依頼された本の内容を見て，誰にやってもらうかを判断します。そして，後で『ああ，こういう読みはしてほしくなかった』となると直すのがたいへんですから，図表をどう読むかとか，注釈や参考文献をどこで入れるかとか，しっかり打ち合せをしてから取りかかってもらいます」。

　もちろん，仕上がったものへのチェックも行う。

　「校正者が２回校正して，それを私のところで最終確認してから納めています。音訳者に聞くと，『今回は完璧にできたかと思って納めても，絶対に付箋がいっぱいついて返ってくる』といいます。アクセントが違うよとか，誤読だよとか。音訳者はそれを直さなければいけないわけで，『校正が返ってくるまでドキドキよ』といっていますね。そのあたりが，音訳している人たちが一番自分の技術と向き合わされるところです」。

　確かな仕事ぶりで葛飾区立図書館との間に信頼関係を築いた鶴岡さんたちは，他ではあまり例のない音訳にも挑戦している。マンガ『こちら葛飾区亀有公園前派出所』（通称：こち亀）の音訳である。作者の秋本治さんが地元出身・在住のため，図書館を通じて著作権の許諾を得て取り組んでいるという。

　マンガの音訳とは，どのようなものかというと，

　「こち亀は１巻に８話から10話入っているので，まずそれをメンバーで分担してナレーションづくりをします。長い作品なので，会でナレーションづくりのための用紙も作りました。そして，皆のナレーションができあがったら，なるべく余計な言葉を削って，音訳へと進みます」。

　第１巻（1977年刊行）からと比較的新しい第170巻からの両方から，年間７巻程度のペースで進めている。

　「年配のニーズが多いですね。見えていたときに読んでいた人が『失明してもう読めないと思っていたけれど，そういうものがあるなら』と思って読んでくださっているのだと思います」。

　図書館との信頼関係を示す話は他にも聞いた。

　2009年に葛飾区立中央図書館が開館した際にボランティアルームが作られて点訳や布絵本のグル　プとともに活動拠点として利用できるようになったことや，図書館と点訳者・音訳者の３者懇談会が年に一度設けられて前もって質問状を出しておけばその日に回答してもらえる，などである。

　鶴岡さんは「私たち（葛飾音訳ボランティアの会）は全体として図書館とうまく行っていると思います」と語り，音ボラネット運営スタッフとしての全国的視野から今後の課題を２つ指摘した。

　１つは，図書館以外の行政などから依頼を受ける場合の報酬の問題。「無料で読んでいる人たちもいますが，ボランティアだからと予算も取らずに依頼して来られるものを，そのまま受けるのでは向上しません。音訳者の側も変わらないといけないと思います」。

　もう１つは，音訳者の確保と養成。

　「バブルの頃まではご主人一人の収入でやっていけるご家庭も多くて，その奥さんたちの中にボランティア活動をしてみようという方がいましたが，現在は減ってしまいました。私たちの会でも，続けてほしいと期待した人が『ごめんなさい。ちょっと働きに出ないといけなくなって』となったりもします。どこかが継続的に音訳者を養成して，裾野を拡げていく必要があります」。

　図書館で「障害者サービス」の充実が求められ，その他の行政サービスにおいても合理的配慮が求められていく。志をもった人たちが情報保障の欠くべからざる担い手である図書館協力者やボランティアとして育ち，長く続けていける体制づくりが求められている。

（2）新たな取り組みとしてのテキスト化

　音ボラネットが印刷資料をテキストデータ化して依頼者に提供する活動を始めたきっかけは，東日本大震災直後の視覚障害者からの一本の電話だった。

　「行政が発信する震災や原発事故に関する情報がパソコンの読み上げソフトで読めるようになっていない。読めるようにテキストデータに変換してほしい」との依頼だった。その人は行政・点字図書館・マスコミなどに対応を求めたが応じてもらえず，対応できる人を求めて音ボラネット代表の藤田晶子さん

図5-2　図書館協力者：藤田晶子さん

にたどり着いたとのことだった。藤田さんがそのときのことを振り返る。

「テキストデータ云々という話を聞いて，『私たちは音訳のボランティアですよ』と言ったんですけど，その方は『わかっています。パソコンを使えてメールを送れる人なら簡単にできるんです』という。ここで私が断ったらこの人はどうするんだろうと思い，受けることにしました」。

会員に呼びかけると，協力ができるという人が次々と現れた。機会をとらえて訴えていくと，会員でない人からも協力の申し出があった。現在，テキスト化チームで事務局を務める柳下恵美子さんも，その一人だった。

「夫の実家が被災したのがきっかけで，東京でできるボランティア活動を探していました。そのとき，視覚障害者が被災地で何に困ったかというシンポジウムがあって，力強く話していたのが藤田さんでした。『お手伝いさせていただけませんか』と声をかけました」。

柳下さんが参加したとき，音ボラネットのテキスト化への取り組みを知った視覚障害者から受験の過去問題集や大学の研究資料などの依頼も飛び込み始めていた。緊急時のニーズだけではなかった。柳下さんはそうした依頼に応えていくための作業の仕組みづくりから始めた。

インターネット上でデータを保管・共有できるサービス「Dropbox」（ドロップボックス）を利用して事務局・作業者・利用者がデータを共有すること，作業手順の整理と共有，管理表を作って何をどうしたら記入するかを取り決めること，などである。

「音訳中心の作業スタッフの中にはパソコンにあまり慣れていない人も多いので，ドロップボックスの使い方などの技術面のことを理解していただくのに時間がかかりました。ほぼすべてがメールだけでのやりとりですし」。

実際の作業は次のように行われる。まず，事務局が利用者から依頼内容を聞

き取り，メーリングリストで必要な数の作業者を募って「Dropbox」に登録する。依頼された資料をスキャナにかけて PDF ファイルをつくり，分割して提供する。

　各資料の作業グループはリーダーを決め，リーダーはルビや文字飾りの処理の仕方，括弧などの記号の使い方や図表の説明の仕方などの凡例を作成して，テキスト化の作業に入る。作業は，まず OCR（文字読み取り）ソフトを使ってテキストファイルをつくり，読み取りの間違いをなおし，凡例にしたがって整えていく。各メンバーの作業が終わると，全体をまとめて統一性を確認する。

　各作業グループと事務局がその間の進行を管理し，できあがったものを納品する。

　現在，テキスト化チームは60名あまりの登録があり，20名ほどが常に稼働している。これまで依頼に応えた数は，図書で100冊以上，そのほかにパンフレットなどの短いものも多数あり，合計で200点は優に超える。一度利用した人にはリピートする人が多いという。

　利用者からの依頼は，2〜3か月以内に上げてほしいというものが多い。

　「急ぎでという依頼には1か月ぐらい，大急ぎの場合には1〜2週間で対応することもあります」。

　音訳では対応がむずかしい速さである。

　音訳の場合，録音自体のほかに読みの下調べや校正にも時間がかかる。そのため，途中で声が代わることを認めてもらって，何人かで分担しても取り組んだとしても，単行本1冊で最速で3か月はかかるという。

　テキスト化の場合は，一人前になるまでに年月のかかる音訳に比べれば特別な技能を必要としないため，まず人材の確保がしやすい。読みの下調べは必要なく，分担もしやすい。

　活動の課題としては，事務局が手をかけなければならない部分が多いことと，すべてオンラインであるがゆえの問題もあることである。柳下さんは，「各地域にリーダーが生まれて，顔を合わせられる範囲で1冊請け負えるグループを作ってもらえたらいい」という。

　「顔を合わせられる範囲で」も大事なポイントである。

「メールだけのやりとりは難しいことも多いです。月に1回でも顔を合わせていろいろ話せる場があると，ずいぶん違ってくると思うんです」。

柳下さんは活動を続けるほどに潜在的なニーズの多さを感じているが，積極的に広報はしていない。チームの現状では，いま以上に依頼が増えても，すべてのリクエストに対応できるとは限らないからだ。当面は，より多くのボランティアに参加してもらえるようにして，依頼の増加に応えていくしかない。

しかし，ボランティアがこのような体制で対応しなければいけない現状には憤りを覚えるという。

「ボランティアをやっている人はそれぞれ立場も違い，考え方も違うかもしれませんが，社会人として見て『これはもうボランティアの範疇ではないな』と思いながら作業しています。まずは出版社が，あとは図書館や行政が，きちんと対応すべきだと思います」。

（3）もっと図書館との連携を

テキスト化チームが作成したデータには，三療（はり・きゅう・あん摩）関係の参考書や国家試験の過去問題集など，依頼者以外にも多数のニーズがあると考えられるものが少なくない。依頼者に納品するだけでなく，音ボラネットで公開していけば，多くの人に役立つはずなのだが，そのような行為は著作権法に抵触するため，行うことができない。

作成したデータを依頼者以外にも利用してもらうには，著作権法の定める対象者（視覚障害者等）に，同法の定める施設（公共図書館等）が提供するようにしなければならない（1章の1.5.2参照）。具体的には，公共図書館などと音ボラネットが連携し，作成されたデータを図書館が所蔵する資料の形で整えて「障害者サービス」として提供していく，あるいは「サピエ」に所蔵していくようにしなければならない。

しかし，そのような状況はまだ生まれていない。

実は，録音資料においては，同様の問題がずっと以前から続いてきた。録音資料は，音訳者のグループや個人が，社会福祉協議会での活動やまったくの地域ボランティアとして作成するものも多い。それらの録音資料はそのままでは

依頼者には提供できても，それ以外の人に広く利用してもらうことができない。

「求めている人にとっては圧倒的に足りていない状況ですので，せっかく作られたものが有効活用されないのは，すごくもったいない話です」。

そう音ボラネット代表の藤田晶子さんは語る。こうした課題に対応できるような仕組みを，図書館との連携のもとに作り上げていくことが求められる。

5.3 利用者

5.3.1 利用者をめぐって

障害者のことは，読書も含めて，福祉行政だけに任せておけばよいという間違った考え方の時代が長かった。しかし，今後は，すべての図書館がすべての人に資料・情報やサービスを提供していくことが求められる。

利用者からのニーズはさまざまである。また，たとえば，同じ視覚障害者であっても，その人のおかれた環境によって求めるニーズは異なる。

図書館でよりよいサービスを提供していくためには，何よりも利用者の率直な声を聞くことが重要となる。ところが，図書館における「障害者サービス」などのアクセシビリティに関する取り組みの存在を知らない人は少なくない。したがって，利用者が来館するのを待っているだけではなく，図書館側からの広報・PR が大切である。

たとえば，障害者がよく利用している市役所の障害福祉窓口や，社会福祉協議会，福祉センターの窓口に点字版，拡大文字版，録音版などの図書館の利用案内をおくだけでも広報になる。また，福祉行政に携わるケースワーカーや，特別支援学校の教職員などに広報するのも一つの方法であろう。病院や高齢者施設，障害者施設などを訪問して PR するのも一案である。市役所の福祉部門などから送付される文書に，図書館の利用案内を同梱してもらうだけでも，確実に情報は届く。マスコミなどに働きかけて，図書館の実践を取材してもらうこともできるだろう。

待ちの姿勢ではなく，まずはできるところからできる方法で広報していくこ

とによって，新たな利用者を開拓し，ニーズを掘り起こすことができる。それを通してアクセシビリティの向上にぜひ繋げていきたい。

5.3.2　利用者の事例１：大の読書好きが50代で失明して

　中村裕子さん（千葉県在住）は子どもの頃から本が大好きだった。図書館職員になれば好きなだけ本が読めると思ってあこがれた時期もあったという。

　そんな中村さんが目に異変を感じたのは，40代に入った頃だった。漫画を読んでいて見えにくさを感じるようになった。また，よく人とぶつかるようになり，最初は「なんでみんな私にぶつかってくるのだろう」と思っていたが，後に視野が狭くなったことが原因と気づくことになった。横から近づく人に気づくのが遅れるようになっていたのだ。

　病院を訪ねると，網膜色素変性症と診断された。

　「先生から『この病気は治りません』と言われました。でも，『症状を進行させるのはストレスです。薬も何も要りません』と言われて，逆にほっとしたのを覚えています」。

　失明するかもしれない現実感はなかった。公務員として働いていた中村さんは，働く視覚障害者の集まりがあるのを知って参加し，さまざまなアドバイスを受けて仕事を続けた。

　しかし，症状は少しずつ確実に進行した。仕事上の不都合も多くなり，50歳まで働いたのを機に退職した。その数年前には障害者手帳を取得し，読書には拡大読書機を利用するようになっていた。

　拡大読書機での読書に目の疲れを感じていたある日，市の広報で朗読ボランティアの集まりがあることを知り，読んでもらえるよう依頼したくて出かけていった。実はそれはボランティア募集の記事で，中村さんは会場に行ってから自分の勘違いに気づいた。

　それでも臆することなく生活全般のことまで相談すると，市の視覚障害者協会の会長を紹介された。たまたま家が近かった会長を訪ね，利用できる制度や，障害者を支援するさまざまな団体が活動している場所などを案内された。

　「障害者手帳を取得したときにそういう話は聞いたかもしれないですけど，

当時はまだ必要としていなくて，おぼえていませんでした」。

退職した1年後から3年間，三療（はり・きゅう・あん摩）の資格を取得するために専門学校に通ったときには，録音資料（音声DAISY）についての案内もあった。しかし，その頃はやがて失明することを意識していたにもかかわらず，すぐには必要性を感じず，利用しなかった。

初めて利用したのは，さらに視力が低下し，受験勉強による目の疲れも加わり，切実に「目を大切にしなければ」と思ってからだった。

「初めてDAISYで聴いたのは，国家試験の過去問でした」。

試験は見事に合格した。しかし，やがて視力は完全に失われた。

中村さんは読書に慰めを求めたが，最初は音訳者が読む本しか知らなかった。

その後，日本点字図書館（6章6.5参照）の郵送貸出を知り，続いて千葉県内にも点字図書館（視覚障害者総合支援センターちば）があって同様のサービスを行っていることを知った。見えていたときには自宅から徒歩で行けた千葉県立西部図書館が「障害者サービス」を行っていることを知ったのは，さらにその後だった。

中村さんに限らず，中途障害者のなかには，利用できる制度，施設，製品，サービスなどについてよく知らないまま障害者となり，すぐにそれらを利用できない人が少なくない。

中村さんは失明の失意の中で2つの点字図書館や千葉県立西部図書館の「障害者サービス」と出会い，大好きな本を思う存分読める悦びを味わうようになっていった。

「日点（日本点字図書館の通称）はカセットテープ版の本の目録を送ってくれましたけど，私は面倒くさがりなので，電話をして『こういう本が読みたい』と相談してしまいます。そうすると，どんな本があるかおしえてくれます。西部図書館はさらにすごくて，相談したら私の趣味にぴったりの作品を向こうで選んで送ってくれました。びっくりしました。その後，西部図書館ではずっと"おまかせコース"です」。

西部図書館では，いわゆる"おまかせ利用"でも，自館にない作品は全国から探して送ってくれる。

「いまは自分でサピエ図書館で探して聴くこともできるようですけど，私は
インターネットを使えないので，そこまでしようと思いません。それに，しば
らくしてから，サピエ図書館の新刊情報もCDで送ってくれるようになりまし
た。それを聞いて，西部図書館に電話をして本の番号で注文すると，CDで送
ってくれます。これも便利です」。

　中村さんは現在，3つの図書館から録音資料を借りて，常に家に何点か読む
ものがある。ジャンルは，日本の古典文学から始まって，時代小説，国内外の
推理小説，冒険小説など幅広い。

　サピエの新刊情報や西部図書館の"おまかせ利用"で新たに出会って好きに
なった作家も多い。そういう作家に出会うと，"おまかせ利用"とは別に，そ
の作家の他の作品や，シリーズものなら続編を貸出依頼する。

　「家にいる日は10時間以上"DAISYちゃん"と仲良くしています（笑）　一
緒に行かないのはお風呂だけ。トイレにも連れて行きます。クライブ・カッツ
ラーの冒険物の傑作で，二十時間近くもの作品がありましたけど，そういう作
品があるときは幸せですね。ただ，夜聴きはじめると眠れないので，再生機を
2台用意して，昼間聴くものと夜聴くものと分けています」。

　中村さんは「見えなくてもこんなに読書ができるなんて，本当にいい時代」
と，今の読書生活に心底満足している様子である。

　不満な点はないのか。たとえば，本好きは愛読する作家の新作が出たらすぐ
にでも読みたいものだろう。しかし，録音資料は新刊発売後すぐに製作がはじ
まっても，できあがるのは何か月も先になる。

　「いいえ。私は紙の本がいつ出たかは，ほとんど知らないですよ。サピエ図
書館の新刊情報を聴いて，『ああ，新しいのが出たんだ』と思うんです。それ
でいいんです」。

　図書館に対しての要望はどうか。

　「良くしていただいているので，文句のつけようがありません。私たちは，
本屋さんに行って，気になった本を手に取ってパラパラっと立ち読みして選ぶ
ということができません。その部分はサピエ図書館が使えれば自分でできるの
かもしれませんが，私は図書館の人におしえてもらえるのがいいです。特に，

"おまかせ"コースは本当にありがたいです。ほかの地域の人に話すと，みんなうらやましがります。でも，自分から求めたら，他の図書館だって応えてくれるかもしれないですよね。私は図々しいのかもしれませんけど（笑）」。

　最近はアガサ・クリスティの名を冠したアガサ賞の存在を知って受賞作品を各図書館に問い合わせて読み始めたことなど，その後も中村さんは尽きることのない読書生活の楽しさを語り続けた。

　しかし，最後に「とりとめのない話を長々と」と詫びて一息つくと，少しトーンダウンした声で一つの思いを口にした。

　「漫画は DAISY になっていますか？　見えているときに大和和紀さんの『あさきゆめみし』を読みはじめたんですけど，途中までになってしまいました。山岸凉子さんの『日出処の天子』もそう。最後はどうなったのかなあ。それを読めないのは心残りですね」。(2015年7月取材)

5.3.3　利用者の事例2：ディスレクシアの娘とともに

　牧野綾さん（東京都在住）の娘のはるなさんは動画共有サイト YouTube を視聴するのが好きで，続きを見るためにメモしたタイトルの読み方を母親のところに聞きにくることがよくあるという。

　「ハングルとかアラビア語みたいな文字で書かれたものも入っているんですけど，娘にとっては，日本語かどうかはどうでも良いみたいです」。

　実は，はるなさんは，文字を書き写すことはできるのだが，読むことは非常に苦手で，そのことに日本語・外国語の別はあまり感じていないのだ。

　視聴覚や知的能力に問題はない。学校でも教師が話す授業内容を理解できるし，板書されたことはノートをとれる。しかし，写しているだけで，読みや意味の理解を伴った書字ではなく，書いたものをすらすらと読むことはできない。また，会話に問題はなく，年齢相応の語彙力ももっている。しかし，聞いたことや思ったことを文字で記すとなるとスムーズに行かない。

　はるなさんが示す読み書きの困難は，ディスレクシアと呼ばれる。読み書き障害や読字障害などの訳語もある。学習障害の中心症状で，脳内における文字情報の扱いを一般の人とは異なる領域で行っているために起こるとされる。

図5-3　利用者：牧野綾さん

　　牧野さんが娘の読み書きに問題を感じたのは，小学校に入学した後だった。

　「音読と漢字の練習の宿題が毎日出たんですけど，娘にはその2つがとても大変でした。何回も何回も読み書きの特訓をしました」。

　しかし，はかばかしい成果はあがらなかった。そこで，牧野さんは調布市立中央図書館（6章6.2.3参照）にある「ハンディキャップサービス」コーナーに娘を伴って相談に行った。すると，マルチメディアDAISY（2章2.2.3参照）を紹介された。この形式の資料は，音声読み上げ機能と読み上げている文字部分をハイライトする機能をもっているので，文字と読みが結びつかないディスレクシアの人の読書の助けになるのである。

　牧野さんは，その時にははっきりとディスレクシアと指摘された記憶はないが，どんな人が使っているのだろうと思って家に帰って「字が読みにくい」「障害」といった言葉で検索してみると「ディスレクシア」という言葉が出てきた。説明や事例などを読んで「これだ」と確信した。そして，問題が娘のせいでも自分の育て方のせいでもないことがわかって，ほっとしたという。

　そして，読み書きがうまくいかない原因がディスレクシアであることを知らないまま苦闘する親子が今なお多いのではないかと懸念する。

　「実は，私は図書館に勤めていて障害者サービスを知っていたので，相談に行くことができました。それがきっかけで，ディスレクシアを知ることができました。知るきっかけがない人も，たくさんいるのではないかと思います。図書館には，知るきっかけになる情報発信をしてほしいです。自分がディスレク

シアと知らない人が障害者サービスまでたどりつくのはむずかしいですから」。

　さて，ディスレクシアの人の読書にマルチメディア DAISY が有効なことは理解できた。しかし，その製作は当時まだ草創期ともいえる段階で，最も切実な学校の教科書を提供する体制すらできていなかった。

　牧野さんは調布に事務所のある支援技術開発機構（ATDO）でマルチメディア DAISY 製作講習の受講者募集が行われているのを知り，自分で娘の教科書を作るために受講した。修了後，一緒に受講した仲間たちとボランティア団体「調布デイジー」を設立してマルチメディア DAISY 教科書の製作をはじめた。

　その後，日本障害者リハビリテーション協会が中心となってマルチメディアDAISY 教科書製作ネットワークがつくられた。各地で製作されるものを全国的に共有できるようになり，マルチメディア DAISY 教科書の入手はしやすくなった。しかし，ボランティアが作り続けていることに変わりはない。

　牧野さんは，教科書は国や教科書会社が責任をもって作り，自分たちは教科書以外の子どもたちが読んで楽しめる作品のマルチメディア DAISY 化に早く取り組めるようになりたいという。

　「調布の図書館は少しずつ作っています。実は，娘がすごく好きな本のマルチメディア DAISY 版がなくて，依頼して作ってもらったことがあります。1年くらいかかりましたけど，作ってくれたことが嬉しかったです」

　娘のはるなさんは調布市立中央図書館の「ハンディキャップサービス」に登録し，その後，「サピエ」にも登録して，音声だけの DAISY も利用するようになった。しかし，まだ利用数はさほど多くないという。

　マルチメディア DAISY は録音資料に比べて，そのタイトル数は桁違いに少ない。ディスレクシアの子どもにより適したマルチメディア DAISY で，子どもが読書の楽しみを覚えるような作品を増やしていくことが望まれている。

　牧野さんは，娘が一人で読める本は少なくても，本を嫌いになってしまうことだけは避けたかった。そのため，仕事や「調布デイジー」の活動などで多忙な中でも，よく図書館に娘を連れて行って好きな本を選ばせ，読んで聞かせた。やがて娘は，母に読んでもらうために自分で借りてくるようになった。今は手

芸が好きで，図解でおおよそのことがわかる教本なら自分で読んで作品づくりに没頭する。本が好きな少女になってくれた娘に牧野さんが今望むのは，娘が読書においても自立していくことだ。

　「本の検索の仕方，ダウンロードの仕方，音声読み上げの仕方など，主にパソコンやスマートフォンを使ってのことになると思います。図書館でも，パソコンで本を検索できますよね。そういうものを，字を読むのが苦手でも利用できるように学んでいって，最終的に自立してもらわなければいけないと思っています。そして，何か知りたいことがあったら図書館に行けば教えてもらえる，というふうになってほしいですね」。(2015年8月取材)

6章
館種別の事例

6.1　国立国会図書館

　国立国会図書館は，1975年に学術文献の録音図書の製作と提供を開始して以来，障害者サービスを実施している各種図書館に対して，さまざまな支援や協力事業を行っている。日本唯一の国立図書館として全国にサービスを提供するという立場から図書館協力を通じたサービスに注力してきたが，視覚障害者等用データ送信サービスを2014年1月に開始し，インターネットを経由して図書館のほか，全国の視覚障害者等個人にも直接サービスを提供するようになっている。

6.1.1　学術文献の録音図書及びテキストデータの製作

　国立国会図書館は，障害者サービスを実施している各種図書館への支援を目的に，各図書館では製作が難しい学術文献の録音図書やテキストデータを製作している。

　録音図書の製作は1975年の開始当初はアナログテープで製作していたが，2002年以降は，デジタル録音図書規格のDAISY（Digital Accessible Information SYstem）仕様で製作している。過去にアナログテープで製作したタイトルも，現在順次DAISY仕様によるデジタル化を進めている。

　2021年4月からは，テキストデータの製作も開始した。製作依頼は，当館のサービスに加入している公共図書館，視覚障害者情報提供施設（いわゆる「点字図書館」），大学図書館などを通じて受け付けている。構造化された校正済の

テキストデータ（正確性と利便性を重視したもの）と，未校正のテキストデータ（製作期間の短縮と製作数量を重視したもの）という2つのメニューを用意し，用途や目的に応じて選択できるようにすることで，質的要求と量的要求の両方に対応する。校正済テキストデータは，EPUBおよびプレーンテキストデータで提供し，未校正テキストデータは，プレーンテキストデータか透明テキスト付PDFのいずれかを選べるようにしている。2017(平成29)年度より試行的に製作を行いながらテキストデータの仕様を検討した。テキストデータを製作する図書館等の参考として，テキストデータ，EPUB，図表等を説明する代替テキストの仕様を国立国会図書館ホームページにも掲載している[1]。

6.1.2　視覚障害者等用データ送信サービス

　視覚障害者等用データ送信サービス（以下，送信サービスという）は，視覚障害者等向けに製作したDAISYや点字データなどのデータ（視覚障害者等用データ）を，インターネットを通じて視覚障害者等個人や図書館等に提供するサービスで，2014年に開始した。国立国会図書館が製作したデータと公共図書館，大学図書館，ボランティア団体等が視覚障害者等のために製作し，国立国会図書館が収集したデータを提供している。現在，国立国会図書館が収集しているデータ種別は表6-1のとおりである。

表6-1　国立国会図書館が収集しているデータ種別

データの種類	ファイル形式（例）
音声DAISY	DAISY2.02
音声DAISY	MP3
マルチメディアDAISY	DAISY2.02・EPUB3
テキストDAISY	DAISY3
テキストデータ（未校正テキストデータを含む）	プレーンテキスト・EPUB3・DOCX・透明テキスト付PDF
点字データ	BSE・BES・Braille ASCII

1：https://www.ndl.go.jp/jp/library/supportvisual/supportvisual-02-02.html#a6

表6-2　視覚障害者等用データ送信サービスの提供データ点数

	国立国会図書館製作	他機関製作（収集データ）	合計
音声 DAISY	1,909点	26,101点	28,010点
マルチメディア DAISY	0点	581点	581点
テキスト DAISY	3点	51点	54点
EPUB	48点	1点	49点
透明テキスト付 PDF	59点	0点	59点
DOCX（Word）	0点	50点	50点
プレーンテキスト	97点	256点	353点
点字データ	22点	2,012点	2,034点
合計	2,138点	29,052点	31,190点

（2021年3月末現在）

　このサービスは，個人の利用者が視覚障害者等として国立国会図書館で利用者登録することで，自宅からインターネットを通じて直接利用することができる。また，図書館もこのサービスに「送信承認館」として登録することで，自館の利用者にデータを提供することができる。

　サピエ図書館とのシステム連携により，サピエ図書館の施設会員，個人会員は，国立国会図書館に利用者登録をしなくとも，送信サービスで提供する音声DAISY，マルチメディア DAISY，テキスト DAISY，点字データをサピエ図書館上で利用することが可能になっている。

　送信サービスで利用できるデータの点数は表6-2のとおりである。

6.1.3　マラケシュ条約に基づく国際サービス

　盲人，視覚障害者その他の印刷物の判読に障害のある者が発行された著作物を利用する機会を促進するためのマラケシュ条約（以下，マラケシュ条約という）の日本での発効（2019年1月）により，外国で製作された視覚障害者等用データの日本への取寄せや，日本国内で製作された視覚障害者等用データの外国の視覚障害者等への提供が可能になった。マラケシュ条約締約国の視覚障害

者等は，自国の著作権法等において国外の機関との視覚障害者等用データのやり取りを行うことが認められた「権限を与えられた機関（Authorized Entity)」（以下「AE」という）を通じて，他国の視覚障害者等用データを取り寄せることができる。日本では，全国の図書館や点字図書館が AE に該当するが，当面は，大規模に視覚障害者等用データを収集・提供している国立国会図書館と特定非営利活動法人全国視覚障害者情報提供施設協会（以下，全視情協という）が，視覚障害者等用データの国際交換の中心的な役割を担うことになっている。国立国会図書館は，視覚障害者等用データの世界的な総合目録サービスである Accessible Books Consortium（ABC）Global Book Service に2019年7月に加入し，同年11月に視覚障害者等用データの国際交換サービスを開始した。国立国会図書館が外国から取り寄せた視覚障害者等用データは，視覚障害者等用データ送信サービスに登録して国内向けに提供する。

　国立国会図書館は，外国への視覚障害者等用データの提供について，ABC Global Book Service を通じて提供する方法に加え，視覚障害者等用データ送信サービスを通じての提供も実施しており，マラケシュ条約締約国に居住する視覚障害者等と AE から同サービスの利用者登録を受け付けている。

6.1.4　障害者用資料の統合検索サービス

　国立国会図書館は，点字図書と録音図書の全国的な図書館間相互貸借を支援することを目的に点字図書・録音図書全国総合目録（以下，総合目録という）を1982年から提供してきた。2012年1月からは，さらに広い範囲の障害者サービス用資料を検索できる統合検索サービス「国立国会図書館サーチ　障害者向け資料検索」を提供している。

　送信サービスで提供している視覚障害者等用データを直接利用できるほか，総合目録，当館が納本制度で収集した大活字本や点字資料などの障害者用資料およびサピエ図書館を統合的に検索できるようになっている。

　総合目録については点字図書と録音図書に限定していた収録対象を2020年4月に障害者用資料全般に拡大した。近く総合目録の名称も変更する予定である。デジタル形態で収集できるものは，視覚障害者等用データとして収集している

ため，総合目録では，デジタル形態ではない障害者用資料の書誌・所在情報を重点的に収集する。送信サービスと総合目録は補完し合いながら，統合検索サービスの中でデジタル形態の資料もデジタル形態でない資料も一括して検索できるようにして，全体的にアクセスを担保することをめざしている。

　今後，現在の「国立国会図書館サーチ　障害者向け資料検索」の後継として，障害者用資料の統合検索サービスを新たに開発することも計画しており，その中で，障害者用資料のアクセシビリティに関する情報を提供するメタデータの充実を図り，さまざまな条件から障害者資料をより見つけやすくすることも検討する。

6.1.5　障害者サービス担当職員向け講座

　国立国会図書館は，障害者サービスを実施する図書館の人材育成を支援するため，図書館員の障害者サービスに関する基礎的な知識および技術の習得を目的とする研修「障害者サービス担当職員向け講座」を公益財団法人日本図書館協会との共催で毎年秋に開催している。

　本講座は，日程に多少の変動があるが，国立国会図書館関西館で行われるおおむね2日間の講義と，公共図書館や点字図書館での1日間の実習で構成されている。関西館で行われる講義では，障害者サービスの基礎的な知識や視覚障害者，聴覚障害者に対する図書館サービスなど，基礎から各論的な科目まで幅広く用意され，数日の講義で障害者サービスに必要な基礎知識を体系的に習得することができるようになっている。実習では，近畿圏の障害者サービスを実施している公共図書館や点字図書館に受講生が赴き，実習として障害者サービスの実際の実務を経験する。2020年は，新型コロナウイルス感染症拡大防止のため，実習を中止し，講義の部分のみウェビナー形式により行った。

6.1.6　おわりに

　国立国会図書館は，上で紹介した事業のほかに，納本や寄贈などによって収集した点字図書，大活字本，拡大写本の図書館に対する貸出サービスも行っている。また，当然ながら，それ以外の一般資料についても貸出サービスを行っ

ているが，図書館内での対面朗読または点訳・音訳による複製が目的の貸出であれば，通常の貸出期間の1か月に加えてさらに1か月間の延長を可能とするなどの対応をとっている。

　国立国会図書館が各図書館に対して行っている障害者図書館協力事業は，障害者差別解消法第5条でいうところの「環境整備」（事前的改善措置）を支援するものといえる。今後も関係機関等と連携することによって，日本の図書館等の障害者サービスの全体的な向上に貢献していきたい。

6.2　公共図書館

6.2.1　鳥取県立図書館の「はーとふるサービス」

（1）はじめに

　鳥取県立図書館では，「すべての人に，すべての図書館サービス・資料を」を目標として，「はーとふるサービス」を提供している。「はーとふるサービス」とは，当館の障がい者[2]サービスの名称である。

　従来は，郵送貸出サービス，対面音訳（対面朗読）サービスを中心に実施してきたが，2007（平成19）年度に委員会を組織して本格的に始動した。その後の経緯と，アクセシビリティに関する取り組みを中心に紹介する。

（2）取り組みの経緯

　取り組みの経緯については，表6-3に示すとおりである。

（3）バリアフリー映画上映会

　2011（平成23）年度から，音声ガイドと字幕付きで，誰もが楽しめるバリアフリー映画の上映会を開始した。会場には磁気ループを設置し，専用の補聴器を貸し出したり，ふりがな・イラスト付きのサインを掲示したりと，バリアフリ

2：本項では，執筆者の所属先の鳥取県の方針により，障害者を障がい者と表記します。

表6-3 鳥取県立図書館の障がい者サービスの取り組みの経緯

年度	主な取り組み
平成19	• 障がい者サービス委員会の設置
平成21	• 日本テレビ「愛は地球を救う」より，機器の寄贈 • DAISY の購入を開始
平成22	• 障がい者サービス利用案内を作成
平成23	• 利用案内の点字版，CD版，DAISY版の作成 • 「サピエ」に会員登録 • バリアフリー映画上映会開始（年2回）
平成24	• 「はーとふるサービス」に名称変更 • 「はーとふるサービスコーナー」開設
平成25	• 「サピエ」を活用した録音図書の貸出サービス開始 • 利用案内（大活字版，外国語版）の更新・作成
平成26	• 手話関連事業開始 • 国際交流ライブラリー開設
平成28	• 緊急連絡用ディスプレイ設置 • 磁気ループ導入 • 聴覚障がい者向け図書館案内チラシ作成 • 障がいを知る研修の実施
平成30	• マルチメディア DAISY 再生用パソコン設置 • タブレット端末20台導入
令和2	• 点字プリンター購入 • 「鳥取県視覚障がい者等の読書環境の整備の推進に関する計画」策定

ーな環境づくりを心がけている。上映前には，手話通訳付きで「はーとふるサービス」を紹介し，サービス普及の機会としている。広報では，障がい者団体，関係課の協力で，チラシ配布以外にも，団体の広報紙やホームページでのイベント案内，チラシ（テキストデータ）のメール送信等を行っている。参加者は毎回100人程度で，盛況である。

（4）「はーとふるサービス」コーナー

2012(平成24)年9月に設置したこのコーナーには，音声 DAISY やマルチメディア DAISY，バリアフリー映画 DVD，布の絵本，点字資料，大活字本，

図6-1 「はーとふるサービス」コーナー

LLブック，障がい理解の本を，説明パネルとともに展示している。コーナーの一角には，音声 DAISY，マルチメディア DAISY を体験できるよう，専用のスペースも設けている。設置目的は，これらの資料，サービスの普及・啓発である。コーナーの近くには，拡大読書機や音声パソコン，車いす専用席がある。

　サービスのポスターや，館内案内図（館内の施設・設備，関連資料の書架の場所を案内したもの）を掲揚し，また，点字版，音声版，大活字版の利用案内，関連する外部機関のチラシ等のパンフレットスタンドを設置していて，「はーとふるサービス」の情報ステーションにもなっている。

（5）「サピエ」を利用した録音図書の貸出

　当館では，視覚障害者情報総合ネットワーク「サピエ」に加入し，2013(平成25)年9月から，「サピエ」を利用した録音図書の貸出サービスを開始した。これは，「サピエ」からダウンロードした音声 DAISY データを，携帯プレーヤーや CD-ROM に入力して貸出するものである。サービス開始以降，市町村立図書館の利用者からの貸出依頼も徐々に増えており，それに伴って「サピエ」に加入する市町村立図書館も増えてきている。

　携帯プレーヤーは，市販の USB メモリー型音楽プレーヤーと SD カードレ

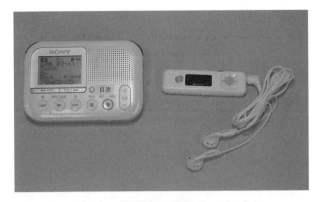

図6-2　録音図書（携帯プレーヤー）

コーダーの2種類である。CDやDAISYの再生機器をお持ちでない方にも，気軽に利用していただくことができる。

　主に利用しているのは，高齢や病気で文字が読みづらくなった方で，「再び本を楽しむことができるようになり，ありがたい」等の感想が寄せられている。

（6）手話関連事業

　鳥取県では，2013（平成25）年10月に，手話が言語であるとの認識に基づき，手話の普及に関しての基本理念を定めた「鳥取県手話言語条例」[3]を制定した。それを受けて当館では，2014（平成26）年度に，次に挙げる4つの手話関連事業に取り組んだ。

①「知ろう！学ぼう！楽しもう！みんなの手話コーナー」開設

　このコーナーでは，「手話を知ろう！」「手話を学ぼう！」「手話を楽しもう！」「手話のDVD」「障がいを理解する」の5つのテーマで，入門的な手話学習の本，手話辞典，手話に関する検定や資格試験のテキスト，手話付き絵本や手話ソング，手話付きDVD，聴覚障がい者の手記等を紹介している。手話付きDVDは，落語や料理，がん検診，マナー講座など，さまざまなテーマの

3：鳥取県福祉保健部ささえあい福祉局障がい福祉課「鳥取県手話言語条例」https://www.pref.tottori.lg.jp/222957.htm，（参照2021-08-16）.

図6-3　みんなの手話コーナー

図6-4　手話で楽しむおはなし会

ものを用意しており，館外貸出できるものもある。

②「手話で楽しむおはなし会」定例開催

　「手話で楽しむおはなし会」は，誰もが一緒に楽しめるよう，絵本の読み聞かせに手話通訳がつくもので，毎月第4日曜日に開催している。赤ちゃんから

図6-5　遠隔手話通訳サービス

大人まで誰でも参加でき，親子連れ，聴覚障がいのある方，手話を学んでいる方などの参加がある。手話を覚える時間も設けており，読んだ絵本に出てくる言葉やその季節にちなんだ手話を，子どもも大人も楽しく覚えながら，手話に親しんでいる。

③手話・字幕付き図書館紹介DVD『ホンとに役立つ鳥取県立図書館活用術』作成

　このDVDは，「はーとふるサービス」，医療・健康情報サービス，ビジネス支援サービス等の各サービスや，当館の機能，取り組みを手話・字幕付きで紹介したものである。案内役は，「ホンじい」というキャラクターと職員で，画面下部に字幕が付き，右下の丸枠に手話通訳者による手話が表示される。手話通訳・監修は，鳥取県聴覚障害者協会に依頼した。

　DVDは，県内の市町村立図書館や特別支援学校，障がい者団体に配布して利用していただくとともに，来館できない方にも視聴していただけるよう，ホームページで動画を公開している[4]。

4：鳥取県立図書館「ホンとに役立つ鳥取県立図書館活用術　手話・字幕付図書紹介DVD」
　　https://www.library.pref.tottori.jp/about/cat2/dvd261028.html，（参照2021-08-16）.

④遠隔手話通訳サービス開始

2015(平成27)年1月から，県の「ICTを活用した遠隔手話通訳サービスモデル事業」[5]を活用して，タブレット型端末を活用した遠隔手話通訳サービスを開始した。これは，タブレット型端末のテレビ電話機能を通じて，手話通訳者が画面越しに手話通訳を行い，聴覚障がい者と図書館職員のコミュニケーションをサポートするものである。手話でのやりとりが可能となり，より気軽に，細かいところまで要望を伝えていただくことができる。

(7) 国際交流ライブラリー・環日本海交流室

当館では，1995(平成7)年度に，歴史，文化的に関係の深い環日本海諸国「中国」「韓国」「ロシア」に関する資料を収集，提供する「環日本海交流室」を開室し，県内の在住外国人へのサポートと，国際理解への支援に取り組んできた。2014(平成26)年度には，環日本海交流室の機能を拡充して，国際交流ライブラリーを開設し，より幅広く海外の情報を提供している。中国語，ハングル，ロシア語，英語の利用案内を作成し，当館OPACも日本語を含めて5か国語に対応している。

また，対訳絵本をそれぞれの言語と日本語で読み聞かせする「外国語で楽しむえほんのじかん」というイベントを実施している。

(8) 県内市町村立図書館，学校図書館等への支援

当館では，大活字本，特別支援学校用資料，「はーとふるサービス」資料などの貸出用セットを作り，搬送便（当館の定期配送便）で県内の図書館に貸し出している。大活字本は，市町村立図書館や学校図書館からの需要があり，1セット約25冊で，200セット組んでいる。特別支援学校用セットは，特別支援学校の学校司書に選書を依頼し作成したもので，29セット用意している。「はーとふるサービス」セットの内容は，LLブック，布の絵本，マルチメディアDAISY，点字資料，大活字本で，市町村立図書館での展示等に利用されている。

5：鳥取県福祉保健部ささえあい福祉局障がい福祉課「遠隔手話サービス電話リレーサービス事業」https://www.pref.tottori.lg.jp/292473.htm，（参照2021-08-16).

これらのセット貸出のほか，録音図書の貸出や，「障がい者サービス」をテーマとした講座の開催等を通じて，市町村立図書館，学校図書館への支援を行っている。

（9）今後の課題

　2021（令和3）年3月，2019（令和元）年6月に施行された読書バリアフリー法に基づいて，鳥取県視覚障がい者等の読書環境の整備の推進に関する計画が策定された。県は，2021年度からこの計画に沿って，障がいの有無にかかわらずすべての県民が，等しく読書を通じて情報の入手ができる社会の実現に向けて取り組んでいく。

　県立図書館は，この計画策定を機に，障がい者関係団体，特別支援学校，行政など関係機関との連携をさらに強化し，サービスの充実を図るとともに，広く県民にサービスの周知を行い，サービスを必要としている県民に情報を届けることができるような環境の整備に努めたい。

　また，市町村に対して計画を周知し，その重要性への理解を進めるととともに，資料面でのバックアップや関係機関との連携体制の整備により，市町村立図書館，学校図書館等を支援し，県内の誰もが等しく図書館サービスを利用できるよう取り組んでいきたい。

6.2.2　大阪市立図書館

（1）概要

　大阪市には24の行政区があり，大阪市西区に中央図書館，その他の区毎に1館ずつ，23の地域図書館がある。中央図書館は1996（平成8）年7月に建て替えを行い，地上5階（一部6階）地下6階の地方自治体では最大級の図書館となった。この中央図書館を中枢に，オンラインによる図書館情報ネットワークの構築と，相互貸借資料や物品などの運搬を行う逓送業務により，大阪市立図書館一体としたサービスを提供している。図書館から離れている地域には自動車文庫（ブックモビル）が月1回の巡回を行っている。

　「障がい者サービス」も中央図書館が中心となっており，地下1階に対面朗

読室3室と「障がい者サービス」コーナーを設けて，点字資料，録音資料，大活字本，LLブックなど，利用者が書棚から直接選ぶことができるようにしている。点訳絵本やさわる絵本，布の絵本は，1階こどもの本コーナーに置いている。

　各階には拡大読書機や車いす用閲覧席（机の高さが変えられる席）などを設置し，来館での利用の支援を行っている。講演会などさまざまな催しを行う5階の大会議室には，難聴者用に磁気ループを敷設し，補聴器の切り替えにより講師の話が聞き取りやすくなっている。

　中央図書館の地下1階出入り口と地下鉄駅が繋がっていることもあり，視覚障害をもつ利用者や車いすの利用者も多く来館している。

（2）「障がい者サービス」の利用登録とサービス内容

　2014(平成26)年1月にコンピュータシステムの機種更新を行い，サービス内容を一部変更した。1枚の図書館カードを全館共通で利用するようにし，複数館の図書館カードを持っている人には，利用更新のタイミングで1枚のカードにまとめる手続きを行っている。「障がい者サービス」の利用者も同様な手続きを行うほか，機能障害別だった利用登録を，利用するサービス別の登録に切り替える手続きを行っている。このことにより，「障がい者サービス」担当者でないとわかりにくかったサービス内容が，図書館カードの番号さえ確認できればどの職員でもわかるようになった。

　「障がい者サービス」の利用資格は，大阪市内・八尾市内在住，または大阪市に在勤在学している人で，何らかの障害があることを証明できる人となる。来館での利用登録はどの図書館でも可能で，代理でも可能である。電話での受け付けは，中央図書館の担当者が行い，本人からの電話に限っている。ただ，本人が電話での会話が難しい場合は，本人が傍にいる時のみ代理での手続きも可能にしている。

　利用登録は以下の6区分に分けて行っている。それぞれ利用対象となる障害の範囲が異なるため，③から⑥の登録には，「障がい者サービス申込書兼郵送貸出申込書」の提出が必要となり，表面は希望するサービスの内容などを記入

し，裏面には障害についての細かな記入欄がある。この記載内容を確認し，中央図書館の担当者が最終的な判断を行う。6区分いずれも，貸出点数20点まで，貸出期間32日間となる。ちなみに一般の登録者は，貸出点数15点まで，貸出期間15日間である。

① 来館利用
② 来館利用：ファックスによる連絡
③ 来館利用：利用対象者限定資料の利用，対面朗読
④ 郵送利用：図書の郵送貸出
⑤ 郵送利用：利用対象者限定資料の利用，対面朗読，点字録音資料の郵送
⑥ 郵送利用：利用対象者限定資料の利用，対面朗読，図書の郵送，点字録音資料の郵送

（3）利用対象者限定資料の貸出

　利用対象者限定資料とは，著作権法第37条第3項の権利制限で製作した資料や，著作権者に障害者の利用を目的に許諾を得て製作した資料である。利用できる人が限定される資料のため，そのような名称を使用することにした。具体的には，音訳カセット，音声DAISY，マルチメディアDAISY，さわる絵本，拡大写本となる。これらの資料を利用するには，前項の手続きが必要で，通常の印刷資料の読書が困難なことが条件となる。

　音訳カセットは，以前は視覚障害者のみが対象だったが，加齢による視力低下や知的障害のある利用者からも利用希望があり，試行的に当館所蔵の資料に限り貸し出していた。現在は，著作権法の改正や図書館システムの変更により，視覚以外の読書困難者にも全国の図書館からの取り寄せや「サピエ」などからダウンロードして提供できるため，貸出可能なタイトル数が大幅に広がっている。

　ただ，視覚障害者以外の利用はまだ少なく，利用登録されても継続的な利用に繋がらない。容易に操作できるDAISY再生専用機器が高価なことと，書棚から選んで気軽に借りる環境がないことが理由と考えられる。また，PRや丁寧な利用案内が十分できていないことも課題である。さまざまな資料や読書支

援機器を並べて，それぞれの障害に応じた読書方法を体験できる場や，読書相談にのり適切なアドバイスができる人の育成，再生機器をセットにして貸出する方法など，利用促進の方法はあるが，実現まで至っていないのが現状である。

（4）対面朗読

　1974（昭和49）年に職員朗読により開始し，1996（平成 8 ）年新中央図書館開館にともない，対面朗読の協力者（音訳者）を導入し，現在は中央図書館（3室），地域図書館 9 館（旭，阿倍野，城東，住吉，鶴見，西淀川，東成，東淀川，平野）で行っている。

　協力者には報償金を支払っており，協力者の登録や研修，支払い事務は中央図書館で行い，利用者とのコーディネートは各館で行っている。

　利用対象は視覚障がい者で，事前に予約が必要である。1 週間前までに利用したい日時や資料などを聞き，協力者の調整を行う。実際は，条件付きで 2・3 日前の申し込みも受け付けている。希望により最寄駅やバス停までの送迎や，カセットまたは DAISY での録音操作も行う。

　読む資料は，蔵書だけでなく持ち込み資料も可としている。定期的な利用者は，小説や宗教書，趣味の本の希望が多く，不定期の利用者は雑誌，会議や講座などの資料，パンフレット類などが多いようである。住宅地図で道順の説明をしたり，小説を固有名詞など漢字の説明つきで読んだり，挿絵の説明など，録音資料では不足している情報を求められることもある。最近は，ガイドヘルパー制度により，定期的な外出先の一つとして，図書館での対面朗読を楽しんでいる利用者も増えている。

　中央図書館の対面朗読室には，画面音声化ソフト（スクリーンリーダー）を入れたパソコンを設置しており，対面朗読室のみの利用もできる。読み手を同伴しての使用や，部屋にある機器などを使った資料閲覧，顔に資料を近づけて見る姿を周囲の人に見られたくないなど，目的は多岐に渡っている。部屋の使用には一定の条件はあるが，今後さまざまな理由で部屋使用の事例が増えることが予想される。

（5）郵送による貸出

■図書の郵送

　重度の身体障害者で来館が困難な方に対して，大阪市立図書館で所蔵する貸出可能な図書・雑誌（大活字本，布の絵本を含む）を郵送で貸し出している。1973(昭和48)年に開始し，1975(昭和50)年に心身障害者用ゆうメール（図書館用ゆうメールと表示）の発受施設となる手続きをしている。郵送料金は図書館が負担する。

　大半の利用者は往復とも郵送だが，発送のみまたは返送のみといった利用もある。返送のみの手続きは中央図書館のみで受け付けている。郵送パッケージの中に返送用の宛名用紙（切手添付，宛先書き込み済み）を同封するため，返送の時は同じように梱包してもらう必要がある。最近は，インターネットや携帯電話からの予約が増えているため，予約カードや新着図書リストは希望者のみに送っている。

　視聴覚資料の郵送希望や，精神障害などで来館が困難な人からの郵送希望があるが，対応できていないのが課題である。

■点字録音資料の郵送

　視覚障害者で来館が困難な方に対して，点字資料，点訳絵本，さわる本，カセットテープ，CD，音声DAISYを郵送で貸し出している。1977(昭和52)年に特定録音物等郵便物発受施設の手続きをし，1982(昭和57)年に点字資料，1983(昭和58)年にカセットテープの貸出を開始した。

　郵送資料の大半は大阪市外からの他館借受資料であり，図書の情報として近畿視覚障害者情報サービス研究協議会発行の点字録音図書新刊案内（DAISY版）を毎月，利用希望者へ送付している。また，落語や朗読CDの利用も多い。

　最近では，カセットテープからDAISYに変換したり，DAISYからカセットテープへ変換しての貸出も必要となっている。

（6）高齢者施設へのサービス

　来館が困難な高齢者へのサービスのため，高齢者福祉施設への配本とボランティア派遣を行っている。「読書環境整備事業」として2000(平成12)年度に開

始し，2005(平成17)年度より全区で実施している。

　配本は，大活字本や写真集などを含む配本用の図書セットを基本に，1か月
ごとに入れ替えている。施設利用者のニーズや個別のリクエストによりセット
に追加をすることもある。

　ボランティアは各区単位のグループで，各施設を定期的に訪問している。高
齢者の方と対話をしながら図書の紹介や貸出をし，リクエストの受付をするほ
か，レクリエーションとして紙芝居の実演，唱歌を一緒に楽しむなどの活動を
している。本をきっかけにしたコミュニケーションを図ることを主眼にしつつ，
レクリエーションでは参加型の演目を工夫しているグループも多い。大阪の名
所やクイズを取り入れた大型紙芝居など，小道具の自作も行っている。また，
一部の施設では，新聞記事をきっかけにして参加者数人で対話を行う活動も採
り入れられており，好評を得ている。

(7) 図書館を支える人々

　さわる絵本，点訳絵本，布の絵本，マルチメディア DAISY を製作するボラ
ンティアグループがあり，蔵書製作にとどまらず，さまざまな場面で活躍して
いる。活動の長いグループで40年続いており，大阪市立図書館の「障がい者サ
ービス」を初期から支えてくれている。それぞれの活動には特徴があり，図書
館で講座を受講して発足したグループから，地域の社会福祉協議会所属で地域
図書館に協力しているグループまで，多彩である。

　また，障害者関連のさまざまな市民向け行事も開催している。他団体との共
催協力事業である「世界自閉症啓発デー講演会・体験会（大阪自閉スペクトラ
ム症協会）」「LL ブックセミナー（知的障がい・自閉症児者のための読書活動
を進める会）」は定例化し，問い合わせも多い。また，当館所属グループが子
どもゆめ基金の助成を受け，マルチメディア DAISY の製作講座と読書体験会
＆ユニバーサルおはなし会を毎年続けている。

　他にもさまざまな団体との共催・協力事業を行ってきた。少しでも多くの人
に図書館の「障がい者サービス」を知ってもらえるよう，これからも可能なこ
とを続けていきたい。

6.2.3 調布市立図書館

(1)「ハンディキャップサービス」から「利用支援」へ

　調布市は，東京都のほぼ中央，多摩地域の東端に位置し，人口約24万人，都心部まで約20km という典型的な近郊住宅都市である。調布市立図書館は，1966(昭和41)年に当時の中央図書館が開館し，1982(昭和57)年に10分館からなる分館網の整備が完成した。

　調布市立図書館の「利用支援」(旧：ハンディキャップサービス)は，利用者に育てられ多くの協力者に支えられながら，誰でも利用できる図書館の実現をめざしてきた。1975(昭和50)年に「朗読奉仕の会」が発足し，翌年から録音図書の貸出を行ったのが始まりである。1978(昭和53)年に対面朗読を開始し，翌年，市内の盲人協会のニュースに「声のお知らせ」を掲載。その後，福祉事務所と協力して市内の障害者へアンケート調査を実施して，1980(昭和55)年に初めての利用者懇談会を開催した。現在も，利用者から直接話を伺う重要な場として年1回の利用者懇談会を行っている。1981(昭和56)年には，盲人用録音物等発受施設(当時)の認定を受け，翌年に郵送貸出を開始。1986(昭和61)年に点訳サービスを制度化した。2004(平成16)年にはカセットテープ形態の録音図書の DAISY 化を始め，2006(平成18)年に DAISY での録音図書製作を開始した。現在の録音図書の蔵書はテープが約2,400タイトル，音声 DAISY が約3,000タイトルである。音訳を中心としたサービスを形成していく中で，都立中央図書館で対面朗読をしていた経験のあるスタッフが大きな力となった。音訳をコーディネートするその役割は，現在も他のベテラン音訳者に引き継がれている。嘱託員，社会教育指導員という変遷を経て，2020(令和2)年度からは「音訳等調整員」となった。

　子どもへのサービスは，1986(昭和61)年にさわる絵本，布の絵本・遊具のサービスを開始。当初は他館からの借用による貸出であったが，1990(平成2)年に布の絵本の収集を開始し，2006(平成18)年には布の絵本作成ボランティア養成講座を開催し，自館でも製作できるようになった。

　来館が困難な方へは，2001(平成13)年に分館網を活用した宅配サービスを開

図6-6　利用支援コーナー

始し，2002(平成14)年には郵送サービスを開始した。

　現在の中央図書館は，1995(平成７)年，複合施設である「調布市文化会館た
づくり」の中に開館した。この建物の一角に「利用支援」専用のスペースがあ
る。利用者が気軽に来館でき，協力者が作業や打合せのできる拠点と担当者が
常駐できる場を確保できるようになった。

　2003(平成15)年度には組織改正でハンディキャップサービス係が発足し，
2019(平成31)年度には，よりわかりやすい係名にするため「利用支援」係へと
名称を変更した。

（2）現在の主なサービス
■見えない・見えにくい人へのサービス
①音訳・点訳サービス……「サピエ」を活用した資料の相互貸借やダウンロー
ド，自館での製作を行っている。対面朗読やプライベートサービスは，個人の
資料や家電の取扱説明書等も行う。行政資料や身近な広報誌である「市報」や
「市議会だより」，調布市社会福祉協議会の機関紙「ふくしの窓」，ごみカレン
ダーなどを定期的に点訳し，希望者へ送付している。
②大活字本提供サービス……市販の大活字本を基本的に２セット購入し，１セ

図6-7　利用案内（点字版）

図6-8　布の絵本収納庫

ットは中央図書館の開架書架へ排架している。収容能力の少ない分館は，半年毎にローテーションし，入れ替えをしている。

このほか，マルチメディアDAISYの貸出，拡大読書機・音声読み上げパソコンの設置，所蔵する機器（プレクストーク等）を希望する利用者へ貸し出す等のサービスを行っている。また，図書館からのお知らせや読書案内（自館・他館の録音図書案内，新聞書評の紹介など）を掲載した「オカリナ通信」を毎月製作し，「新着図書案内」「図書館だより」，調布市文化コミュニティ振興財団の催し物案内「ぱれっと」等を同梱して送付している。

■来館が困難な方への宅配サービス

心身の障害・高齢・病気やけが・出産前後・介護などで来館できない方へ，職員や宅配協力員（ボランティア）が資料を届けている。

■聴覚障害の方へ筆談器の設置とFAXによる予約の連絡

■子どもへの布の絵本・遊具の貸出

個人貸出，団体貸出のほか，調布市子ども発達センター[6]等へ職員が訪問し，布の絵本を使ったおはなし会を行う等の活動をしている。また，PRのために，「布の絵本・遊具の展示会」を各図書館や調布市子ども家庭支援センターすこ

6：調布市子ども発達センター：発達に遅れやかたよりの心配がある子どもやその家族からの相談に応じ，専門的支援を必要とする子の療育や発達支援事業を実施している施設。

やか[7]との連携により開催している。

■車イスの方へ優先席の設置と誰でもトイレ，館内用車イスの設置

■協力者（音訳者・点訳者・布の絵本製作者）の養成

　それぞれ数年毎に図書館協力者を募集し，初級講座を開催。活動しながら研鑽を積んでいただくためのスキルアップ研修も行っている。

6.2.4　枚方市立図書館

（1）枚方市立図書館と「障害者サービス」

　枚方市立図書館の「障害者サービス」は1976（昭和51）年の点字図書の郵送貸出から始まった。これは，当時の本館であった枚方図書館が地域のボランティアグループから点字図書の寄贈を受けたことでサービスに繋がったものである。その後，点字図書の総合目録の作成や活字図書の郵送貸出，自宅配本サービスも開始し，徐々に「障害者サービス」は根付いていった。

　1981（昭和56）年の「国際障害者年」を契機に施設整備の充実とサービスの拡大に向けた機運が高まった。翌82年に，市内で3館目の図書館としてオープンした楠葉図書館は，この気運を背景に「障害者サービス」を館の特色として打ち出した。そして，対面朗読室を設置したほか，トイレのバリアフリー化，点字誘導ブロックの敷設，各室の点字表示等，当時としては先進的な施設整備を行った。

　楠葉図書館は，朗読者（音訳者）養成講座も行い，この講座終了者の協力を得て，対面朗読や録音図書製作も始めた。対面朗読サービスは，その後に開館した分館でも実施されるようになり，全館的な取り組みとして広がっていった。こうして，楠葉図書館が「障害者サービス」の中心館として，録音図書の製作や貸出，対面朗読の日程調整等の業務を担当することになった。

　2005（平成17）年に中央図書館が開館すると，「障害者サービス」の拠点は楠葉図書館から中央図書館に移り，障害者・高齢者サービス担当が行うこととなった。また，中央図書館では枚方図書館で実施していた聴覚障害児・者向けの

7：調布市子ども家庭支援センターすこやか：子育てを支援する総合的拠点施設。

絵本の読み聞かせ等も受け継ぎ，聴覚障害者サービスにも本格的に取り組むことになった。

（2）視覚障害者等に対する主なサービス
■点字・録音資料の提供

点字・録音資料の提供は「サピエ」を通じて全国の図書館から借用することを基本としているが，リクエストのあった図書がどの図書館も所蔵していない場合は自館で製作する。こうして製作した図書は「サピエ」に目録情報を登録し，他館への貸出も行っている。また，国立国会図書館が実施している「視覚障害者等用データの収集および送信サービス」へのデータ提供も行い，当館の録音図書の一部は国立国会図書館のウェブサイトとサピエから利用が可能である。

■バリアフリー映画上映会

「バリアフリー映画上映会」[8]は聴覚障害者向けの日本語字幕と視覚障害者向けの音声解説の付いた映画ソフトを用いて，これに手話通訳も付けて行う上映会である。視覚障害や聴覚障害のある人たちを中心に毎回50人前後の参加があり，参加型のサービスとしてすっかり定着している。

■『図書館ニュース　ほんわか』の発行と図書情報の提供

『図書館ニュース　ほんわか』は障害者・高齢者サービス担当が年4回発行する情報紙である。話題の著者や本の紹介，当館の活字図書のベストオーダーなどの情報を DAISY 版や点字版等の媒体で提供し，利用者の本選びに役立ててもらっている。また，近畿視覚障害者情報サービス研究協議会[9]が発行する『近畿視情協点字・録音図書新刊案内』も DAISY 版やテープ版で手軽に本を

8：住友商事が社会貢献活動として行っている映画のバリアフリー化の事業で提供されているソフトを借用していたこともあったが，現在は自館で所蔵する映像資料のうち，バリアフリー仕様のソフト（館内上映権付き）を用いて行っている。
バリアフリー映画への取り組み | 住友商事，https://www.sumitomocorp.com/ja/jp/sustainability/contribution/barrier-free
同事業の問い合わせ・申し込み受付の窓口は，NPO 法人・シネマ・アクセス・パートナーズ（CAP，http://www.npo-cap.jp/）

選べるということで，特にパソコンやインターネットの利用を得意としない利用者に活用されている。

　そして，『ほんわか』では一般のCD（音楽，落語，語学等）も紹介しているが，利用者からは「CDも貸してもらえるのか」という反応もあって，サービスの拡大につながっている。

■**大活字本**

　大活字本の提供は中央図書館だけではなく，分館でも実施しているサービスである。以前からあった埼玉福祉会や大活字社の図書に加えて，講談社の「大きな文字の青い鳥文庫」も揃えることで児童やヤングアダルト向けのサービスとしても広がりつつある。

■ **LLブック**

　残念ながら，出版点数自体が少なく，数は限られているが，中央図書館でも収集し，提供している[10]。

（3）聴覚障害者に対する主なサービス

　中央図書館のオープンとともに，本格的に取り組むようになったのが聴覚障害者サービスである。これは枚方市立図書館の特色の一つであると言える。

　中央図書館開館後，各フロアのサービス内容を手話と字幕で案内した「聴覚障害者のための利用案内　映像版」を作成した。それとともに，「聴覚障害者のための図書館見学・利用説明会」を開催し，聴覚障害者の図書館利用の促進を図った。

9：近畿圏の点字図書館と公共図書館で構成される任意団体（http://www.lnetk.jp/）。研修会や委員会活動を通じて，視覚障害者等へのサービスに関する学習や研究を行っている。『近畿視情協　点字・録音図書新刊案内』は加盟館が製作した点字図書や録音図書の新刊情報をテープ版，デイジー版等で作成し，毎月発行する目録のこと。加盟館以外にも有料で提供されている。ただし，この新刊案内の事業は2022（令和4）年3月末をもって終了する。

10：近畿視情協「LLブック・マルチメディアデイジー（DAISY）資料リスト」で現在入手可能なLLブックを紹介している。ただし，すでに絶版になっているものもある。http://www.lnetk.jp/ll-book.htm，（参照2021-11-05）.

■「手話でたのしむおはなし会」

　中央図書館の児童サービスフロアでは毎週土曜日の午後におはなし会を行っているが，このうち，第4土曜日に「手話でたのしむおはなし会」が行われる。

　聞こえる子どもをもつ聴覚障害のある両親から，"子どもは楽しめるが，聞こえない自分たちは内容がよくわからない。手話がついていれば自分たちも楽しめるのに"という声があった。こうした声を受けて，枚方図書館時代に開始したのが聴覚障害児・者向けの絵本の読み聞かせであり，これを引き継いだのが「手話でたのしむおはなし会」である。

■「手話ブックトーク」

　「手話ブックトーク」は，昔話などの手話語りや，時事問題，社会問題といった特定のテーマについての簡単な解説と関連書籍の紹介，新着図書，映像資料の紹介などを行う。職員とボランティアが手話のみで進行を行う。年3回開催し，聴覚障害当事者の参加はもちろん，手話を勉強中の聞こえる人の参加も多い。

■手話・日本語字幕付き映像資料の提供

　中央図書館3階ではAV資料の貸出を行っているが，AV資料はできるだけ日本語字幕や視覚障害者向けの音声ガイドの付いた，バリアフリー仕様のものを揃えるようにしている。特に映画ソフトは邦画であっても日本語字幕の付加されている資料を積極的に収集することで聴覚障害者サービスを拡大させてきた。

　また，中央図書館では「手話・字幕付き映像資料」の製作も行っている。以前は市内在住の聴覚障害当事者に自らの戦争体験や昔の枚方市のことなどについて手話で語ってもらったものを撮影し，それに日本語字幕を挿入していた。最近は「手話ブックトーク」の模様を撮影して，映像資料としてまとめ，提供している。これらの作業は職員が行っているが，手話を読み取り，日本語に翻訳する作業と字幕挿入の作業に時間を要しタイトル数が増えないという悩みはあるが，製作した資料はよく利用されている。

■マンガ

　もう一つ，聴覚障害者にとって利用しやすい資料にマンガがある。もともと

枚方市立図書館はマンガの貸出を行っていなかった。90年代の初めに聴覚障害者との懇談会を実施し，その場で聴覚障害者，特に幼いころに聞こえなくなった「ろう者」から図書館には自分たちが利用できる本がないとの声が上がった。そして，利用できる資料として「マンガ」の所蔵が求められた。

　聴覚障害者の中でもろう者は日本語の情報が耳から入らないことで文章を読んだり，活字を苦手としている人が少なくない。マンガは絵と吹き出しなどで場面の展開を表すので，ろう者にとって内容がわかりやすいのはもちろん，日本語の意味を理解したり，社会の仕組みを知るのにとても好都合な資料である。こういう経過もあって，現在ではマンガが蔵書として提供されている。

　以上が枚方市立図書館の「障害者サービス」の現状である。2016(平成28)年4月の障害者差別解消法の施行，それに続く2019(令和元)年の読書バリアフリー法の施行等に関連して，学習障害等の発達障害の人や知的障害の人へのサービスの充実，テキストデータ，電子書籍等に，どのように取り組んでいくかが，当館の次の課題となる。

6.3　大学図書館

6.3.1　筑波技術大学

　茨城県つくば市にある筑波技術大学は，わが国で唯一の聴覚障害者と視覚障害者のための高等教育機関として1987(昭和62)年に創られた国立大学である。「幅広い教養と専門的な技術とを有する専門職業人を育成し，両障害者のより良い社会自立を促進すること」を目標として学生教育を行っている。ここでは，天久保キャンパスにある聴覚障害系図書館と春日キャンパスにある視覚障害系図書館について紹介する。

（1）聴覚障害系図書館
　受付カウンター上には常時，メモ用紙と電子メモパッド（何度でも書き直せ

図6-9 メモパッド

る筆談用具，図6-9）が置いてあり，利用者からの要望や質問を受ける際に頻繁に活用している。図書館職員は学内研修に参加して手話の基礎を学ぶが，十分な手話習得者ではないため，利用者の発話と手話で伝達内容を把握できない場合にこれらの用具が役立つ。職員からの返答は，ほとんどの学生が，向き合ってゆっくり話すことで口の動きを読み取れるため，口話で伝え，重要な要点だけを書き出すことで伝えられる。ただ，込み入った要件のやりとりや日常会話をする際には，手話が使えるともっとスムーズな意思疎通が可能だろうと感じている。

　館内には，緑・白・赤の三色で構成されたお知らせランプ10個が各所に設置されていて，授業時間を知らせるチャイムに連動して光るようになっている。非常時には光警報になる。また，テレビモニターが随所に配置されていて，学内ケーブルテレビによる広報が終日流れている。学生は，画面を見て授業や行事関連の広報を確認する。非常事態を知らせる文字放送を流すこともできる。非常時には非常口誘導灯の点滅装置が点灯し，警告音と音声案内が大きな音量で流れるようになっている。それに加えて図書館では，地震・火事等の非常事態を紙面で知らせる通知をあらかじめ作成し，非常時に利用者に見せることによって，すぐに伝えられるように用意をしている。

　セキュリティ関連では，エントランスに防犯カメラが設置されているほか，図書館出口に設置されている資料無断持ち出し防止装置（ゲートアンテナ）が作動した場合は，大きな警告音と共にLEDが点灯し，出口のフラッパーがロックされるようになっている。

　当館は，時間外開館担当に聴覚障害のある学生がアルバイトとして勤務して

いる。返本作業等でカウンターを離れる際は，利用者がボタンを押すとアルバイトに光で呼び出しを知らせるワイヤレスの光る呼び出しチャイムを利用している。また，アルバイト緊急時に電話連絡ができないため，隣接する警備員室に連絡する態勢をとっている。

図6-10　字幕入り DVD

　所蔵する特徴的な資料としては，学習用字幕入り DVD（図6-10）やビデオテープがある。これは市販の学習用視聴覚資料の出版元から許諾を得て，本学の障害者高等教育研究支援センターの字幕挿入システムで字幕を挿入した資料で，館内の視聴覚コーナーで閲覧ができる。視聴覚コーナーには DVD の音声を補聴器に送るための磁気ループシステムが導入されているが，補聴器の種類によって対応しないものもあるため，現在はあまり利用されていない。視聴覚資料の提供にあたり，国内の高等教育向け字幕入り視聴覚教材の発行点数は少なく，国外発行の日本語字幕入り教材は高額であるため，学習用資料の入手は困難である。聴覚障害者が健常者と同等の学習環境を得るために，図書館での字幕挿入及び貸出，共同利用が可能になるよう今後の著作権法改正等の対応に期待している。

　その他の所蔵資料では，学科対応の専門分野の図書・雑誌を提供するとともに一般教養図書を選定している。耳からの情報が入りにくいため，時事情報に関連する資料提供を心がけている。また，日本や海外の手話や聴覚障害関連資料の収集・提供も行っている。

　利用者サービス関連では，新入生オリエンテーションの図書館紹介の際は，資料の配布と画面表示に加え，手話通訳とパソコン文字通訳が付く。その他の図書館オリエンテーションの際も手話通訳が付く。図書館の会議に聴覚障害のある委員が参加する場合も手話通訳が必要である。また，学生に聴覚障害に加

えて視覚障害をもつ重複障害者がいる場合は，資料を白黒反転させるなどの対応をとっている。図書館開館日カレンダーの配色も，春日キャンパスの視覚障害系に所属する学生を考慮して作成している。

　図書館からの広報は，エントランスや館内への掲示，ホームページ掲載，ケーブルテレビ掲載等で通知する。学生への個別連絡が必要な場合は，大学管理の学生用メールアドレスを使用した通知や寄宿舎メールボックスへの通知文書の投函などを利用している。

　図書館内で学生同士の会話の声がつい大きくなったり，ゲームや音楽プレーヤーの音がイヤホンから漏れることがあるが，図書館職員が静かに利用するように掲示を貼ったり，その場で声をかけると学生たちは自主的に対応するようになる。

　本学は天久保キャンパス全体で聴覚障害がある学生のための学習環境を整備しており，図書館もその役割の一端を担っている。これからも利用者が図書館を利用する際に存在するさまざまなアクセシビリティに配慮して，学修や研究に役立つ図書館づくりをめざしていきたい。

（2）視覚障害系図書館

　入館ゲートを入るとすぐにカウンターがあり，職員が常駐している。カウンター上に呼び出しチャイムのスイッチが設置されており，さらにカウンターの縁の部分にもチャイム連動スイッチが設置され，利用者からの質問や要望を受ける際に頻繁に活用されている。また，図書館内の主要通路には点字誘導ブロックが設置され，館内設置の利用者用パソコンには，音声読み上げソフト・画面拡大ソフトを設定し，更に閲覧席や研究個室等に拡大読書機を多数配置して視覚障害をもつ学生の図書館利用支援を施設・設備面からバックアップしている。図書館職員もガイドヘルプ研修等の障害者支援研修を積極的に受講することで，日常業務やオリエンテーション開催時の利用支援を円滑に進める体制に力をそそいでいる。

　当館の特徴的な資料として，視覚障害をもつ学生が効果的に学修を進めるためにDAISY資料がある。それらの収集方法としては，点字出版施設等の出版

図6-11　視覚障害系図書館全景と書架の様子

元からの購入や，本学の障害者高等教育研究支援センターでの作成などがある。さらに，「サピエ」から提供されている音声DAISYデータの中で本学の専門分野に関連するタイトルを図書館ホームページから検索できるようにしている。また，図書館ではサピエや国立国会図書館に登録されている資料データを学生持参の記録媒体（SDカード等）にダウンロードすることを代行するサービスを行っており，視覚障害の程度に合わせた対応を心がけている。

　そのほかにも，学生の希望に応じて，紙媒体の論文等をパソコンの読み上げソフトに対応させるためのOCR文字認識によるテキストデータ化も実施しており，利用者サービスの一角を担っている。

　以上のDAISY資料等の対応サービスは，著作権法第37条第3項および「図書館の障害者サービスにおける著作権法第37条第3項に基づく著作物の複製等に関するガイドライン」に沿って運用されている。

　図書館の収集する資料としては，学科対応の専門書を収集するほか，国家試験対策用資料や一般教養書等を収集している。これらの資料は活字図書だけでなく，点字版や音声版等の資料についても購入を心がけている。

　さらに図書館では，学生の図書館利用の増進を目的として，大学の授業（情報リテラシー科目）に職員を派遣して電子資料の利用方法や学術論文の検索・取り寄せなど，具体的な活用方法の指導を重点的に行っている。

　また，文書作成ソフト等をインストールした利用者用パソコンを館内2か所の共同学習室等に集中的に配置しており，両区画は図書館資料を活用したレポ

ート作成や自学自習のためのラーニングコモンズとして24時間利用を可能とし
ている（図書書架コーナーは開館時間外はシャッターで閉鎖）。セキュリティ
対策としては，図書館の入退館管理と利用者カウントについて，IC カード対
応の学生証を利用して夜間専用ドアの IC リーダによる開閉システムで実現し
ている。

　当館は，視覚障害をもつ学生に対して，支援機器の充実と利用システムの有
効な活用方法を駆使してアクセシビリティの向上を図り，安心かつ機能的な図
書館の構築をめざしている。

6.3.2　立命館大学図書館

（1）はじめに

　立命館大学[11]には，4つのキャンパスがあり，15学部22研究科がある。2016
（平成28）年度，35,543名の学生・院生が在籍し，2,429名の教職員が勤務してい
る。図書館は，4キャンパスに7館を置き，3,207,747冊を所蔵する。ここに，
大学職員が38名，業務委託職員が132名，合計170名の職員が勤務している。

　立命館大学図書館は，在籍する障害のある学生・教職員を対象に，図書館の
円滑な利用のために，3種のサービスを実施している。即ち，障害学生支援機
器（情報保障機器）の設置，複写補助，図書館資料のデータ提供である。

　ここでは，立命館大学図書館が実施するこの3種の「障害者サービス」を紹
介する[12]。(2)では障害学生支援機器の設置について，(3)では複写補助について，
(4)では図書館資料のデータ提供について，それぞれ，概要，対象資料，対象者，
申込み方法と利用までの流れ，利用上の制限の5点から紹介する。そのうえで，
(5)では，立命館大学図書館の障害者サービスが有する課題を指摘する。

11：学校法人立命館「データで見る立命館」http://www.ritsumeikan-trust.jp/publicinfo/
　　disclosure/date/，（参照2016-08-12）.
12：立命館大学図書館は，実施している障害者サービスを，以下で紹介している。また，本稿
　　(2)以降の記述は，同HP，および，立命館大学図書館サービス課（衣笠）の三谷恭弘氏，
　　および関係職員の方へのヒアリングに基づいている。また，写真は，三谷氏から提供を受
　　けた。立命館大学図書館「障害学生の方」http://www.ritsumei.ac.jp/library/shogai
　　service/，（参照2016-03-15）.

（2）障害学生支援機器の設置

　立命館大学が設置する7館の図書館のうち4館にUAR（Universal Access Room）を設置している。そのうち視覚障害等がある学生・院生の利用がある平井嘉一郎記念図書館には，情報入手を支援するための機器を設置している。機器としては，コンピュータ（PC），スキャナ，点字プリンタ，墨字プリンタ，拡大読書機などを設置している。PCには，スクリーンリーダー，OCRソフト，自動点訳ソフト，拡大表示ソフト，図形点訳ソフトなどをインストールしている。これによって，全盲者，弱視者のいずれもが，点字，音声読み上げ，拡大文字など，自身にとって便利な方式で，独力で図書館資料を利用できる環境を整備している。

　対象資料には制限がない。利用者が印刷物などを持ち込んで利用することも禁止していない。

　利用できる対象者は，図書館利用に支障があり，PCや音声読み上げソフトなどの操作が可能な学生・院生である。

　申込みから利用までの流れとして，初回利用申し込み時に，障害の状況など「図書館利用に支障のある」状態かを確認する。その後の利用に際しては，利用者はインフォメーションカウンターで申し込みをし，随時利用できる。特段の事前予約などは不要である。利用時間などの上限は設けていない。

（3）複写補助

　複写補助は7館のすべてで実施しており，図書館員がコピー機の操作を補助するものである。視覚障害や肢体不自由がある場合，自身で本を複写することが困難である。そこで，来館した視覚障害等がある利用者が蔵書を図書館に設置されているコピー機で複写するときに，図書館職員がその操作を補助するものである。

　複写補助の対象資料の範囲は，利用者個人が複写する通常の範囲と同様である。すなわち，著作権法第31条が規定する著作権の権利制限によって認められる範囲である。

　利用できる対象者は，視覚障害等のある学生・院生および教職員である。

　申込みから利用までの流れとして，利用者は来館して，備え付けの「文献複写申込書」に，氏名やコピーする図書館資料の書誌情報などを記入し（代筆可），カウンターに提出する。図書館は，申込みを受け付けたら，即時対応する。特段の事前予約などは不要である。

　利用上の制限として，まず，複写をするときに利用者自身も同席することを原則としている。これは，あくまで複写の補助であって，代行ではないという理解に基づく。また，利用者が複写補助を依頼できる量に上限を設けている。即ち，利用者が複写補助を依頼できるのは，1日に1回であり，枚数は見開き30枚を目安としている。これは，即時対応するものであるため，利用者からあまりに多くの複写の依頼があると図書館職員が複写補助にかかりきりになってしまい，他の業務に支障をきたしかねないためである。

（4）図書館資料のデータ提供

　図書館資料をデータに複製して提供するものである。データは，利用者の選択に応じて次の2種のいずれかの形式で製作する。1つは，未校正データである。紙の本をスキャナで読み取って，OCR ソフトで文字認識したのみのデータであり，OCR ソフトの誤認識を修正していないものである。データは，txt 形式，もしくは透明テキスト付 pdf 形式で製作する。もう1つが，校正済みデータである。前記と同様の手順で未校正データを製作した後，誤認識を修正したものである。データは，txt 形式で製作する。

　データ化する対象資料は，貸出可能な図書館資料と雑誌論文および ILL で他館から取寄せた資料である。

　データ化の申込みと貸出を利用できる対象者は，著作権法第37条第3項に規定する視覚障害者等であって，立命館大学に在籍する正規の学生・院生であり，かつ，利用リテラシー研修を受講した者である。利用リテラシー研修は，立命館大学図書館を利用するにあたっての全般的な面と共に「障害者サービス」について説明するもので，1時間程度で1回実施する。

　申込み方法と利用までの流れとして，まず，学生・院生から図書館資料のデータ提供の希望があると，図書館は，利用リテラシー研修を実施する。同研修

図6-12　manaba+R

を修了した学生・院生からデータ化の申し込みを受けると，図書館は，データ
の製作に着手する。データが完成すると，図書館は申込みをした学生・院生に，
貸出可能である旨の連絡をする。

　データの利用者への提供は，立命館大学が設置する授業支援システムである
manaba+R を通じた自動公衆送信で行う。manaba+R へのサインインによって，
その利用者が，著作権法第37条第3項が規定する対象者であることが確認され
ると，図6-12のように，「図書館資料データの提供」というタイトルが表示さ
れる。利用者は，ここから立命館大学図書館がデータ化したデータをダウンロ
ードする。一方，サインインした ID が対象者のものではない場合には，この
タイトルは表示されないため，データを利用することは不可能となる。このよ
うに，利用者が，著作権法第37条第3項に規定する対象者であるか否かを，
manaba+R のサインインシステムを活用して管理している。

　利用上の制限として，未校正データについて，データ化の申込みをできるの
は，1回に3件までである。データ化作業に着手する順は，申込みを受け付け
た順であり，申込者が在学か休学であるかにかかわらない。データ化申込みか
ら提供までには，1件につき1週間程度の期間を要する。前回申し込んだもの
が提供されてから1週間は，次の申し込みを受け付けない。

校正済みデータについて，データ化の申し込みをできるのは，利用者1人につき10件（同日では3件）までである。データ化作業に着手する順は，申込みを受け付けた順だが，在学生からの申込みを優先する。データ化申込みから提供までには，1件につき最短でも1か月程度の期間を要する。他の利用者からの申込みなどによる作業の混雑状況によっては，さらに日数を要するため，受付時に完成時期の見通しを紹介する。

（5）今後の課題

立命館大学図書館では，障害のある利用者に対して，以上のようなサービスを提供している。しかし，現状が十分かというと，決してそうではない。

まず，複写補助と図書館資料のデータ提供においては，利用上の制限がある。限られた資源で利用者のニーズに応えるためにやむを得ず設定しているものではあるが，視覚障害等のない利用者と同様の環境を提供できていない現状には，改善の余地がある。また，現状の図書館資料のデータの製作には，迅速さと正確さがトレードオフになっている。正確なデータが迅速に提供されることが最良であることは間違いないことから，両者の両立が求められる。加えて，すべての大学図書館が図書館資料のデータ化を実施することは困難とも推測されるが，障害のある学生が在籍する大学は，けっして一部ではない[13]。そうした大学に在籍する障害のある学生にも充実した読書環境を提供するためには，データ化された図書館資料を複数の大学図書館で共有するシステムが必要である。

立命館大学図書館は，図書館利用に支障を感じている人がいることを認識したとき，そうした人へのサービスを既存の業務ではないとして，点字図書館などを紹介し，対応を終了することもできたはずである。ところが，立命館大学図書館は，対応しないことを正当化する根拠を探すのではなく，実施するために活用可能な資源を探したのである。立命館大学図書館の事例に他大学図書館

13：独立行政法人日本学生支援機構は，毎年，全国の大学，短期大学および高等専門学校を対象に，障害学生の修学支援に関する実態調査を実施している。同調査によれば，2014年5月1日現在，障害学生が在籍する学校数は833校であり，全学校数に対する割合は70.3%であった。また，障害学生数は14,127人であり，全学生数に対する割合は0.44%であった（独立行政法人日本学生支援機構2015）。

に参考になる面があるとすれば，それは，すべての人に利用しやすい図書館を
実現するために自館に可能なことは何かを検討し，取り組もうとする姿勢をも
っているということだろう。

6.4　学校図書館

6.4.1　東京都立墨東特別支援学校—誰でも楽しめる図書館づくりを
（肢体不自由校の実践）—

（1）障害があってもなくても本・お話しの楽しさを

　東京都立墨東特別支援学校は，肢体不自由・病弱の児童・生徒が通う学校で
ある。学区域は広く，江東区・墨田区・台東区・千代田区・中央区に住む小学
部から高等部までの児童・生徒がスクールバスや自家用車などで通学している。
また，自宅に教員が訪問して授業をする在宅訪問や学区内の病院にも分教室が
あり，病気の治療をしながら学ぶことができる。教職員の構成は，教員だけで
はなく，介護支援を主にする学校介護職員が導入され，教員と介護職員が協力
して教育活動を進めている。

　本校の図書館は，2012(平成24)年4月から少しずつ整備をし，現在は1階に
学校図書館，1・2階の廊下スペースに図書コーナーを設置した。移動中や授
業の合間に図書コーナーに立ち寄ることができるような環境づくりをめざした。

図6-13　1階図書コーナー　絵本を中心に

また，同年9月からは，外部のお話しの会グループ「うさぎ」によるお話し会を月2～3回程度行っている。生活の中に本がある環境づくりとお話し会を継続していき，卒業後の過ごし方の一つとして「図書館の利用」が入ることをめざしている。

（2）特別支援学校の図書館

　昨今，都市部を中心に，教室環境が十分に整わず，学校図書館の確保をすることも難しいといわれている。本校も同様に，私が赴任してきた当時は，3階にひっそりとあった。広い教室半分が図書館，半分が教室だった。図書館の利用者は，授業中でないかを確かめて，申し訳なさそうに利用していた。当然，図書館整備は進まなかった。学校図書館としての機能は果たされていなかった。

（3）整備開始

　2012(平成24)年4月より3年間，東京都教育委員会の事業「言語能力向上事業」の拠点校として本校は手をあげ，児童・生徒の言語能力・コミュニケーション力を高めるために全校で研究することになった。まずは，発達年齢に合った美しい言葉・文章や絵が楽しめる絵本や読み物を揃え，児童・生徒にとって本が身近になるような環境づくりから始まった。初年度は，数人でコツコツと整備を始め，少しずつ良くなっていくことを教職員に感じてもらった。人目を

旧図書館：本があるだけだった　　　　　新図書館：パソコンや寝転がれる場所
　　　　　　　　　　　　　　　　　　　　　　　　を作った

図6-14　図書館の変化

引く場所に絵本の掲示や季節に合った装飾をしていくことで，気がつく児童・生徒が増えていった。人の手が少しでも加わることで，変わってくることを実感することができた。

　2013（平成25）年3月には，3階にあった学校図書館を1階へ移動。1部屋すべてを図書館として使えることになった。「使いやすい・入ってみたくなる図書館」をテーマにして，次の3点に配慮した。

①車椅子で移動ができるように書架の間隔を広く取った。また，できる限り書架から本が選べ，手に取れるように低い位置に書架を設定した。

②パペット，絵本の主人公のぬいぐるみやボタンを押すと音が鳴るような本なども揃えた。車椅子から降りてリラックスしながら過ごせるスペースも常設した。

③日本十進分類法を元にした排架を進めた。

　新しい図書館になって3年が経つ。児童・生徒にとって資料探しや読みたい本探しをする場所，時には心を落ちつかせる，クールダウンをする場所などになっている。児童・生徒がそれぞれに合った利用をしているようだ。今後も身近な場所になるようにしていきたい。

（4）聞く耳を育てる：お話し会

　先述のとおり，外部講師「うさぎ」によるお話し会を月に2～3回程度行っている。今年で9年目を迎えている。本校は，教育課程が3つ（自立活動を主

図6-15　お話し会の様子

とする教育課程，知的障害のある児童・生徒の教育課程，準ずる教育課程）が
あり，教員が児童・生徒の実態や学習経験などを事前に伝え，「うさぎ」のメ
ンバーがプログラムして実施している。社会見学に落語に行く際の事前学習と
して「落語」をテーマとしたブックトーク，「面白いことばが出てくる本」と
希望した時は，詩や早口言葉，ダジャレの本などを用意して実施している。始
まった当初は，「うさぎ」のメンバーと教職員との間に遠慮があったが，児
童・生徒が先に表情や視線，発言などで「これは楽しい」と表現してくれた。
毎回大盛況である。「うさぎ」のスケジュールが出されると調整が大変になる
程になった。また，継続してお話し会を楽しむ児童・生徒は，「お話を聞く
耳・絵本を観る目」が確実に育っていると「うさぎ」のメンバーから聞いてい
る。

（5）私たちも勉強を！

　児童・生徒にとって楽しいことを私たち教職員も味わい・感じ取ることが大
切と考え，夏季休業中に研修会を行ってきた。
〈2102（平成24）年〉
• 聖徳大学の有働玲子教授による「読み聞かせ　ワークショップ」。
• 東京子ども図書館の加藤節子氏による「おはなしの楽しさ」をテーマにさま
　ざまなお話しを聞き，体験をした。
〈2013（平成25）年〉
• 専修大学の野口武悟教授による「学校図書館・公共図書館の利用のすすめ」。
　11月には野口教授による保護者・近隣の特別支援学校教員向けの講演。
〈2014（平成26）年〉
• 元東京都立多摩図書館児童青少年係の杉山きく子氏による「特別支援学校に
　よる読み聞かせ」。

　研修を終えるたびに「図書館や絵本が身近に感じるようになった」と感想を
聞いている。児童・生徒と一緒に楽しさを味わって図書館の利用を広げていく
ことが必要だと感じた3年間であった。機会があれば継続していきたい。

（6）本の楽しみは障害があってもなくても平等

　以上が本校の実践である。これからは，図書館が教職員にとっても授業を作り出す場所となるように今後も整備を続けていきたい。また，病院で学習する児童・生徒たちもお話し会の楽しさを経験できるようにしていく予定である。

（7）わかったこと。そして，これから

　これまでの本校の実践は，教員・学校介護職員・外部からのボランティアの協力があったからこそである。そして，理解ある管理職が支えてくれたからである。ただ，授業やその準備，学校内の業務を他の教員と同じように行いながら，学校図書館の継続と発展に取り組んでいくには時間的に厳しい現実もある。整備することで図書館は，学校の不可欠な設備の一つになることがわかった。また，児童・生徒にとって図書館や本が身近で楽しいものとなっていったことも実践をしたことでわかった。これは，実践したからわかったことである。さらに，図書館に「人」が必要なこともよくわかった。人（司書教諭・学校司書）がいるから人（児童・生徒，教職員）が来るのである。今後も児童・生徒，教職員が利用しやすい図書館づくりを進めていきたい。

6.4.2　横浜市立盲特別支援学校—盲特別支援学校図書館における

アクセシビリティ：読書の喜びをすべての利用者に—

（1）はじめに—盲特別支援学校図書館としての特質—

　横浜市立盲特別支援学校は，目が見えない，見えにくい幼児・児童・生徒に対し，専門的な指導・教育及び職業教育（あん摩マッサージ指圧，はり，きゅう）を行う学校である。また，センター校として周辺の十数校の弱視学級への支援も行っており，幼児から成人，教職員，保護者，卒業生と利用者の幅と年齢層は広い。一般の出版物をそのままの形では読むことのできない利用者のために本校図書館がどう取り組んでいるか述べたい。

（2）見えない・見えにくいということ

　盲学校といっても点字使用者ばかりではない。在校生の約半数強が弱視であ

図6-16 音声対応ソフトの入った
図書管理システムで1人で
本を借りる

図6-17 書見台を使って iPad で読む

り，その見え方は1人ひとり異なる。視力の問題だけでなく，視野が狭い・欠けている，眼振や羞明（まぶしさで見づらい）がある，眼圧が高く長時間の読書が困難などさまざまなケースがある。読みたい資料を，読みたい時に，読みたい形態で手にする権利を「読書権」とすると，盲学校図書館は視覚からの情報を得にくい利用者にそれを保障する責任があるといえる。さらに，単に「読める」だけではなく，内容をより理解して楽しむためには「読みやすさ」が必要であり，個人の読み方に合わせた音訳・拡大などの媒体変換が必要である。

（3）読書環境の整備や設備・機器について

　視覚障害者が利用する図書館として　カーテンで遮光したうえで，個別に必要な明るさを得られる，じゅうたんコーナーで自由な姿勢で絵本を読めるなどの工夫がなされている。図書館メディア（資料）としては，墨字図書（一般の市販図書），点字図書，点図絵本，録音図書，拡大文字の図書，拡大絵本，手で読む絵本（さわる絵本），マルチメディア DAISY など多岐に渡って約25,000点の蔵書を有する。
①書見台……弱視の場合，どうしても本と目の距離が近づくことになるが，姿勢を適切に保って，身体に負担をかけずに読書ができる。
②iPad（タブレット端末）……電子書籍を読むなどさまざまな利用ができるが，マルチメディア DAISY とそれを読むためのソフトをインストール済であり，

図6-18　DAISY による耳からの読書
　　　　で読む

図6-19　マルチメディア DAISY

手軽に読むことができる。またカメラ機能のついているものは，携帯用拡大読書機としても利用できる。

③拡大読書機……本をそのまま拡大して読むことが出来る。倍率や色調，白黒反転などその人の見え方によって最適な画面に調節しつつ読める。

④図書管理ソフト情報 box（教育システム）ver. 7.0……音声対応が可能であり，児童・生徒が一人でも本の貸し出し・返却ができるため，読書の自由を守ることにつながる。

⑤ DAISY 機器……カセットテープに替わるデジタル録音図書である DAISY とそれを聞くための専用機器であるプレクストークを備えている。音声DAISY 図書はパソコン等でも聞く事ができる。

⑥「サピエ」の利用……制限はあるがネット利用が可能なコンピュータ環境があり，点字・音声 DAISY データ・テキストデイジーのネット上のライブラリである「サピエ」で検索とダウンロードが出来る。これにより利用できるデータの数は激増した。ただ児童書や学習書はまだ少なく，データの共有は課題である。

⑦その他……マルチメディア DAISY 用ＰＣ，点字プリンタ，DVD プレーヤーとディスプレイ，スキャナーと OCR ソフトなどを備えている。

（4）媒体変換について

　盲学校図書館の利用者は市販の出版物をそのまま読めないため，それらを購入すると読める形への媒体変換が必要となる。学習計画と連動しての選書や本の巡回展示などによる教員からのリクエストは必要な媒体への変換希望も合わせて受けることになる。触って，耳で聴いて，文字を拡大して読むことで，情報を得る力をつけ，また読書の楽しみを知るために必須となる。具体的には以下のような媒体変換を行う。

①点字図書……点訳され，点字印刷された図書である。最近はほとんど点訳エディタ・ソフトを用いたＰＣによる点訳である。

②点訳絵本……絵を隠さないように透明のシートに点字を打ったものを貼った絵本である。兄弟や家族と一緒に楽しむことができる。

③点図絵本……点図ソフト・エーデルを使って，点図を描き，絵本として楽しめるようにしている。原作のイメージがつかみやすくなる。

④手で読む絵本（さわる絵本）……触って読む絵本で，さまざまな触感をもつ素材を用いて原作の場面を再現している。ふわふわ，ざらざら，つるつるなどの感触や形を味わい，情景や登場人物を想像することができる。原文は点字と拡大文字で表記している。人気があり貸し出し数も多い。

⑤拡大文字の図書……市販されている大活字本は少ないので，希望があればテキスト化して読みやすさに応じたフォント，ポイント数の図書とする。字間や行間，白黒反転もリクエストに合わせる。著作権法第37条第3項の改正によって盲学校の図書館もこうした複製が可能となった。拡大絵本は文字を大きくするだけではなく，背景や色調も調整して見やすくしていく。最近は画像加工ソフトによる拡大絵本作成も進めている。

⑥音声DAISY……録音図書である。幼児向けには音楽を入れたり，学習書は図や表も読み下したりといった音訳をしている。点字が読めない中途失明者の専攻科の学生にとって音声DAISYは学習の命綱となる。

⑦マルチメディアDAISY……音声と画像，本文のテキストがシンクロナイズドしていて，音声を聞きながら画像を見て，ハイライトされたテキストを読むことができる。音声のスピードや文字，画像の大きさ等も変えられる。ディス

レクシアにも有効とされている。

　その他にも，以下のようなものがある。

⑧LLブック……本1冊を読み通すのが難しい子どものために文や文章を短く
やさしく書き直したもの。リクエストに応じてリライトを行っている。

⑨テキストデータ……汎用性が高く，拡大して読むだけでなく最近は専攻科の
学生がスマートフォンにテキスト化した参考書等を入れて読み上げさせるとい
った利用法もあり，テキスト化の希望も多い。

⑩対面朗読……対面朗読室の定期的な利用のほかに，絵本コーナーでは居心地
のいいじゅうたんに座って保護者や先生に絵本を読んでもらう姿も見られる。
これも媒体変換の大切な第一歩である。

　これらは図書館活動を手厚く支援してくれるボランティア・グループ（現在
30グループ，約400名）に依頼して製作している。よりわかりやすい資料とす
るためにボランティア・グループとの綿密な打ち合わせと，拡大や点図絵本で
はその本の中でどれが本当に必要な場面かを読み解く力が必要となる。

　毎年，全国学校図書館協議会の課題図書の中から周辺校の弱視学級も含めて
リクエストを受け，夏休み前にその子が読める形に媒体変換した資料を渡して
いる。その中から後述の「本はともだち」コンクールの対象を選ぶ子も多い。

　2009年の課題図書『おこだでませんように』は最終的に手で読む絵本（さわ
る絵本），拡大絵本，点字本，点図絵本，リライト版（LLブック），音声DAI-

図6-20　多媒体に変換された「おこだでませんように」

SY，マルチメディア DAISY に変換され，2013年の課題図書『ぼくがきょうりゅうだったとき』は手で読む絵本，拡大絵本（フォント・ポイント数別3種），点字本，リライト版，拡大絵本，音声 DAISY（音楽つき・音楽なし版）に変換された。

（5）「本はともだち」コンクール

　毎年秋に行われる読書行事で全員参加型の読書コンクールである。読書感想文だけでなく，朗読の部，読書標語の部，創作の部とその子に合わせた参加ができるようになっている。本に親しむきっかけとして定着しており，「手で読む絵本」ボランティア・グループ作成の表彰盾（生徒会図書委員会がその年のキャラクターを決定）も，大きな動機づけとなっている。

（6）最後に

　最近，偕成社，小学館，こぐま社から点字つき絵本の『ノンタンじどうしゃぶっぶー』『さわるめいろ』『しろくまちゃんとどうぶつえん』が同時発売され，さらに福音館から『ぐりとぐら』が出た。一般の書店でこれらの点字つき絵本が普通に手に入ることの意義は大きい。さらにこの動きは続いており，今後の刊行も予定されている。これらの絵本の製作過程で本校は児童や全盲の教職員が触図校正に関わっている。実際の読み手と出版社を繋ぐ場という役割も盲学校図書館のあり方の一つだと考える。より多くのユニバーサルな図書が出版されること，また「本を買う」ことが「読める形で買える」ことを意味するようになることを願ってやまない。それまでは，図書館がささやかではあるが読書の権利と自由を保障し，読書の喜びを味わうことができる空間でありたい。

6.5　視覚障害者情報提供施設（点字図書館）

6.5.1　日本点字図書館—アクセシビリティへの配慮—

（1）はじめに

　日本点字図書館は，視覚障害者などの活字による読書に困難のある人（以下視覚障害者等）のための，国内最大の視覚障害者情報提供施設である。点字・音声図書等を約40,000タイトル保有し，約13,000人の利用者に年間21万タイトルを貸し出している。また，点字，音声 DAISY をはじめ，テキスト DAISY，マルチメディア DAISY などの資料を年間約1,000タイトル製作している。

　利用者の保有スキルは，DAISY 再生機の基本操作だけができる人から，パソコンを使いこなせる人までさまざまで，「楽しむ」読書から，「知る，学ぶ」読書まで幅広い分野のニーズがある。このような多様な利用者に対する配慮やサービスについて紹介する。

（2）音声 DAISY の利用

　日本点字図書館の利用者の年齢分布は図6-21のように，60歳以上が約7割

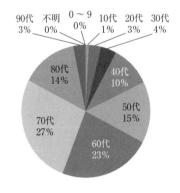

図6-21　日本点字図書館の利用者の
　　　　年齢分布（2020年3月末現在）

図6-22　CD 郵送ケース

を占めている。日本の人口では，60歳以上は３割程度であることから，いかに高齢者が多いかがわかる。この人たちの多くは音声 DAISY を利用している。この音声 DAISY は専用の再生機を使って聞くため，はじめて操作する利用者は，自分が操作できるかどうか不安に感じることが多い。カセットレコーダーは使ったことがあっても，CD プレーヤーを扱ったことがないという人もいる。そこで，その場で基本的な操作説明を行うが，それでも不安な方には，定期的に行っている機器の操作体験会への参加を勧めている。また，機器の短期的な貸し出し（１か月間）も行っているので，実際に機器を購入し利用を始める前に，ご自身で使ってみてもらうようにしている。

　音声 DAISY は専用の CD 郵送ケースで郵送している。読み終わった後は，ケースの表面にセットされている宛名カードを裏返して差し込み，ポストに投函する。視覚に障害があってもその作業が確実に行えるように，カードの四隅の一箇所が斜めにカットされている。この斜めのカットがケースの左上に来るように差し込めば，視覚に頼らなくても正しい向きでセットすることができる（図 6 -22）。

（3）「サピエ図書館」にアクセスできない利用者への配慮

　4 章の4.3でも紹介されている「サピエ図書館」は，24時間，いつでも好みのコンテンツにアクセスでき，パソコンや携帯電話を操作して，ダウンロードやストリーミング再生（音声 DAISY 等）を楽しめる。この「サピエ図書館」の資料の中でも，雑誌は特に人気が高い。週刊誌，月刊誌を合わせ，点字版は約110誌，音声版は約130誌あるが，インターネットによるデータ配信が中心となっており，点字冊子・CD のようなメディアで貸し出されているのはそのうちの２，３割程度である。「サピエ図書館」にパソコン等でアクセスできる人は，登録された雑誌をすぐに利用することができる。しかし，当館の利用者は高齢者が多く，パソコンを使用できない人が多いため，「サピエ図書館」の大半の雑誌を読むことができない。また，「サピエ図書館」にアクセスできる人は，話題の図書，人気のある図書をいち早く読むことができるが，点字冊子・CDで借りる人は，それらに多数の予約が入ってしまうと，順番が来るまで数か月

待ちになってしまう。

　そこで，「サピエ図書館」を利用できない人のために，当館が利用者に代わって希望の資料をダウンロードするサービスを2012年度より始めた。手順としては，まず，利用者自身にDAISY再生機で利用可能なメモリカード（SDカード，CFカード）を購入してもらい，それを当館に送ってもらう。そのメモリーカードに利用者からリクエストされた資料を，「サピエ図書館」からダウンロードして提供する（1回10タイトルまで）。これにより，予約待ちになることもなく，雑誌も含めた「サピエ図書館」のすべてのコンテンツが利用できる。また，利用者個人のメモリーカードであるため返却の必要がなく，自分のペースでゆっくり読書を楽しむことができる。

　また，視覚障害者等は，晴眼者のように，新聞，雑誌の広告などからさまざまな本の情報を得ることが困難であることから，どうしても決まった作家，ジャンルに偏ってしまう傾向にある。そこで，このダウンロードサービスの一環として，当館の夏期休館，年末年始休館の時期に，"セレクトパックサービス"を行っている。これは，「サピエ図書館」の人気図書，スタッフおすすめの本といったテーマで選書した20〜30タイトルをまとめてメモリーカードに入れて提供するサービスで，休館の時期でも，読みたい本を手元に十分確保できるとともに，さまざまな作家，ジャンルの本に触れ合う機会にもなる。このダウンロードサービスは，約800人（2019年度実績）が利用している。利用者に，図書＝点字冊子・CDという考え方から，図書＝データという概念をもってもらえれば，将来的なメディアの変化に対応する準備にもなると考えている。

（4）プライベートサービスにおけるスピード製作実験

　プライベートサービスとは，全国の点字図書館・公共図書館にない資料を点字化，または音声化して提供するサービスである。このサービスの利用者は，年齢層が30〜50代の現役世代が多く，自らの必要性から資料の点字化や音声化を希望するため，依頼される分野は多岐にわたる。このプライベートサービスで依頼される資料の点字化，音声化も，通常の図書の製作と同じように半年近くを必要とする。ところが，就職試験に臨む準備，資格取得のための通信教育

の受講，ビジネス上必要な資料を読みたいという人たちの多くは，この製作期間では間に合わない。

　このようなスピード製作を希望するニーズに応えるために「アクセシブルな電子書籍製作実験プロジェクト（みんなでデイジー）」というテキスト DAISY の全国的なプライベート製作実験を2015年から国立国会図書館の協力のもと実施している。テキスト DAISY は，見出しやページ単位で移動するナビゲーション機能をもち，既存のデイジー再生機や必要なアプリケーションソフトの入ったパソコンを使い，テキスト情報を合成音声で読み上げさせたり，文字サイズや背景色を変えて目で読んだりすることができる。音声で聞く場合は，再生側の合成音声で読み上げるため多少の誤読があるが，パソコンのソフトウエアによっては，確認したい文字を一文字ずつ読み上げさせることができる。

　このテキスト DAISY の製作は，原本を OCR 処理した後にテキストを校正し，デイジー編集を行う。この工程の中で，テキスト校正に多くの時間がかかることが製作上の課題であった。それを解決するために，この実験プロジェクトでは全国のボランティアがクラウド上で共同校正を行うことができる特殊なシステムを使用している。それにより，短期間に校正作業を終えることができ，製作期間は，内容にもよるが平均約1か月で提供できる。利用者からは，短納期で提供されることに加え，コンテンツの実用性についても良い評価をいただいている。資料の内容を早く知りたい時，多くの資料の中から必要なテーマを探したい時など，速報的な用途として利用が期待できる。

（5）アクセシブルな音声映画コンテンツ「シネマ・デイジー」

　視覚障害者等から映画を楽しみたいという声が多数あった。当館では，登場人物の動作，表情，背景の様子などを説明した音声ガイドを製作するとともに，DVD 映画と音声ガイドを同期させてパソコン上で再生する「ガイド DVD」というソフトウェアを開発した（OS 対応は Windows Vista で終了）。これにより，晴眼者も一緒に楽しめるバリアフリーな映画観賞ができ，各地域で音声ガイド付き DVD 上映体験会を普及させることができた。しかし，視覚障害者自身がパソコンを操作する必要があること，DVD を自身で準備しなくてはな

らないため，当事者から「もっと手軽に映画を楽しみたい」という声があった。そこで，DVD映画のサウンドトラックに音声ガイドを付けてDAISY編集した「シネマ・デイジー」の提供を2013年より社会福祉法人日本ライトハウス情報文化センターとともに始めた。映画を音声DAISYのような感覚で簡単に楽しむことができるため大きな反響があり，開始から8か月で，延べ7,400タイトルの利用があった。2019年3月時点でこの「シネマ・デイジー」は，約420タイトルの作品がある。

（6）おわりに

　視覚障害者の読書ニーズ，読書環境，保有スキルはさまざまである。そのため，図書館が既存の形態の資料をそろえるだけでは利用できない人，既存のサービスでは利用しにくい人たちがいる。その人たちに一歩踏み込んで，そのニーズを捉えた配慮や工夫を行っていく必要がある。そして，状況に応じてそれらを新たなサービスへ発展させていく。利用者にこちらから歩み寄り，利用できるように変えていこうとする姿勢が，図書館サービスのアクセシビリティ向上には，何よりも大切である。

6.6　聴覚障害者情報提供施設

6.6.1　熊本県聴覚障害者情報提供センター—現在の取り組みと

これから—

（1）はじめに：聴覚障害者情報提供施設とは

　熊本県聴覚障害者情報提供センターは，身体障害者福祉法34条に規定されている視聴覚障害者情報提供施設である。この条項は，以前は点字図書館等に関する規定だったが，1990（平成2）年の福祉関係八法改正によって，聴覚障害者情報提供施設が新しく加わって法制化された。

　つまり聴覚障害情報提供施設（以下「情報提供施設」という）は点字図書館の聴覚障害者版として位置づけられたことになり，その業務内容も，点字図書

館では印刷資料等の視覚情報を点訳（触覚情報化）・音訳（聴覚情報化）し視覚障害者に提供するのに対し，情報提供施設では聴覚情報を視覚情報化し聴覚障害者に提供するという，機能的にはほとんど似たものになっている。

　情報提供施設の業務は，身体障害者福祉法34条に「聴覚障害者用の録画物の製作及び貸出しに係る事業を主として行うもの」と書かれている。ここでいう聴覚障害者用の録画物とは，字幕（手話）が付加されたビデオテープやDVD等を示している。これは聴覚障害者情提施設が法制化された時点を考えると，字幕（手話）が付加されている放送番組が非常に少なかったので，その補完の役割を施設に果たさせようとしたと考えることができる[14]。

（2）熊本県聴覚障害者情報提供センターの事業

　熊本県聴覚障害者情報提供センター（以下「熊本情報提供センター」という）は，1992年11月にオープンした県立施設で，一般財団法人熊本県ろう者福祉協会が運営している。熊本には，当センターとは別に，もう一つ聴覚障害者のためのセンターがある。熊本は，歴史的にろう者の運動が強く，ろうあ団体の力で1951年に熊本ろうあ会館を建設している。その後，その会館の老朽化に伴い1983年には熊本聴覚障害者総合福祉センターも建設した。筆者もそのセンターに10年近く情報文化事業担当者として勤務していた。

　情報提供施設が法制化されたとき，その事業は熊本聴覚障害者総合福祉センターで行うよう行政に求めたが，様々な事情で実現せず，結果的に熊本には聴覚障害者のためのセンターが2か所存在することになった。そこで，県内の聴覚障害福祉に関係する事業を両センターで分担することとし，熊本聴覚障害者総合福祉センターでは聴覚障害者のコミュニケーション支援に関する事業，すなわち手話通訳者や要約筆記者の養成・派遣事業を中心に行い，熊本情報提供

14：聴覚障害者情報提供施設の主たる業務は，聴覚障害者用字幕（手話）入ビデオカセットの製作および貸出事業で，あわせて手話通訳者の派遣，情報機器の貸出等のコミュニケーション支援事業，相談事業を行うことになっているが，現在は，ビデオカセットの製作よりもコミュニケーション支援事業が主たる業務になっている。熊本県聴覚障害者情報提供センターでも，2014年度より開始した要約筆記者の養成・派遣，盲ろう者通訳介助員の養成・派遣は全体の事業の中でも大きなウエイトを占めている。

センターでは情報提供施設の主な事業と規定された聴覚障害者用映像資料の製作とその利用に関する事業に力を入れることで棲み分けを行った。

（3）聴覚障害者と字幕

　熊本情報提供センターが積極的に取り組んでいる聴覚障害者用字幕入り映像資料の製作について考えてみる。先に述べたように，放送字幕の少なさを補完する事業であるが，1977年に放送法が改正され総務省から「視聴覚障害者向け放送普及行政の指針」が出されたことで，字幕放送は年を追うごとに拡大してきている。ただ，情報提供施設としてはそのことを手放しで喜べない。なぜなら，それは字幕の量的広がりであり，字幕の質はほとんど問われない。大切なことはユーザーである聴覚障害者が字幕についてどう感じているかである。

　このことを考える時，聴覚障害者は「ながら族」ではないという視点が必要である。「ながら」というのは「見ながら聞く」「聞きながら見る」ということである。聴者（ここでは視力にも聴力にも障害がない人）は当然「ながら族」である。テレビ番組を見るとき，画像は目で見，音声は耳で聞く。しかし，字幕付き番組を見る聴覚障害者は，画像も目で見，音声（字幕）も目で見ることになる。音声をそのまま字幕化する全文字幕[15]は，字幕製作者にとっては製作しやすいものであるが，それがそのまま聴覚障害ユーザーにとって情報保障になっているかといえば，そうではない。聴者向けの洋画の字幕では，理解のキャパシティを100とすると，画＋字幕が100に満たない，または100を超える字幕は，よくない字幕とされる。これは音声が聞こえていてのことであり，「ながら族」ではない聴覚障害者向けの字幕ではさらに強調されるべきことであろう。

　よりよい字幕製作のためには，聴覚障害の理解（聴覚障害者の認識構造への理解，聴覚障害者の日本語力の把握，聴覚障害者が置かれている世界の理解）が必須である。

　この面で，情報提供施設は強みをもっている。なぜなら情報提供施設は，聴

15：全文字幕といっても，音声には，話し言葉以外の音（音楽や効果音など）すべてを文字化するのは不可能であり，実際には話し言葉を中心に文字化されている。

覚障害者と共にあり，いつでも検証できる環境にあるからだ。情報提供施設は
聴覚障害者用字幕製作に求められる専門性を日常的に担保している。

さて，2010(平成22)年の著作権法の改正で情報提供施設では，聴覚著作物へ
の字幕等を付けたものを製作し，聴覚障害者等に貸し出すことが権利者の許諾
なしで可能になった。ただ，貸出時に権利者へ相当額の補償金を支払うとの条
項も法改正時に付け加えられ，新たな問題となった。その後2015(平成27)年，
権利者との協議により，NHK および民放局の番組については，補償金を支払
うことなく製作が可能になった。

（4）熊本情報提供センターの取り組み

以上，聴覚障害者用字幕製作についてみてきたが，これらの問題はテレビ番
組の字幕製作に限ってのことではない。この社会で構成されているもののほと
んどは多数者である聴者のルールでできている。そう考えると，映像の製作は
聴者の土俵に乗らない方法もあっていいし，あるべきだと思われる。

それらは，独自番組製作として情報提供施設を中心に取り組まれている。こ
の番組製作は耳がきこえないことを前提としたルールで行われる。特に手話で
語るろう者を中心とした番組ではそのルールが貫徹される。

このルールは，たとえば，話者が複数のトーク番組の製作では，カメラのス
イッチング[16]に特に気を遣う。聴者のルールでは，声を聞けば話者が特定でき
るので基本的にカメラスイッチングは自由である。しかし，聴覚障害者ルール
では話者の話が終わるまで基本的にカメラをスイッチしない。また，顔や手の
アップもできるだけ避けるし，逆に，引きの映像も手話が見えにくくなるので
多用しない。さらに，仕上げの段階で字幕が入ることを考慮し，画面下部はデ
ッドスペースとする，などがあげられる。

熊本情報提供センターでは，毎月，聴覚障害者ビデオマガジン「みるっく」
という30分の番組を1997(平成9)から作り続けている。その間，構成や内容は
少しずつ変わってきているが，基本的には聴覚障害キャスターが，折々の聴覚

16：カメラのスイッチングとは，複数のカメラを使うときの調整室でカメラを切り替える操作
　　である。

障害関係の話題を取り上げ，それをコーナーにしながら進行していくというもので，熊本市のケーブルテレビ局で毎週放送されているほか，全国的には障害者放送通信機構の「目で聴くテレビ」でも流され，パッケージメディアとしても各所に配布している。製作に関しては，聴覚障害者ルールを適用すると共に，内容は肩のこらない情報番組として構成している。

このほか，手話学習番組の製作や，地方の手話保存[17]のための取り組みも行っている。

（5）新しい取り組み

少し前になるが，聾学校の先生や地元のIT企業と一緒に聾学校の教材作りを行ったことがある。小学校4年の国語の教科書に必ず取り上げられる「ごんぎつね」の手話版「手話ごんぎつね」の製作である。企画から完成まで3年を要したが，国語教材としてだけではなく，一般の人も楽しめる作品としても評価され，IBBY（国際児童図書評議会）障害児図書資料センターの2009年推薦図書に選定された。現在，別の単元について企画中である。

また，聴覚障害者を取り上げた番組も製作中である。これは，たまたま熊本県のある地域での行事が国の選択無形民俗文化財[18]として指定されたことがきっかけになった。調べると，その無形民俗文化財であるその地域の風習を支える重要な役割を担っているのが聴覚障害者，それも聾学校等の教育歴がなく，いわゆる未就学のろう者であることがわかった。

そして，彼の生活は地域にどっかりと根を下ろしていること，田作り畑作りの器用さで地域社会の中で評価されていること，また地域の風習である伝統文化を継承するため必要な人材として一目置かれていることを知ることができた。

17：手話学習番組として，聴者の子どもの手話教室を月2本製作している。また，手話にも方言があり，それが共通手話の広がりの中でしだいに使用されなくなり消えていくので，それを収集保存している。熊本情報提供センターでは「熊本手話辞典」としてDVD8枚にまとめた。
18：選択無形民俗文化財とは，重要無形民俗文化財以外で，文化庁長官によって選択された民俗文化財のことで正式には「記録作成等の措置を講ずべき無形の民俗文化財」という。ここでは，八代・芦北の七夕綱のことである。

さらに，それを支える地域のあり様，共助が特別なことではない社会をまのあたりにした。

　当初，私たちは，未就学ろう者であることで，地域社会の中で疎外されているのではとないかという先入観をもって取材に臨んだが，それがいかに皮相で誤った思い込みであったかを実感した。

　情報提供施設が製作する番組の目的は，聴覚障害者に対する情報保障・情報支援といわれている。ここには弱者への支援という強者の立場が見え隠れする。独自番組の製作は，その考え方の転換を図ることができるかもしれない。

（6）ライブラリー事業のこれから

　情報提供施設のメイン事業と位置づけられているライブラリー事業（映像製作とその貸出事業）は凋落傾向にある。製作はともかく貸出に関しては新しい施設を除くとその利用は確実に減少してきている。その背景には字幕放送の拡大があり，わざわざ情報提供施設に赴いてパッケージメディアとして借りなくとも，お茶の間で，リアルタイムで番組を楽しめるようになったからである。

　ただ，字幕の質も含めて，番組そのものが聴覚障害者に使いやすいものになっているかという問題は確実に残っている。昨今，情報提供施設のライブラリー事業の見直しの声が出てきている。ライブラリーは必要ないのではないかと。確かに，パッケージメディアの利用は減少しているが，そこからライブラリー事業が不必要というのは短絡だろう。字幕放送が少なかった時代にその補完を余儀なくされた役割の部分はそうだとしても，聴覚障害者にとって映像の役割はこれからますます重要になっていくのではないだろうか。それは，聴者にとって音声の重要性と同様のものとして考えられる。

　聴覚障害者は，きこえの程度にかかわらず音声享受では不全である。しかし，見る世界ではハンディはない。逆に，きこえないがゆえに視覚的享受力は優れているともいわれる[19]。

　そうであれば，視覚的表出物である映像を，聴覚障害者の生活の中でどう活

19：オリバー・サックス，佐野正信訳『手話の世界へ』晶文社，p.142.

用していくかが問われなければならない。求められているのはライブラリー事業の再編であり，映像事業の新たな位置づけである。以前，デジタルの世界で，文字や音声に比べて大きな容量の映像の扱いは高価なシステムを必要とした。しかしめざましいICTの発展は，映像を気軽に身近な場面で使えるようになってきている。

　情報提供施設のアドバンテージは，各施設に映像製作のためのシステムがあり，そのための人も配置され，ネット配信のためのICT環境も一定揃っていることである。聴者が歴史の中で音楽や文字による文学を育んだと同様に，聴覚障害者が映像を活用して新たな生活様式や文化を創造していくことは可能である。

　現在，熊本情報提供センターでは，日本財団のモデルプロジェクト事業として，インターネット回線を使ってテレビ電話等の電話リレーサービスを行っている。この事業は，2021（令和3）年度から総務省管轄で公共インフラとして開始される予定になっており，引き続き熊本情報提供センターもその事業の一翼を担う予定である。

（7）最後に

　2016（平成28）年4月，熊本で震度7の地震が続けざまに起こった。熊本情報提供センターではすぐに被災した聴覚障害者の支援活動を行ったが，この電話リレーサービスシステムがとても役立った。このシステムの機能を広げて，テレビ電話で，安否確認，相談，遠隔手話通訳などを行うことができた。

　もう一つ，役にたったシステムに，インフォメール（情報メール）サービスがある。これは平時には，登録されたメールアドレスに，週に1回ほど聴覚障害関係の情報を送るものだが，地震直後は，避難所情報，給水情報，食糧情報等，時間の経過共に変わっていく情報を，1日に20回ほど流し続け，聴覚障害者からたいへん喜ばれた。

　この情報源の多くは，地域のコミュニティFM局が災害情報専用局になり，そこから発信された情報である。実は，熊本情報提供センターでは，数年前からラジオのバリアフリー化（放送内容の視覚化）を提案し，研究のための助成

金獲得の活動を行っていた。その最中の地震である。

　テレビ番組は，聴覚障害者には画像という手がかりがあるので，音声の字幕化・手話化は要求として出やすい。しかし，ラジオは全くのブラックボックスのため，ラジオ放送の視覚化の要求はほとんど出てこない。聴者にとってラジオは大切な情報源であり，今回の地震のような災害時は非常に重要な役割を果たす。もし，ラジオのバリアフリー化の研究が一定進んでいたならば，もっときめ細かな情報発信が可能だったと悔やまれる。

　このような ICT を活用した情報提供やコミュニケーション支援は，災害時や緊急時だけでなく平時のサービスとしても情報提供施設の事業として大きな位置を占めていくと考えられる。

　現在のコロナ禍の中，聴覚障害者と対面して行う手話通訳や要約筆記が，行政機関・教育機関・医療機関などで感染防止のために困難になったため，国はオンラインでの遠隔手話通訳・遠隔文字通訳を新たな意思疎通支援方法として，その体制構築のための予算措置を行った。現在は，特別な時，特別な空間，特別な内容という限定的な使い方が想定されているが，これからは，聴覚障害者の情報・コミュニケーション保障方法の新たな選択肢になっていくだろう。特に，電話リレーサービスの公共インフラ化はその動きに拍車をかけると思われる。

　一方，課題として聴覚障害者がこのような ICT でのサービスをうまく活用できるのかという問題もあげられている。しかし，情報提供施設は，括りとしては福祉施設であるが，同時に社会教育的な性格ももっている。効果的な情報提供を行うためには，その情報を使いこなす主体づくりも事業の中に積極的に組み込まれるべきである。聴覚障害者のエンパワメントを支える社会教育的な機能をあらためて見直し評価することが，これからの情報提供施設に求められるだろう。

おわりに―まとめに代えて―

　本書では，図書館のアクセシビリティについて「障害者サービス」の実践を
中心にしつつ，総論，各論（資料，施設・設備，サービス，関わる「人」），館
種別事例に分けて述べてきた。ここでは，全体のまとめにかえて，図書館にお
いてアクセシビリティの向上を進めるにあたって課題となるであろう主だった
事項について，以下の5点に整理しておきたい。

（1）意識や理解

　図書館のアクセシビリティを向上させるためには，その担い手である図書館
職員の意識と理解を高めることが何よりも欠かせない。「障害者サービス」の
担当者であるかどうかにかかわらず，すべての職員は利用者のなかに「図書館
利用に障害のある人」が必ずいることを意識し，図書館としての対応の基礎・
基本を理解しておくことが大切である。そのためには，研修の機会が必要とな
るが，現状では，5章の5.1で述べたように，日本図書館協会が主催する研修
会など，このテーマに特化した定期的な研修の機会は限られており，対象館種
も公共図書館に主眼が置かれたものとなっている。日本図書館協会以外の各館
種ごとの団体などでもアクセシビリティや「障害者サービス」に関する研修会
やセミナーの定期的な開催を期待したい。同時に，国や都道府県立図書館など
にも，全国や各地域単位での研修の機会の設定を求めたい。また，そもそも，
司書の養成科目のなかに，「障害者サービス論」は設定されておらず，ほとん
どの有資格者は，「図書館サービス論」のなかで1時間程度「障害者サービス」
を学んできたに過ぎない。もちろん，数大学ではあるが，「図書館基礎特論」
や「図書館サービス特論」などにおいて半期かけて「障害者サービス」を学ぶ
カリキュラムを用意しているところもある。こうした大学がもっと増えること
が望まれる。

　図書館職員だけでなく，利用者の意識や理解の向上も不可欠である。「障害
者サービス」は，決して慈恵的なサービスやおまけのサービスではない。誰も

が等しく図書館を利用できるようにするための当たり前のサービスである。も
っといえば，図書館サービスの基盤の一つである。すべての人には，等しく図
書館を利用する権利がある。利用者が遠慮する必要はない。遠慮させる雰囲気
を醸し出している図書館があったとするならば，それこそ図書館側のバリアで
ある。とはいえ，そもそも利用者が「障害者サービス」などアクセシビリティ
の向上について図書館として取り組んでいることを知らなければ，話は始まら
ない。まずは，図書館として積極的に広報・PR に努めたい。

（2）各館の組織・体制や予算

　図書館のアクセシビリティを向上する取り組みは，職員の意識や理解が高ま
るだけでは進まない。それを推進するための組織・体制や，「基礎的環境整備」
を進めるための予算措置なども考慮しなければならない。しかし，人員や予算
を切り詰めている昨今，新たな要求は難しいと考える図書館も多いのではない
かと思われる。

　人員に関しては，今いる職員 1 人ひとりが利用者対応の一環として「図書館
利用に障害のある人」への対応に意識して取り組めばよいのであって，必ずし
も新規の人員確保は要しない。ただし，アクセシビリティや「障害者サービ
ス」などを主担当するセクションを明確化し，そこを中心に取り組む組織・体
制を作っておきたい（セクションだけはあっても，何の取り組みもできていな
いのでは意味がないので，注意したい）。

　また，予算に関しても，無駄に使われている予算はないか精査したい。2016
（平成28）年 4 月より「合理的配慮」の提供が義務化された公立図書館などにあ
っては，そのための「基礎的環境整備」にかかる予算を新規に要求してもよい
だろうし，積極的に取り組むためにはそれが必要である。

（3）施設・設備のバリアフリー化

　既存施設・設備のバリアフリー化や，「障害者サービス」に必要となる施
設・設備の整備，情報保障機器の整備は，まだこれからという図書館が多い。
「図書館利用に障害のある人」が使いやすい施設・設備は，誰にとっても使い

やすい図書館施設・設備であるとの認識にたって，タイミングを計りながら，
できるところから整備や改修を進めたい。

（4）資料やサービスのデジタル化

　視覚障害者など活字印刷の図書館資料を利用しにくい人のために，図書館で
は図書館協力者やボランティアなどの力を借りて録音資料（音声 DAISY）な
どの資料製作や対面朗読サービスなどを提供している。しかしながら，図書館
協力者やボランティアの高齢化の進行や新規確保の困難さなどもあって，図書
館協力者やボランティアに依存し続けるモデルでは，近いうちに限界がくる可
能性は否めない。

　本来であれば，出版社が，出版物を刊行する際に，その出版物のアクセシビ
リティを確保（活字版と同時に点字版，拡大文字版，録音版なども刊行するな
ど）したうえで流通させるべきなのだが，これまではコストの面から難しかっ
た。2010年に「電子書籍元年」をむかえたとき，電子書籍であれば，はじめか
ら TTS による音声読み上げ機能や，文字の拡大機能などを付加して流通させ
ることができるために，出版物のアクセシビリティは格段に向上すると期待さ
れた。ところが，実際には，アクセシブルな形での電子書籍の提供は図書館は
おろか市場においても進んでいるとは言いがたい。もちろん，まだ電子書籍は
過渡的な段階を脱してはおらず，いずれは，アクセシブルな電子書籍が主流に
なると期待したいところである。

　こうした現状をふまえるならば，図書館においては，点訳，音訳，拡大訳な
どの従来の資料製作やサービスを提供しながらも，今後はテキストデータ化
（テキスト DAISY など）に力を入れていくべきだろう。テキストデータであ
れば，製作（媒体変換）に点訳や音訳などの作業ほどのスキルと手間を要しな
いし，日本語 TTS の誤読や流暢さなど技術的に改善すべき余地は残されてい
るものの，TTS による音声読み上げや文字の拡大などの機能を汎用ないし専
用端末を通して提供できる。もちろん，ICT に不慣れな利用者に対する支援
を同時に提供することが必要であり，それがなければ新たな「情報格差」（デ
ジタルデバイド）を生じかねないからである。こうした支援は，アクセシブル

な電子書籍とそれによる読書の将来的な普及への備えともなる。

　また，来館しての利用が難しい人のためには，図書館のウェブページ，OPAC など，デジタルで提供する各種サービスの拡充とアクセシビリティの向上も重要である。

（5）法制度

　1章の1.5では，図書館のアクセシビリティにかかわる基本的な法令を紹介したが，残されている課題も多い。

　著作権法については，これまでも何度か改正され，2010（平成22）年1月施行の同法第37条第3項の改正は図書館資料のアクセシビリティにとっては実に大きな出来事であった。

　一方で，郵便法と日本郵便の約款に関しては，大きな改正もないままに現状に至っている。郵政民営化以後も，日本郵便は，第4種郵便物である「特定録音物等郵便物」の無料化や，低廉な料金で利用できる「聴覚障害者用ゆうパック」や「心身障害者用ゆうメール」を実施し続けている。しかし，近年，発受施設の指定審査が厳格化しているといわれている。そもそも，これらの取り組みは，民営化された現在にあっては，民間企業としての日本郵便がいわば社会貢献の一種として取り組んでいるといっても過言ではない。日本郵便の本音はわからないが，これらの取り組みがいつまでも続く保証はない。無料化などの取り組みを維持発展していくには，国が補助金を措置するなどの積極的なバックアップが必要と思われる。もちろん，その際には，単に現状維持とするのではなく，利用ニーズはあるものの対象外となっている人たち（精神障害者など）にも対象を拡充すべきである。

　なお，「国民読書年」だった2010（平成22）年に，「読書バリアフリー法」を制定しようとする動きが超党派の国会議員で見られた。図書館を含めた読書環境のアクセシビリティ向上を総合的に推進しようとするものであったが，ようやく2019（令和元）年に制定されるに至った。実現には，当事者団体を中心とした粘り強い働きかけも大きな原動力であった。今後は，この法律を生かした施策の推進が求められる。

　以上，総花的であるが，課題を整理してきた。当然ながら，図書館の館種や規模などの実情は各々異なっている。したがって，まずは，各館内でアクセシビリティを向上させるために取り組めることは何かをぜひ分析，検討してほしい。そのうえで，1つであっても取り組めることを着実に実施していくことが大切である。一気にやろうと思っても負担感は増すばかりであるので，注意しなければならない。5年後あるいは10年後にはここまでアクセシビリティを高めるという長期的なビジョンをもちながら取り組んでいくとよいだろう。いわば，アクセシビリティをマネジメントしていくのである。各館の図書館経営の視座のなかにアクセシビリティについても取り入れて，計画的・継続的に取り組んでいきたいものである。

　併せて，図書館のアクセシビリティを高めるためには，関連業界の理解と協力が欠かせない。図書館の資料，施設・設備，サービスの各部面に関わる出版物，図書館建築，図書館用品・用具，基幹システムなどに携わる業界としてのアクセシビリティへの意識や取り組みが，図書館のアクセシビリティ向上に深く関わるからである。これらの業界内での自主的な取り組みに期待するとともに，図書館側からも，業界に積極的に働きかけていくようにしたい。

　最後に，本書が，各図書館のアクセシビリティの向上にいくばくかでも資することができたとするならば，編著者・分担執筆者一同，うれしいかぎりである。"誰もが使える図書館"の実現に向けて，ともに歩みを進めていこう。

引用・参考文献

植松貞夫. 図書館施設論（現代図書館情報学シリーズ12）. 樹村房, 2014.

菊池佑. 病院患者図書館：患者・市民に教育・文化・医療情報を提供. 出版ニュース社, 2001.

厚生労働省. 身体障害児・者実態調査. 2006.

厚生労働省. 生活のしづらさなどに関する調査（全国在宅障害児・者等実態調査）. 2011.

国際図書館連盟（IFLA）ディスアドバンティジド・パーソンズ図書館分科会作業部会編, 日本図書館協会障害者サービス委員会訳. IFLA 病院患者図書館ガイドライン2000. 日本図書館協会, 2001.

国立国会図書館. 公共図書館における障害者サービスに関する調査研究. シード・プランニング, 2011.

国立国会図書館関西館図書館協力課編. 公共図書館における障害者サービスに関する調査研究. 国立国会図書館, 2018.

小林卓・野口武悟共編. 図書館サービスの可能性：利用に障害のある人々へのサービスその動向と分析. 日外アソシエーツ, 2012.

佐藤聖一. 1からわかる図書館の障害者サービス：誰もが使える図書館を目指して. 学文社, 2015.

実利用者研究機構 UD 資料館. ユニバーサルデザインの7原則について. http://www.ud-web.info/about_ud/how_7rule__j.html,（参照2015-08-08）.

情報通信アクセス協議会・ウェブアクセシビリティ基盤委員会. JIS X 8341-3：2010解説. http://waic.jp/docs/jis2010-understanding,（参照2015-07-30）.

全国学校図書館協議会特別支援学校図書館調査委員会.「特別支援学校図書館の現状に関する調査」報告. 学校図書館, 836, 2020, p.14-48.

鳥取県福祉保健部ささえあい福祉局障がい福祉課. "遠隔手話通訳サービス". 鳥取県. https://www.pref.tottori.lg.jp/292473.htm,（参照2020-03-19）.

鳥取県福祉保健部ささえあい福祉局障がい福祉課. "鳥取県手話言語条例". 鳥取県. https://www.pref.tottori.lg.jp/222957.htm,（参照2020-03-19）.

鳥取県立図書館. "図書館紹介 DVD「ホンとに役立つ鳥取県立図書館活用術」". http://www.library.pref.tottori.jp/guidance/cat69/dvd271124.html,（参照2020-03-19）.

内閣府. "平成25年度版障害者白書". 内閣府ウェブサイト. http://www8.cao.go.jp/shougai/whitepaper/h25hakusho/senbun/index-w.html,（参照2015-07-30）.

中根憲一. 刑務所図書館：受刑者の更生と社会復帰のために. 出版ニュース社, 2010.

日本学生支援機構. 令和元年度（2019年度）大学, 短期大学及び高等専門学校における障害のある学生の修学支援に関する実態調査結果報告書. 2019.

日本工業標準調査会審議. 高齢者・障害者等配慮設計指針―情報通信における機器, ソフ

トウェア及びサービス―第1部：共通指針（JIS X 8341-1：2010）．日本規格協会，
  2010.

日本図書館協会．日本の図書館統計．http://www.jla.or.jp/library/statistics/tabid/94/
  Default.aspx，（参照2015-07-31）．

日本図書館協会障害者サービス委員会・著作権委員会編．障害者サービスと著作権法．第
  2版，日本図書館協会，2021.

野口武悟．「合理的配慮」の基盤としての情報のアクセシビリティ：障害のある人にもな
  い人にも情報を届けるために．情報管理，58（4），2015，p.259-270.

野口武悟．障害者サービスをめぐるこの一年．日本図書館協会図書館年鑑編集委員会編．
  図書館年鑑．日本図書館協会，2020，p.108-110.

野口武悟・成松一郎編著．多様性に出会う学校図書館：一人ひとりの自立を支える合理的
  配慮へのアプローチ．読書工房，2015.

野口武悟．戦前期日本における障害者サービスの展開：障害者自身の図書館サービスをめ
  ぐる運動と実践を中心に．図書館文化史研究，22，2005，p.73-91.

野村美佐子．マラケシュ条約：視覚障害者等への情報アクセスの保障に向けた WIPO の
  取り組み．カレントアウェアネス，321，2014，p.18-21.

溝上智恵子・呑海沙織・綿抜豊昭編著．高齢社会につなぐ図書館の役割：高齢者の知的欲
  求と余暇を受け入れる試み．学文社，2012.

茂木俊彦編集代表．特別支援教育大事典．旬報社，2010.

脇谷邦子．少年院と図書館．図書館界，58（2），2006，p.114-119.

［資料１］　障害者の権利に関する条約（抄）
(2014. 1.20公布，日本政府公定訳)

第１条　目的
　この条約は，全ての障害者によるあらゆる人権及び基本的自由の完全かつ平等な享有を促進し，保護し，及び確保すること並びに障害者の固有の尊厳の尊重を促進することを目的とする。
　障害者には，長期的な身体的，精神的，知的又は感覚的な機能障害であって，様々な障壁との相互作用により他の者との平等を基礎として社会に完全かつ効果的に参加することを妨げ得るものを有する者を含む。

第２条　定義
　この条約の適用上，
　「意思疎通」とは，言語，文字の表示，点字，触覚を使った意思疎通，拡大文字，利用しやすいマルチメディア並びに筆記，音声，平易な言葉，朗読その他の補助的及び代替的な意思疎通の形態，手段及び様式（利用しやすい情報通信機器を含む。）をいう。
　「言語」とは，音声言語及び手話その他の形態の非音声言語をいう。
　「障害に基づく差別」とは，障害に基づくあらゆる区別，排除又は制限であって，政治的，経済的，社会的，文化的，市民的その他のあらゆる分野において，他の者との平等を基礎として全ての人権及び基本的自由を認識し，享有し，又は行使することを害し，又は妨げる目的又は効果を有するものをいう。障害に基づく差別には，あらゆる形態の差別（合理的配慮の否定を含む。）を含む。
　「合理的配慮」とは，障害者が他の者との平等を基礎として全ての人権及び基本的自由を享有し，又は行使することを確保するための必要かつ適当な変更及び調整であって，特定の場合において必要とされるものであり，かつ，均衡を失した又は過度の負担を課さないものをいう。
　「ユニバーサルデザイン」とは，調整又は特別な設計を必要とすることなく，最大限可能な範囲で全ての人が使用することのできる製品，環境，計画及びサービスの設計をいう。ユニバーサルデザインは，特定の障害者の集団のための補装具が必要な場合には，これを排除するものではない。

第３条　一般原則
　この条約の原則は，次のとおりとする。
　(a)　固有の尊厳，個人の自律（自ら選択する自由を含む。）及び個人の自立の尊重
　(b)　無差別
　(c)　社会への完全かつ効果的な参加及び包容
　(d)　差異の尊重並びに人間の多様性の一部及び人類の一員としての障害者の受入れ
　(e)　機会の均等
　(f)　施設及びサービス等の利用の容易さ
　(g)　男女の平等
　(h)　障害のある児童の発達しつつある能力の尊重及び障害のある児童がその同一性を保持する権利の尊重

第４条　一般的義務
1　締約国は，障害に基づくいかなる差別もなしに，全ての障害者のあらゆる人権及び基本的自由を完全に実現することを確保し，及び促進することを約束する。このため，締約国は，次のことを約束する。
　(a)　この条約において認められる権利の実現のため，全ての適当な立法措置，行政措置その他の措置をとること。
　(b)　障害者に対する差別となる既存の法律，規則，慣習及び慣行を修正し，又は廃止するための全ての適当な措置（立法を含む。）をとること。
　(c)　全ての政策及び計画において障害者の人権の保護及び促進を考慮に入れること。
　(d)　この条約と両立しないいかなる行為又は慣行も差し控えること。また，公の当

局及び機関がこの条約に従って行動する
ことを確保すること。
(e) いかなる個人，団体又は民間企業によ
る障害に基づく差別も撤廃するための全
ての適当な措置をとること。
(f) 第二条に規定するユニバーサルデザイ
ンの製品，サービス，設備及び施設であ
って，障害者に特有のニーズを満たすた
めに必要な調節が可能な限り最小限であ
り，かつ，当該ニーズを満たすために必
要な費用が最小限であるべきものについ
ての研究及び開発を実施し，又は促進す
ること。また，当該ユニバーサルデザイ
ンの製品，サービス，設備及び施設の利
用可能性及び使用を促進すること。さら
に，基準及び指針を作成するに当たって
は，ユニバーサルデザインが当該基準及
び指針に含まれることを促進すること。
(g) 障害者に適した新たな機器（情報通信
機器，移動補助具，補装具及び支援機器
を含む。）についての研究及び開発を実
施し，又は促進し，並びに当該新たな機
器の利用可能性及び使用を促進すること。
この場合において，締約国は，負担しや
すい費用の機器を優先させる。
(h) 移動補助具，補装具及び支援機器（新
たな機器を含む。）並びに他の形態の援
助，支援サービス及び施設に関する情報
であって，障害者にとって利用しやすい
ものを提供すること。
(i) この条約において認められる権利によ
って保障される支援及びサービスをより
良く提供するため，障害者と共に行動す
る専門家及び職員に対する当該権利に関
する研修を促進すること。

第5条　平等及び無差別

1　締約国は，全ての者が，法律の前に又は
法律に基づいて平等であり，並びにいかな
る差別もなしに法律による平等の保護及び
利益を受ける権利を有することを認める。
2　締約国は，障害に基づくあらゆる差別を

禁止するものとし，いかなる理由による差
別に対しても平等かつ効果的な法的保護を
障害者に保障する。
3　締約国は，平等を促進し，及び差別を撤
廃することを目的として，合理的配慮が提
供されることを確保するための全ての適当
な措置をとる。
4　障害者の事実上の平等を促進し，又は達
成するために必要な特別の措置は，この条
約に規定する差別と解してはならない。

第9条　施設及びサービス等の利用の容易さ

1　締約国は，障害者が自立して生活し，及
び生活のあらゆる側面に完全に参加するこ
とを可能にすることを目的として，障害者
が，他の者との平等を基礎として，都市及
び農村の双方において，物理的環境，輸送
機関，情報通信（情報通信機器及び情報通
信システムを含む。）並びに公衆に開放さ
れ，又は提供される他の施設及びサービス
を利用する機会を有することを確保するた
めの適当な措置をとる。この措置は，施設
及びサービス等の利用の容易さに対する妨
げ及び障壁を特定し，及び撤廃することを
含むものとし，特に次の事項について適用
する。
(a) 建物，道路，輸送機関その他の屋内及
び屋外の施設（学校，住居，医療施設及
び職場を含む。）
(b) 情報，通信その他のサービス（電子サ
ービス及び緊急事態に係るサービスを含
む。）
2　締約国は，また，次のことのための適当
な措置をとる。
(a) 公衆に開放され，又は提供される施設
及びサービスの利用の容易さに関する最
低基準及び指針を作成し，及び公表し，
並びに当該最低基準及び指針の実施を監
視すること。
(b) 公衆に開放され，又は提供される施設
及びサービスを提供する民間の団体が，
当該施設及びサービスの障害者にとって

の利用の容易さについてあらゆる側面を考慮することを確保すること。

(c) 施設及びサービス等の利用の容易さに関して障害者が直面する問題についての研修を関係者に提供すること。

(d) 公衆に開放される建物その他の施設において，点字の表示及び読みやすく，かつ，理解しやすい形式の表示を提供すること。

(e) 公衆に開放される建物その他の施設の利用の容易さを促進するため，人又は動物による支援及び仲介する者（案内者，朗読者及び専門の手話通訳を含む。）を提供すること。

(f) 障害者が情報を利用する機会を有することを確保するため，障害者に対する他の適当な形態の援助及び支援を促進すること。

(g) 障害者が新たな情報通信機器及び情報通信システム（インターネットを含む。）を利用する機会を有することを促進すること。

(h) 情報通信機器及び情報通信システムを最小限の費用で利用しやすいものとするため，早い段階で，利用しやすい情報通信機器及び情報通信システムの設計，開発，生産及び流通を促進すること。

第19条　自立した生活及び地域社会への包容

この条約の締約国は，全ての障害者が他の者と平等の選択の機会をもって地域社会で生活する平等の権利を有することを認めるものとし，障害者が，この権利を完全に享受し，並びに地域社会に完全に包容され，及び参加することを容易にするための効果的かつ適当な措置をとる。この措置には，次のことを確保することによるものを含む。

(a) 障害者が，他の者との平等を基礎として，居住地を選択し，及びどこで誰と生活するかを選択する機会を有すること並びに特定の生活施設で生活する義務を負

わないこと。

(b) 地域社会における生活及び地域社会への包容を支援し，並びに地域社会からの孤立及び隔離を防止するために必要な在宅サービス，居住サービスその他の地域社会支援サービス（個別の支援を含む。）を障害者が利用する機会を有すること。

(c) 一般住民向けの地域社会サービス及び施設が，障害者にとって他の者との平等を基礎として利用可能であり，かつ，障害者のニーズに対応していること。

第21条　表現及び意見の自由並びに情報の利用の機会

締約国は，障害者が，第二条に定めるあらゆる形態の意思疎通であって自ら選択するものにより，表現及び意見の自由（他の者との平等を基礎として情報及び考えを求め，受け，及び伝える自由を含む。）についての権利を行使することができることを確保するための全ての適当な措置をとる。この措置には，次のことによるものを含む。

(a) 障害者に対し，様々な種類の障害に相応した利用しやすい様式及び機器により，適時に，かつ，追加の費用を伴わず，一般公衆向けの情報を提供すること。

(b) 公的な活動において，手話，点字，補助的及び代替的な意思疎通並びに障害者が自ら選択する他の全ての利用しやすい意思疎通の手段，形態及び様式を用いることを受け入れ，及び容易にすること。

(c) 一般公衆に対してサービス（インターネットによるものを含む。）を提供する民間の団体が情報及びサービスを障害者にとって利用しやすい又は使用可能な様式で提供するよう要請すること。

(d) マスメディア（インターネットを通じて情報を提供する者を含む。）がそのサービスを障害者にとって利用しやすいものとするよう奨励すること。

(e) 手話の使用を認め，及び促進すること。

第24条　教育

1　締約国は，教育についての障害者の権利を認める。締約国は，この権利を差別なしに，かつ，機会の均等を基礎として実現するため，障害者を包容するあらゆる段階の教育制度及び生涯学習を確保する。当該教育制度及び生涯学習は，次のことを目的とする。
　(a)　人間の潜在能力並びに尊厳及び自己の価値についての意識を十分に発達させ，並びに人権，基本的自由及び人間の多様性の尊重を強化すること。
　(b)　障害者が，その人格，才能及び創造力並びに精神的及び身体的な能力をその可能な最大限度まで発達させること。
　(c)　障害者が自由な社会に効果的に参加することを可能とすること。
2　締約国は，1の権利の実現に当たり，次のことを確保する。
　(a)　障害者が障害に基づいて一般的な教育制度から排除されないこと及び障害のある児童が障害に基づいて無償のかつ義務的な初等教育から又は中等教育から排除されないこと。
　(b)　障害者が，他の者との平等を基礎として，自己の生活する地域社会において，障害者を包容し，質が高く，かつ，無償の初等教育を享受することができること及び中等教育を享受することができること。
　(c)　個人に必要とされる合理的配慮が提供されること。
　(d)　障害者が，その効果的な教育を容易にするために必要な支援を一般的な教育制度の下で受けること。
　(e)　学問的及び社会的な発達を最大にする環境において，完全な包容という目標に合致する効果的で個別化された支援措置がとられること。
3　締約国は，障害者が教育に完全かつ平等に参加し，及び地域社会の構成員として完全かつ平等に参加することを容易にするた

め，障害者が生活する上での技能及び社会的な発達のための技能を習得することを可能とする。このため，締約国は，次のことを含む適当な措置をとる。
　(a)　点字，代替的な文字，意思疎通の補助的及び代替的な形態，手段及び様式並びに定位及び移動のための技能の習得並びに障害者相互による支援及び助言を容易にすること。
　(b)　手話の習得及び聾(ろう)社会の言語的な同一性の促進を容易にすること。
　(c)　盲人，聾(ろう)者又は盲聾(ろう)者（特に盲人，聾(ろう)者又は盲聾(ろう)者である児童）の教育が，その個人にとって最も適当な言語並びに意思疎通の形態及び手段で，かつ，学問的及び社会的な発達を最大にする環境において行われることを確保すること。
4　締約国は，1の権利の実現の確保を助長することを目的として，手話又は点字について能力を有する教員（障害のある教員を含む。）を雇用し，並びに教育に従事する専門家及び職員（教育のいずれの段階において従事するかを問わない。）に対する研修を行うための適当な措置をとる。この研修には，障害についての意識の向上を組み入れ，また，適当な意思疎通の補助的及び代替的な形態，手段及び様式の使用並びに障害者を支援するための教育技法及び教材の使用を組み入れるものとする。
5　締約国は，障害者が，差別なしに，かつ，他の者との平等を基礎として，一般的な高等教育，職業訓練，成人教育及び生涯学習を享受することができることを確保する。このため，締約国は，合理的配慮が障害者に提供されることを確保する。

第30条　文化的な生活，レクリエーション，余暇及びスポーツへの参加
1　締約国は，障害者が他の者との平等を基礎として文化的な生活に参加する権利を認めるものとし，次のことを確保するための全ての適当な措置をとる。

(a) 障害者が，利用しやすい様式を通じて，文化的な作品を享受する機会を有すること。

(b) 障害者が，利用しやすい様式を通じて，テレビジョン番組，映画，演劇その他の文化的な活動を享受する機会を有すること。

(c) 障害者が，文化的な公演又はサービスが行われる場所（例えば，劇場，博物館，映画館，図書館，観光サービス）を利用する機会を有し，並びに自国の文化的に重要な記念物及び場所を享受する機会をできる限り有すること。

［資料２］ 障害を理由とする差別の解消の推進に関する法律（抄）

（平成25．6.26　法律第65号）

第1章　総則

（目的）

第1条　この法律は，障害者基本法（昭和45年法律第84号）の基本的な理念にのっとり，全ての障害者が，障害者でない者と等しく，基本的人権を享有する個人としてその尊厳が重んぜられ，その尊厳にふさわしい生活を保障される権利を有することを踏まえ，障害を理由とする差別の解消の推進に関する基本的な事項，行政機関等及び事業者における障害を理由とする差別を解消するための措置等を定めることにより，障害を理由とする差別の解消を推進し，もって全ての国民が，障害の有無によって分け隔てられることなく，相互に人格と個性を尊重し合いながら共生する社会の実現に資することを目的とする。

（定義）

第2条　この法律において，次の各号に掲げる用語の意義は，それぞれ当該各号に定めるところによる。

一　障害者　身体障害，知的障害，精神障害（発達障害を含む。）その他の心身の機能の障害（以下「障害」と総称する。）がある者であって，障害及び社会的障壁により継続的に日常生活又は社会生活に相当な制限を受ける状態にあるものをいう。

二　社会的障壁　障害がある者にとって日常生活又は社会生活を営む上で障壁となるような社会における事物，制度，慣行，観念その他一切のものをいう。

三　行政機関等　国の行政機関，独立行政法人等，地方公共団体（地方公営企業法（昭和27年法律第292号）第3章の規定の適用を受ける地方公共団体の経営する企業を除く。第七号，第10条及び附則第4条第一項において同じ。）及び地方独立

行政法人をいう。

四　国の行政機関　次に掲げる機関をいう。

イ　法律の規定に基づき内閣に置かれる機関（内閣府を除く。）及び内閣の所轄の下に置かれる機関

ロ　内閣府，宮内庁並びに内閣府設置法（平成11年法律第89号）第49条第1項及び第2項に規定する機関（これらの機関のうちニの政令で定める機関が置かれる機関にあっては，当該政令で定める機関を除く。）

ハ　国家行政組織法（昭和23年法律第120号）第3条第2項に規定する機関（ホの政令で定める機関が置かれる機関にあっては，当該政令で定める機関を除く。）

ニ　内閣府設置法第39条及び第55条並びに宮内庁法（昭和22年法律第70号）第16条第2項の機関並びに内閣府設置法第40条及び第56条（宮内庁法第18条第1項において準用する場合を含む。）の特別の機関で，政令で定めるもの

ホ　国家行政組織法第8条の二の施設等機関及び同法第8条の三の特別の機関で，政令で定めるもの

ヘ　会計検査院

五　独立行政法人等　次に掲げる法人をいう。

イ　独立行政法人（独立行政法人通則法（平成11年法律第103号）第2条第1項に規定する独立行政法人をいう。ロにおいて同じ。）

ロ　法律により直接に設立された法人，特別の法律により特別の設立行為をもって設立された法人（独立行政法人を除く。）又は特別の法律により設立され，かつ，その設立に関し行政庁の認可を要する法人のうち，政令で定める

もの

六　地方独立行政法人　地方独立行政法人法（平成15年法律第108号）第2条第1項に規定する地方独立行政法人（同法第21条第三号に掲げる業務を行うものを除く。）をいう。

七　事業者　商業その他の事業を行う者（国、独立行政法人等、地方公共団体及び地方独立行政法人を除く。）をいう。

（国及び地方公共団体の責務）

第3条　国及び地方公共団体は、この法律の趣旨にのっとり、障害を理由とする差別の解消の推進に関して必要な施策を策定し、及びこれを実施しなければならない。

（国民の責務）

第4条　国民は、第1条に規定する社会を実現する上で障害を理由とする差別の解消が重要であることに鑑み、障害を理由とする差別の解消の推進に寄与するよう努めなければならない。

（社会的障壁の除去の実施についての必要かつ合理的な配慮に関する環境の整備）

第5条　行政機関等及び事業者は、社会的障壁の除去の実施についての必要かつ合理的な配慮を的確に行うため、自ら設置する施設の構造の改善及び設備の整備、関係職員に対する研修その他の必要な環境の整備に努めなければならない。

**第2章　障害を理由とする差別の
解消の推進に関する基本方針**

第6条　政府は、障害を理由とする差別の解消の推進に関する施策を総合的かつ一体的に実施するため、障害を理由とする差別の解消の推進に関する基本方針（以下「基本方針」という。）を定めなければならない。

2　基本方針は、次に掲げる事項について定めるものとする。

一　障害を理由とする差別の解消の推進に関する施策に関する基本的な方向

二　行政機関等が講ずべき障害を理由とする差別を解消するための措置に関する基本的な事項

三　事業者が講ずべき障害を理由とする差別を解消するための措置に関する基本的な事項

四　その他障害を理由とする差別の解消の推進に関する施策に関する重要事項

3　内閣総理大臣は、基本方針の案を作成し、閣議の決定を求めなければならない。

4　内閣総理大臣は、基本方針の案を作成しようとするときは、あらかじめ、障害者その他の関係者の意見を反映させるために必要な措置を講ずるとともに、障害者政策委員会の意見を聴かなければならない。

5　内閣総理大臣は、第3項の規定による閣議の決定があったときは、遅滞なく、基本方針を公表しなければならない。

6　前3項の規定は、基本方針の変更について準用する。

第3章　行政機関等及び事業者における障害を理由とする差別を解消するための措置

（行政機関等における障害を理由とする差別の禁止）

第7条　行政機関等は、その事務又は事業を行うに当たり、障害を理由として障害者でない者と不当な差別的取扱いをすることにより、障害者の権利利益を侵害してはならない。

2　行政機関等は、その事務又は事業を行うに当たり、障害者から現に社会的障壁の除去を必要としている旨の意思の表明があった場合において、その実施に伴う負担が過重でないときは、障害者の権利利益を侵害することとならないよう、当該障害者の性別、年齢及び障害の状態に応じて、社会的障壁の除去の実施について必要かつ合理的な配慮をしなければならない。

（事業者における障害を理由とする差別の禁止）

第8条　事業者は、その事業を行うに当たり、障害を理由として障害者でない者と不当な差別的取扱いをすることにより、障害者の

権利利益を侵害してはならない。

2　事業者は，その事業を行うに当たり，障害者から現に社会的障壁の除去を必要としている旨の意思の表明があった場合において，その実施に伴う負担が過重でないときは，障害者の権利利益を侵害することとならないよう，当該障害者の性別，年齢及び障害の状態に応じて，社会的障壁の除去の実施について必要かつ合理的な配慮をするように努めなければならない。

第4章　障害を理由とする差別を解消するための支援措置

（相談及び紛争の防止等のための体制の整備）

第14条　国及び地方公共団体は，障害者及びその家族その他の関係者からの障害を理由とする差別に関する相談に的確に応ずるとともに，障害を理由とする差別に関する紛争の防止又は解決を図ることができるよう必要な体制の整備を図るものとする。

（啓発活動）

第15条　国及び地方公共団体は，障害を理由とする差別の解消について国民の関心と理解を深めるとともに，特に，障害を理由とする差別の解消を妨げている諸要因の解消を図るため，必要な啓発活動を行うものとする。

［資料３］　視覚障害者等の読書環境の整備の推進に関する法律

(令和 1. 6.28　法律第49号)

第1章　総則

(目的)

第1条　この法律は，視覚障害者等の読書環境の整備の推進に関し，基本理念を定め，並びに国及び地方公共団体の責務を明らかにするとともに，基本計画の策定その他の視覚障害者等の読書環境の整備の推進に関する施策の基本となる事項を定めること等により，視覚障害者等の読書環境の整備を総合的かつ計画的に推進し，もって障害の有無にかかわらず全ての国民が等しく読書を通じて文字・活字文化（文字・活字文化振興法（平成17年法律第91号）第2条に規定する文字・活字文化をいう。）の恵沢を享受することができる社会の実現に寄与することを目的とする。

(定義)

第2条　この法律において「視覚障害者等」とは，視覚障害，発達障害，肢体不自由その他の障害により，書籍（雑誌，新聞その他の刊行物を含む。以下同じ。）について，視覚による表現の認識が困難な者をいう。

2　この法律において「視覚障害者等が利用しやすい書籍」とは，点字図書，拡大図書その他の視覚障害者等がその内容を容易に認識することができる書籍をいう。

3　この法律において「視覚障害者等が利用しやすい電子書籍等」とは，電子書籍その他の書籍に相当する文字，音声，点字等の電磁的記録（電子的方式，磁気的方式その他人の知覚によっては認識することができない方式で作られる記録をいう。第11条第2項及び第12条第2項において同じ。）であって，電子計算機等を利用して視覚障害者等がその内容を容易に認識することができるものをいう。

(基本理念)

第3条　視覚障害者等の読書環境の整備の推進は，次に掲げる事項を旨として行われなければならない。

一　視覚障害者等が利用しやすい電子書籍等が視覚障害者等の読書に係る利便性の向上に著しく資する特性を有することに鑑み，情報通信その他の分野における先端的な技術等を活用して視覚障害者等が利用しやすい電子書籍等の普及が図られるとともに，視覚障害者等の需要を踏まえ，引き続き，視覚障害者等が利用しやすい書籍が提供されること。

二　視覚障害者等が利用しやすい書籍及び視覚障害者等が利用しやすい電子書籍等（以下「視覚障害者等が利用しやすい書籍等」という。）の量的拡充及び質の向上が図られること。

三　視覚障害者等の障害の種類及び程度に応じた配慮がなされること。

(国の責務)

第4条　国は，前条の基本理念にのっとり，視覚障害者等の読書環境の整備の推進に関する施策を総合的に策定し，及び実施する責務を有する。

(地方公共団体の責務)

第5条　地方公共団体は，第3条の基本理念にのっとり，国との連携を図りつつ，その地域の実情を踏まえ，視覚障害者等の読書環境の整備の推進に関する施策を策定し，及び実施する責務を有する。

(財政上の措置等)

第6条　政府は，視覚障害者等の読書環境の整備の推進に関する施策を実施するため必要な財政上の措置その他の措置を講じなければならない。

第2章　基本計画等

(基本計画)

第7条　文部科学大臣及び厚生労働大臣は，視覚障害者等の読書環境の整備の推進に関

する施策の総合的かつ計画的な推進を図る
ため，視覚障害者等の読書環境の整備の推
進に関する基本的な計画（以下この章にお
いて「基本計画」という。）を定めなけれ
ばならない。

2　基本計画は，次に掲げる事項について定
めるものとする。

　　一　視覚障害者等の読書環境の整備の推進
　　　に関する施策についての基本的な方針

　　二　視覚障害者等の読書環境の整備の推進
　　　に関し政府が総合的かつ計画的に講ずべ
　　　き施策

　　三　前2号に掲げるもののほか，視覚障害
　　　者等の読書環境の整備の推進に関する施
　　　策を総合的かつ計画的に推進するために
　　　必要な事項

3　文部科学大臣及び厚生労働大臣は，基本
計画を策定しようとするときは，あらかじ
め，経済産業大臣，総務大臣その他の関係
行政機関の長に協議しなければならない。

4　文部科学大臣及び厚生労働大臣は，基本
計画を策定しようとするときは，あらかじ
め，視覚障害者等その他の関係者の意見を
反映させるために必要な措置を講ずるもの
とする。

5　文部科学大臣及び厚生労働大臣は，基本
計画を策定したときは，遅滞なく，これを
インターネットの利用その他適切な方法に
より公表しなければならない。

6　前3項の規定は，基本計画の変更につい
て準用する。

（地方公共団体の計画）

第8条　地方公共団体は，基本計画を勘案し
て，当該地方公共団体における視覚障害者
等の読書環境の整備の状況等を踏まえ，当
該地方公共団体における視覚障害者等の読
書環境の整備の推進に関する計画を定める
よう努めなければならない。

2　地方公共団体は，前項の計画を定めよう
とするときは，あらかじめ，視覚障害者等
その他の関係者の意見を反映させるために
必要な措置を講ずるよう努めるものとする。

3　地方公共団体は，第1項の計画を定めた
ときは，遅滞なく，これを公表するよう努
めなければならない。

4　前2項の規定は，第1項の計画の変更に
ついて準用する。

第3章　基本的施策

**（視覚障害者等による図書館の利用に係る
体制の整備等）**

第9条　国及び地方公共団体は，公立図書館，
大学及び高等専門学校の附属図書館並びに
学校図書館（以下「公立図書館等」とい
う。）並びに国立国会図書館について，
各々の果たすべき役割に応じ，点字図書館
とも連携して，視覚障害者等が利用しやす
い書籍等の充実，視覚障害者等が利用しや
すい書籍等の円滑な利用のための支援の充
実その他の視覚障害者等によるこれらの図
書館の利用に係る体制の整備が行われるよ
う，必要な施策を講ずるものとする。

2　国及び地方公共団体は，点字図書館につ
いて，視覚障害者等が利用しやすい書籍等
の充実，公立図書館等に対する視覚障害者
等が利用しやすい書籍等の利用に関する情
報提供その他の視覚障害者等が利用しやす
い書籍等を視覚障害者が十分かつ円滑に利
用することができるようにするための取組
の促進に必要な施策を講ずるものとする。

**（インターネットを利用したサービスの提
供体制の強化）**

第10条　国及び地方公共団体は，視覚障害
者等がインターネットを利用して全国各地
に存する視覚障害者等が利用しやすい書籍
等を十分かつ円滑に利用することができる
ようにするため，次に掲げる施策その他の
必要な施策を講ずるものとする。

　　一　点字図書館等から著作権法（昭和45年
　　　法律第48号）第37条第2項又は第3項本
　　　文の規定により製作される視覚障害者等
　　　が利用しやすい電子書籍等（以下「特定
　　　電子書籍等」という。）であってインタ

ーネットにより送信することができるもの及び当該点字図書館等の有する視覚障害者等が利用しやすい書籍等に関する情報の提供を受け，これらをインターネットにより視覚障害者等に提供する全国的なネットワークの運営に対する支援
二　視覚障害者等が利用しやすい書籍等に係るインターネットを利用したサービスの提供についての国立国会図書館，前号のネットワークを運営する者，公立図書館等，点字図書館及び特定電子書籍等の製作を行う者の間の連携の強化

（特定書籍及び特定電子書籍等の製作の支援）
第11条　国及び地方公共団体は，著作権法第37条第1項又は第3項本文の規定により製作される視覚障害者等が利用しやすい書籍（以下「特定書籍」という。）及び特定電子書籍等の製作を支援するため，製作に係る基準の作成等のこれらの質の向上を図るための取組に対する支援その他の必要な施策を講ずるものとする。
2　国は，特定書籍及び特定電子書籍等の効率的な製作を促進するため，出版を行う者（次条及び第18条において「出版者」という。）からの特定書籍又は特定電子書籍等の製作を行う者に対する書籍に係る電磁的記録の提供を促進するための環境の整備に必要な支援その他の必要な施策を講ずるものとする。

（視覚障害者等が利用しやすい電子書籍等の販売等の促進等）
第12条　国は，視覚障害者等が利用しやすい電子書籍等の販売等が促進されるよう，技術の進歩を適切に反映した規格等の普及の促進，著作権者と出版者との契約に関する情報提供その他の必要な施策を講ずるものとする。
2　国は，書籍を購入した視覚障害者等からの求めに応じて出版者が当該書籍に係る電磁的記録の提供を行うことその他の出版者

からの視覚障害者等に対する書籍に係る電磁的記録の提供を促進するため，その環境の整備に関する関係者間における検討に対する支援その他の必要な施策を講ずるものとする。

（外国からの視覚障害者等が利用しやすい電子書籍等の入手のための環境の整備）
第13条　国は，視覚障害者等が，盲人，視覚障害者その他の印刷物の判読に障害のある者が発行された著作物を利用する機会を促進するためのマラケシュ条約の枠組みに基づき，視覚障害者等が利用しやすい電子書籍等であってインターネットにより送信することができるものを外国から十分かつ円滑に入手することができるよう，その入手に関する相談体制の整備その他のその入手のための環境の整備について必要な施策を講ずるものとする。

（端末機器等及びこれに関する情報の入手の支援）
第14条　国及び地方公共団体は，視覚障害者等が利用しやすい電子書籍等を利用するための端末機器等及びこれに関する情報を視覚障害者等が入手することを支援するため，必要な施策を講ずるものとする。

（情報通信技術の習得支援）
第15条　国及び地方公共団体は，視覚障害者等が利用しやすい電子書籍等を利用するに当たって必要となる情報通信技術を視覚障害者等が習得することを支援するため，講習会及び巡回指導の実施の推進その他の必要な施策を講ずるものとする。

（研究開発の推進等）
第16条　国は，視覚障害者等が利用しやすい電子書籍等及びこれを利用するための端末機器等について，視覚障害者等の利便性の一層の向上を図るため，これらに係る先端的な技術等に関する研究開発の推進及びその成果の普及に必要な施策を講ずるものとする。

（人材の育成等）

第17条　国及び地方公共団体は，特定書籍及び特定電子書籍等の製作並びに公立図書館等，国立国会図書館及び点字図書館における視覚障害者等が利用しやすい書籍等の円滑な利用のための支援に係る人材の育成，資質の向上及び確保を図るため，研修の実施の推進，広報活動の充実その他の必要な施策を講ずるものとする。

第4章　協議の場等

第18条　国は，視覚障害者等の読書環境の整備の推進に関する施策の効果的な推進を図るため，文部科学省，厚生労働省，経済産業省，総務省その他の関係行政機関の職員，国立国会図書館，公立図書館等，点字図書館，第10条第1号のネットワークを運営する者，特定書籍又は特定電子書籍等の製作を行う者，出版者，視覚障害者等その他の関係者による協議の場を設けることその他関係者の連携協力に関し必要な措置を講ずるものとする。

附　則

この法律は，公布の日から施行する。

[資料４]　　　　　　　著作権法（抄）

（昭和45. 5. 6　法律第48号）
（改正　令和 2. 6.12　法律第48号）

（視覚障害者等のための複製等）
第37条　公表された著作物は，点字により複製することができる。

2　公表された著作物については，電子計算機を用いて点字を処理する方式により，記録媒体に記録し，又は公衆送信（放送又は有線放送を除き，自動公衆送信の場合にあつては送信可能化を含む。次項において同じ。）を行うことができる。

3　視覚障害その他の障害により視覚による表現の認識が困難な者（以下この項及び第102条第４項において「視覚障害者等」という。）の福祉に関する事業を行う者で政令で定めるものは，公表された著作物であつて，視覚によりその表現が認識される方式（視覚及び他の知覚により認識される方式を含む。）により公衆に提供され，又は提示されているもの（当該著作物以外の著作物で，当該著作物において複製されているものその他当該著作物と一体として公衆に提供され，又は提示されているものを含む。以下この項及び同条第４項において「視覚著作物」という。）について，専ら視覚障害者等で当該方式によつては当該視覚著作物を利用することが困難な者の用に供するために必要と認められる限度において，当該視覚著作物に係る文字を音声にすることその他当該視覚障害者等が利用するために必要な方式により，複製し，又は公衆送信を行うことができる。ただし，当該視覚著作物について，著作権者又はその許諾を得た者若しくは第79条の出版権の設定を受けた者若しくはその複製許諾若しくは公衆送信許諾を得た者により，当該方式による公衆への提供又は提示が行われている場合は，この限りでない。

（聴覚障害者等のための複製等）

第37条の２　聴覚障害者その他聴覚による表現の認識に障害のある者（以下この条及び次条第５項において「聴覚障害者等」という。）の福祉に関する事業を行う者で次の各号に掲げる利用の区分に応じて政令で定めるものは，公表された著作物であつて，聴覚によりその表現が認識される方式（聴覚及び他の知覚により認識される方式を含む。）により公衆に提供され，又は提示されているもの（当該著作物以外の著作物で，当該著作物において複製されているものその他当該著作物と一体として公衆に提供され，又は提示されているものを含む。以下この条において「聴覚著作物」という。）について，専ら聴覚障害者等で当該方式によつては当該聴覚著作物を利用することが困難な者の用に供するために必要と認められる限度において，それぞれ当該各号に掲げる利用を行うことができる。ただし，当該聴覚著作物について，著作権者又はその許諾を得た者若しくは第79条の出版権の設定を受けた者若しくはその複製許諾若しくは公衆送信許諾を得た者により，当該聴覚障害者等が利用するために必要な方式による公衆への提供又は提示が行われている場合は，この限りでない。

一　当該聴覚著作物に係る音声について，これを文字にすることその他当該聴覚障害者等が利用するために必要な方式により，複製し，又は自動公衆送信（送信可能化を含む。）を行うこと。

二　専ら当該聴覚障害者等向けの貸出しの用に供するため，複製すること（当該聴覚著作物に係る音声を文字にすることその他当該聴覚障害者等が利用するために必要な方式による当該音声の複製と併せて行うものに限る。）。

（営利を目的としない上演等）

第38条　公表された著作物は，営利を目的
とせず，かつ，聴衆又は観衆から料金（い
ずれの名義をもつてするかを問わず，著作
物の提供又は提示につき受ける対価をいう。
以下この条において同じ。）を受けない場
合には，公に上演し，演奏し，上映し，又
は口述することができる。ただし，当該上
演，演奏，上映又は口述について実演家又
は口述を行う者に対し報酬が支払われる場
合は，この限りでない。

2　放送される著作物は，営利を目的とせず，
かつ，聴衆又は観衆から料金を受けない場
合には，有線放送し，又は専ら当該放送に
係る放送対象地域において受信されること
を目的として自動公衆送信（送信可能化の
うち，公衆の用に供されている電気通信回
線に接続している自動公衆送信装置に情報
を入力することによるものを含む。）を行
うことができる。

3　放送され，又は有線放送される著作物
（放送される著作物が自動公衆送信される
場合の当該著作物を含む。）は，営利を目
的とせず，かつ，聴衆又は観衆から料金を
受けない場合には，受信装置を用いて公に
伝達することができる。通常の家庭用受信
装置を用いてする場合も，同様とする。

4　公表された著作物（映画の著作物を除
く。）は，営利を目的とせず，かつ，その
複製物の貸与を受ける者から料金を受けな
い場合には，その複製物（映画の著作物に
おいて複製されている著作物にあつては，
当該映画の著作物の複製物を除く。）の貸
与により公衆に提供することができる。

5　映画フィルムその他の視聴覚資料を公衆
の利用に供することを目的とする視聴覚教
育施設その他の施設（営利を目的として設
置されているものを除く。）で政令で定め
るもの及び聴覚障害者等の福祉に関する事
業を行う者で前条の政令で定めるもの（同
条第2号に係るものに限り，営利を目的と
して当該事業を行うものを除く。）は，公
表された映画の著作物を，その複製物の貸
与を受ける者から料金を受けない場合には，
その複製物の貸与により頒布することがで
きる。この場合において，当該頒布を行う
者は，当該映画の著作物又は当該映画の著
作物において複製されている著作物につき
第26条に規定する権利を有する者（第28条
の規定により第26条に規定する権利と同一
の権利を有する者を含む。）に相当な額の
補償金を支払わなければならない。

[資料５]　　　　　著作権法施行令（抄）

$$\left(\begin{array}{l}\text{昭和45.12.10　政令第335号}\\ \text{改正　令和 2.12.23　政令第364号}\end{array}\right)$$

（視覚障害者等のための複製等が認められる者）

第２条　法第37条第３項（法第86条第１項及び第３項並びに第102条第１項において準用する場合を含む。）の政令で定める者は，次に掲げる者とする。

一　次に掲げる施設を設置して視覚障害者等のために情報を提供する事業を行う者（イ，ニ又はチに掲げる施設を設置する者にあつては国，地方公共団体又は一般社団法人等，ホに掲げる施設を設置する者にあつては地方公共団体，公益社団法人又は公益財団法人に限る。）

イ　児童福祉法（昭和22年法律第164号）第７条第１項の障害児入所施設及び児童発達支援センター

ロ　大学等の図書館及びこれに類する施設

ハ　国立国会図書館

ニ　身体障害者福祉法（昭和24年法律第283号）第５条第１項の視聴覚障害者情報提供施設

ホ　図書館法第２条第１項の図書館（司書等が置かれているものに限る。）

ヘ　学校図書館法（昭和28年法律第185号）第２条の学校図書館

ト　老人福祉法（昭和38年法律第133号）第５条の３の養護老人ホーム及び特別養護老人ホーム

チ　障害者の日常生活及び社会生活を総合的に支援するための法律（平成17年法律第123号）第５条第11項に規定する障害者支援施設及び同条第１項に規定する障害福祉サービス事業（同条第７項に規定する生活介護，同条第12項に規定する自立訓練，同条第13項に規定する就労移行支援又は同条第14項に規定する就労継続支援を行う事業に限る。）を行う施設

二　前号に掲げる者のほか，視覚障害者等のために情報を提供する事業を行う法人（法第２条第６項に規定する法人をいう。以下同じ。）で次に掲げる要件を満たすもの

イ　視覚障害者等のための複製又は公衆送信（放送又は有線放送を除き，自動公衆送信の場合にあつては送信可能化を含む。ロにおいて同じ。）を的確かつ円滑に行うことができる技術的能力及び経理的基礎を有していること。

ロ　視覚障害者等のための複製又は公衆送信を適正に行うために必要な法に関する知識を有する職員が置かれていること。

ハ　情報を提供する視覚障害者等の名簿を作成していること（当該名簿を作成している第三者を通じて情報を提供する場合にあつては，当該名簿を確認していること）。

ニ　法人の名称並びに代表者（法人格を有しない社団又は財団の管理人を含む。以下同じ。）の氏名及び連絡先その他文部科学省令で定める事項について，文部科学省令で定めるところにより，公表していること。

三　視覚障害者等のために情報を提供する事業を行う法人のうち，当該事業の実施体制が前号イからハまでに掲げるものに準ずるものとして文化庁長官が指定するもの

2　文化庁長官は，前項第３号の規定による指定をしたときは，その旨をインターネットの利用その他の適切な方法により公表するものとする。

（聴覚障害者等のための複製等が認められる者）

第２条の２ 法第37条の２（法第86条第１項及び第３項並びに第102条第１項において準用する場合を含む。）の政令で定める者は，次の各号に掲げる利用の区分に応じて当該各号に定める者とする。

一　法第37条の２第１号（法第86条第１項及び第３項において準用する場合を含む。）に掲げる利用　次に掲げる者

イ　身体障害者福祉法第５条第１項の視聴覚障害者情報提供施設を設置して聴覚障害者等のために情報を提供する事業を行う者（国，地方公共団体又は一般社団法人等に限る。）

ロ　イに掲げる者のほか，聴覚障害者等のために情報を提供する事業を行う法人のうち，聴覚障害者等のための複製又は自動公衆送信（送信可能化を含む。）を的確かつ円滑に行うことができる技術的能力，経理的基礎その他の体制を有するものとして文化庁長官が指定するもの

二　法第37条の２第２号（法第86条第１項及び第102条第１項において準用する場合を含む。以下この号において同じ。）に掲げる利用　次に掲げる者（法第37条の２第２号の規定の適用を受けて作成された複製物の貸出しを文部科学省令で定める基準に従つて行う者に限る。）

イ　次に掲げる施設を設置して聴覚障害者等のために情報を提供する事業を行う者（(2)に掲げる施設を設置する者にあつては国，地方公共団体又は一般社団法人等，(3)に掲げる施設を設置する者にあつては地方公共団体，公益社団法人又は公益財団法人に限る。）

(1)　大学等の図書館及びこれに類する施設

(2)　身体障害者福祉法第５条第１項の視聴覚障害者情報提供施設

(3)　図書館法第２条第１項の図書館（司書等が置かれているものに限る。）

(4)　学校図書館法第２条の学校図書館

ロ　イに掲げる者のほか，聴覚障害者等のために情報を提供する事業を行う法人のうち，聴覚障害者等のための複製を的確かつ円滑に行うことができる技術的能力，経理的基礎その他の体制を有するものとして文化庁長官が指定するもの

2　文化庁長官は，前項第１号ロ又は第２号ロの規定による指定をしたときは，その旨をインターネットの利用その他の適切な方法により公表するものとする。

（映画の著作物の複製物の貸与が認められる施設）

第２条の３ 法第38条第５項の政令で定める施設は，次に掲げるものとする。

一　国又は地方公共団体が設置する視聴覚教育施設

二　図書館法第２条第１項の図書館

三　前二号に掲げるもののほか，国，地方公共団体又は一般社団法人等が設置する施設で，映画フィルムその他の視聴覚資料を収集し，整理し，保存して公衆の利用に供する業務を行うもののうち，文化庁長官が指定するもの

2　文化庁長官は，前項第三号の規定による指定をしたときは，その旨をインターネットの利用その他の適切な方法により公表するものとする。

**[資料6]　図書館の障害者サービスにおける著作権法第37条第3項
に基づく著作物の複製等に関するガイドライン**

2010.　2.18
2013.　9.　2　別表一部修正
2019.　11.　1　一部改定
国公私立大学図書館協力委員会
（公社）全国学校図書館協議会
全国公共図書館協議会
専門図書館協議会
（公社）日本図書館協会

（目的）

1　このガイドラインは，著作権法第37条第3項に規定される権利制限に基づいて，「視覚障害その他の障害により視覚による表現の認識が困難な者」（以下このガイドラインにおいて「視覚障害者等」という）に対して図書館サービスを実施しようとする図書館が，著作物の複製，譲渡，公衆送信を行う場合に，その取り扱いの指針を示すことを目的とする。

（経緯）

2　2009（平成21）年6月19日に公布された著作権法の一部を改正する法律（平成21年法律第53号）が，一部を除き2010（平成22）年1月1日から施行された。図書館が，法律改正の目的を達成し，法の的確な運用を行うためには，「図書館における著作物の利用に関する当事者協議会」を構成する標記図書館団体（以下「図書館団体」という。）は，ガイドラインの策定が必要であるとの意見でまとまった。そのため，図書館団体は，著作者の権利に留意しつつ図書館利用者の便宜を図るために，同協議会を構成する権利者団体（以下「権利者団体」という。）と協議を行い，権利者団体の理解の下にこのガイドラインを策定することとした。

（本ガイドラインの対象となる図書館）

3　このガイドラインにおいて，図書館とは，著作権法施行令第2条第1項各号に定める図書館をいう。

（資料を利用できる者）

4　著作権法第37条第3項により複製された資料（以下「視覚障害者等用資料」という。）を利用できる「視覚障害者等」とは，別表1に例示する状態にあって，視覚著作物をそのままの方式では利用することが困難な者をいう。

5　前項に該当する者が，図書館において視覚障害者等用資料を利用しようとする場合は，一般の利用者登録とは別の登録を行う。その際，図書館は別表2「利用登録確認項目リスト」を用いて，前項に該当することについて確認する。当該図書館に登録を行っていない者に対しては，図書館は視覚障害者等用資料を利用に供さない。

（図書館が行う複製（等）の種類）

6　著作権法第37条第3項にいう「当該視覚障害者等が利用するために必要な方式」とは，次

に掲げる方式等，視覚障害者等が利用しようとする当該視覚著作物にアクセスすることを保障する方式をいう。

録音，拡大文字，テキストデータ，マルチメディアデイジー，布の絵本，触図・触地図，ピクトグラム，リライト（録音に伴うもの，拡大に伴うもの），各種コード化（SP コードなど），映像資料のサウンドを映像の音声解説とともに録音すること等

（図書館間協力）

7　視覚障害者等のための複製（等）が重複することのむだを省くため，視覚障害者等用資料の図書館間の相互貸借は積極的に行われるものとする。また，それを円滑に行うための体制の整備を図る。

（複製の品質）

8　図書館は第6項に示す複製（等）の質の向上に努める。そのために図書館は担当者の研修を行い，技術水準の維持を確保する。図書館団体は，研修に関して積極的に支援する。

（市販される資料との関係）

9　著作権法第37条第3項ただし書に関して，図書館は次のように取り扱う。

(1)　市販されるもので，次のa）～d）に示すものは，著作権法第37条第3項ただし書に該当しないものとする。

a）当該視覚著作物の一部分を提供するもの

b）録音資料において，朗読する者が演劇のように読んだり，個々の独特の表現方法で読んでいるもの

c）利用者の要求がデイジー形式の場合，それ以外の方式によるもの

d）インターネットのみでの販売などで，視覚障害者等が入手しにくい状態にあるもの（ただし，当面の間に限る。また，図書館が入手し障害者等に提供できるものはこの限りでない。）

(2)　図書館は，第6項に示す複製（等）を行おうとする方式と同様の方式による市販資料の存在を確認するため，別に定める「著作権法第37条第3項ただし書該当資料確認リスト」を参照する。当該方式によるオンデマンド出版もこれに含む。なお，個々の情報については，以下に例示するように具体的にどのような配慮がなされているかが示されていることを要件とする。

また，販売予定（販売日を示したもの）も同様に扱う。

（資料種別と具体的配慮内容）

例：音声デイジー，マルチメディアデイジー（収録データ形式），大活字図書（字体とポイント数），テキストデータ，触ってわかる絵本，リライト

(3)　前記(2)の「著作権法第37条第3項ただし書該当資料確認リスト」は日本図書館協会のサイト内に置く。日本図書館協会は，その情報を適時確認し更新を行う。出版社などが新たに販売を開始した場合は日本図書館協会に連絡することにより，このリストに掲載

することができる。

(4) 前記(2)の販売予定の場合，販売予告提示からその販売予定日が1か月以内までのものを「提供または提示された資料」として扱う。ただし，予定販売日を1か月超えても販売されていない場合は，図書館は第6項に示す複製（等）を開始することができる。

(5) 図書館が視覚障害者等用資料の複製（等）を開始した後に販売情報が出された場合であっても，図書館は引き続き当該複製（等）を継続し，かつ複製物の提供を行うことができる。ただし，公衆送信は中止する。

（ガイドラインの見直し）

10 本ガイドラインは，社会状況の変化等に応じて随時見直し，改訂を行う。その際は，「図書館における著作物の利用に関する当事者協議会」における検討を尊重する。

（附則）

1 2018（平成30）年5月25日に公布された著作権法の一部を改正する法律（平成30年法律第30号）（平成31年1月1日施行）に合わせ，ガイドラインの一部を修正することとした。

以上

別表1

視覚障害	発達障害
聴覚障害	学習障害
肢体障害	いわゆる「寝たきり」の状態
精神障害	一過性の障害
知的障害	入院患者
内部障害	その他図書館が認めた障害

別表2

※ガイドラインに基づき，図書館職員が「視覚障害その他の障害により視覚による表現の認識が困難な者」を判断するための一助としてこのリストを作成する。以下の項目のいずれかに該当する場合は，図書館の障害者サービスの利用者として登録ができる。（本人以外の家族等代理人によるものも含む）

利用登録確認項目リスト

チェック欄	確認事項
	身体障害者手帳の所持　［　　　］級（注）
	精神障害者保健福祉手帳の所持　［　　　］級
	療育手帳の所持　［　　　］級

	医療機関・医療従事者からの証明書がある
	福祉窓口等から障害の状態を示す文書がある
	学校・教師から障害の状態を示す文書がある
	職場から障害の状態を示す文書がある
	学校における特別支援を受けているか受けていた
	福祉サービスを受けている
	ボランティアのサポートを受けている
	家族やヘルパーに文書類を読んでもらっている
	活字をそのままの大きさでは読めない
	活字を長時間集中して読むことができない
	目で読んでも内容が分からない，あるいは内容を記憶できない
	身体の病臥状態やまひ等により，資料を持ったりページをめくったりできない
	その他，原本をそのままの形では利用できない

注　（身体障害者手帳における障害の種類）視覚，聴覚，平衡，音声，言語，咀嚼，上肢，下肢，
　　体幹，運動 - 上肢，運動 - 移動，心臓，腎臓，呼吸器，膀胱，直腸，小腸，免疫など（身体障
　　害者福祉法別表による）

[**資料7**]「図書館利用における障害者差別の解消に関する宣言」

2015. 12. 18
公益社団法人日本図書館協会

2016年4月1日に予定される「障害を理由とする差別の解消の推進に関する法律」（障害者差別解消法）の施行を控え，

・国際障害者年（1981年）の全国図書館大会（埼玉大会）全体会における「著作権問題の解決を求める決議」とその後の著作権法改正活動を含む図書館利用に障害がある人々へのサービス（障害者サービス）の発展を回顧し，

・障害者の権利に関する条約（障害者権利条約）が，その第二十一条で締約国に「障害者に対し，様々な種類の障害に相応した利用しやすい様式及び機器により，適時に，かつ，追加の費用を伴わず，一般公衆向けの情報を提供すること」を求めていることに特に留意するとともに，障害者との意思疎通に努め，

・全国のすべての図書館と図書館職員が，合理的配慮の提供と必要な環境整備とを通じて，図書館利用における障害者差別の解消に，利用者と手を携えて取り組むことを宣言する。

（この宣言は，2015年第101回全国図書館大会（東京大会）障害者サービス分科会に提案し参加者に承認されたものである。

日本図書館協会ではこれを協会宣言として発表し，全国のあらゆる図書館及びその職員に対し，障害者権利条約でいう合理的配慮の提供と基礎的環境整備を行うことで，図書館利用における障害者差別の解消，つまりすべての人が利用できる図書館に図書館自らが変わるべきことを求める。）

［資料8］　図書館における障害を理由とする差別の解消の推進に関するガイドライン（抄）

2016. 3.18
公益社団法人日本図書館協会
（製作責任　障害者サービス委員会）

1　基本事項

（1）ガイドラインの目的

　「障害者の権利に関する条約」（通称「障害者権利条約」，以下「権利条約」という。）とそれを受けて制定された「障害を理由とする差別の解消の推進に関する法律」（通称「障害者差別解消法」，以下「差別解消法」という。）では，2016年4月から図書館等公的機関に障害者への合理的配慮の提供を義務付けている。（私立図書館などの民間の事業者には努力義務となっているが，差別解消法基本方針（閣議決定）により指定管理によるなどの公立民営の図書館にも合理的配慮の提供が義務となっている）

　差別解消法の要点は，障害者を含むあらゆる人が，社会で平等に生きていくことを社会自らが保障することを目的とするもので，「不当な差別的取扱いの禁止」「合理的配慮の提供」「基礎的環境整備」により，障害を理由とする差別の解消を推進するものである。

　この法の理念は日本社会の障害者に対するあり方を根本的に変えるものであり，公益社団法人日本図書館協会はその重要性を考え2015年12月「図書館利用における障害者差別の解消に関する宣言」を発表し，その推進に取り組む決意を示した。

　しかし，合理的配慮の提供や基礎的環境整備という言葉は聞きなれないものであり，現場で実際にどのようなことが求められ，どのように対応すべきなのか不安の声も聞かれる。そこで，差別や合理的配慮の事例を示し，図書館での具体的な取り組み方法を明らかにすることを目的にこのガイドラインを作成した。

　図書館には従来から「図書館利用に障害のある人々へのサービス」（障害者サービス）の実践例がある。これは，誰もが使える図書館に図書館自らが変わっていかなくてはならないという理念で行われてきたもので，権利条約の考え方は真にその活動を裏付けるものとなった。とはいえ，現状で一定水準以上の障害者サービスを実施している図書館はまだまだ少ない。図書館は差別解消法の施行を契機とし，積極的な取り組みを行うとともに，社会に対し範となることが求められている。

　また，多くの図書館は地方公共団体に属している。さらに私立図書館も含め，国や地方公共団体が作成する差別解消法に基づく対応要領や対応指針により規定される。（これらについては参考資料を参照）そこで，本ガイドラインは合理的配慮の提供が義務付けられている公立図書館だけでなく，努力義務とされている私立図書館等を含むすべての図書館が取り組むべき具体的内容を示すものである。

（２）ガイドラインの構成

　ガイドラインは本文・用語解説・参考資料の三つからなっている。用語解説で説明している語句には注を付けた。また，参考資料に，より詳しいサービス内容が分かるものを挙げた。

（３）ガイドラインの更新

　ガイドラインは現時点での具体的取組みを示すものである。今後の事例の積み重ね，技術の進歩，社会意識の変化等に応じて適宜修正をしていく。また，実践の中で明らかになる問題点に対応していく。

（４）対象となる図書館

　このガイドラインは，図書館法でいう公立図書館・私立図書館の他，図書館同種の施設等，市民が利用するあらゆる図書館を対象とする。さらに，学校図書館や大学図書館，その他の学校にある図書館・室等も対象とする。

（５）対象となる障害者

　差別解消法で対象となる障害者は，同法第二条第一号では，「身体障害，知的障害，精神障害（発達障害を含む。）その他の心身の機能の障害（以下「障害」と総称する。）がある者であって，障害及び社会的障壁により継続的に日常生活又は社会生活に相当な制限を受ける状態にあるもの」とされている。したがって，差別解消法が対象とする障害者は，いわゆる障害者手帳の所持者に限らない。また，著作権法第三十七条第三項に基づく障害者登録を行っている図書館も多いが，本ガイドラインの対象となる障害者はそれに限定されるものではない。

　そして，図書館利用に障害のある人（図書館利用の社会的障壁のある人）は上記心身障害者に限らない。心身障害はなくても図書館利用に障害のある人は多数存在する。

　そのため本ガイドラインでは，いわゆる心身障害者を中心に据えながらも，図書館利用に何らかの障害のある人すべてを対象とする。

（６）対象となる業務，サービス

　図書館のすべての業務・サービスが対象となる。図書館サービスについては障害のない人が受けることのできるすべてのサービスが対象で，それらに対等なアクセス（実質的平等）を提供する必要がある。

２　障害を理由とする差別と図書館に求められる対応

（１）障害を理由とする差別とは

　権利条約第二条で「障害に基づく差別」を次のように定義している。

　「障害に基づく差別は，障害に基づくあらゆる区別，排除又は制限であって，政治的，経済

的，社会的，文化的，市民的その他のあらゆる分野において，他の者との平等を基礎として全ての人権及び基本的自由を認識し，享有し，又は行使することを害し，又は妨げる目的又は効果を有するものをいう。障害に基づく差別には，あらゆる形態の差別（合理的配慮の否定を含む。）を含む。」

この「障害に基づく差別」つまり「障害に基づくあらゆる区別，排除又は制限」には，障害を理由に直接的に図書館サービスが享受できないこと（明確な差別）の他に，図書館が意識しているかどうかに関わらず結果的に障害を理由に図書館サービスが受けられない状態も含まれる。さらに，「障害に基づく差別」に「合理的配慮の否定を含む」としている。これは合理的配慮の提供が努力目標ではなく，過度な負担ではないにもかかわらず合理的配慮を提供しないことも差別であることを示している。

差別解消法は，この権利条約の「障害に基づく差別」の考え方を基本理念として，第七条と第八条で「障害を理由とする差別」を規定し，その中で「不当な差別的取扱いの禁止」と行政機関に対する「合理的配慮の提供義務」（事業者に対しては努力義務）を定めている。

（2）社会的障壁を除去するための合理的配慮と基礎的環境整備

社会的障壁とは，差別解消法第二条で，「障害がある者にとって日常生活又は社会生活を営む上で障壁となるような社会における事物，制度，慣行，観念その他一切のものをいう」と定義されている。

図書館では，多くのルールやシステムが障害者を意識せずに作られてきた結果，障害者にとって社会的障壁となるものを多数持っている。これを除去する方法として，合理的配慮の提供と基礎的環境整備がある。

合理的配慮とは，個々の場面における社会的障壁を除去するための必要かつ合理的な取組みである。

基礎的環境整備とは，障害者が個別に合理的配慮の提供を求めなくてもよいように，あらかじめ施設・設備・サービス・ルール・研修による人材育成等を整備して，不特定多数の障害者が使えるようにしておくことである。

合理的配慮を必要とする障害者が多数見込まれる場合及び長期的な合理的配慮が必要とされる場合には，その都度の合理的配慮の提供ではなく，基礎的環境整備を行うべきである。このことは，中・長期的なコストの削減・効率化につながる。

目指すものは，基礎的環境整備が充実し，個々に合理的配慮の提供を求めずとも，可能な限り多くの障害者の図書館利用が保障されていることである。とはいえ，個々の社会的障壁を完全に除去することは困難であるため，基礎的環境整備で利用を保障できない場合は，合理的配慮の提供により障害者の図書館利用を保障する必要がある。

（3）差別解消法の考え方と障害者サービスとの関係

　誰もが使える図書館に図書館自らなる，という考え方は本来図書館の基本的概念である。そして，権利条約や差別解消法の理念はこれと同じものであり，従来の障害者サービスを理論的に裏付けることとなった。つまり，図書館はすでに先進事例を持っているともいえる。

　しかしながら前述のように，その障害者サービスの実施率が低いのも事実である。すべての図書館は正しい理念による障害者サービスを実施すると共に，合理的配慮の提供という新たな手法を加え，図書館利用の差別を解消していかなくてはならない。

（4）図書館における具体的取組み

　図書館では具体的に以下のように対応する。

①図書館の規則・サービス等で不当な差別的取扱いに当たるものがある場合，直ちに見直す。また利用者等から指摘を受けた場合も同様である。

②基礎的環境整備としてガイドラインに示されているもの（現在容易に実現可能なものを中心に提示している）を計画的に整備・実施する。

③利用者から図書館利用上の障壁を解消するよう求められた場合，まずは合理的配慮の提供により利用を保障する。多数寄せられた場合はもちろんのこと1回の依頼でも，規則やサービスの整備を進める。

④障害者からの相談に対応する職員を配置する。

⑤障害者からの依頼と合理的配慮の提供に差異が生じた場合に備え，より専門的・総合的に判断・調整ができる職員を配置する。

⑥コミュニケーションを確保するため，手話・点字・外国語のできる職員の配置，拡大文字・筆談・実物の提示・身振りサイン等による合図・触覚による意思伝達等の方法の取得に努める。

⑦障害ごとの特徴を知り，支援方法を習得する。

⑧図書館を利用していない障害者や図書館のサービス・資料を知らない障害者のために，積極的なＰＲを行う。また，新たなサービスを展開し多くの障害者に使ってもらえる図書館にする。

3　不当な差別的取扱いの禁止

（1）不当な差別的取扱いの禁止と合理的配慮の提供

　障害者に対する不当な差別的取扱いとして，障害を理由にサービスの提供を拒否すること，障害者でない者に対しては付さない条件を付けること等が考えられる。実際の図書館サービスではこのような明確なものは少ないが，結果的に利用を拒否していることがある。（下記事例を参照）いうまでもないがこの不当な差別的取扱いについては，それが分かった時点で速やかに解消しなくてはならない。

　正当な理由があればサービスの不提供や障害者に特別の条件を設けることが許されるとされ

ているが，その場合は，個別の事案ごとに十分検討し，正当な理由を利用者に説明し理解を求めなければならない。またその正当な理由が，主に利用者側の原因ではなく図書館側に原因がある場合は，できる限りその解消に努める必要がある。

　なお，大活字本の別置・貸出期間の個別の延長のような，「障害者の事実上の平等を促進し又は達成するために必要な特別の措置」は，不当な差別的取扱いには当たらない。

　図書館利用上の差別（社会的障壁）を除去する方法として合理的配慮の提供がある。差別解消法は，過度な負担ではなく合理的配慮の提供ができるのにそれを行わないことは差別であるとしている。つまり，過度の負担なく合理的配慮の提供が可能であれば，必ず提供しなければならない。

（２）図書館における不当な差別的取扱いの例
　①障害を理由に入館を拒否する，障害者でない者には付さない物理的・時間的・人的・その他の制限を設ける（エレベーターがないことを理由に入館を拒む。支援者の同行を求める。身体障害者補助犬の来館を拒む等）
　②図書館サービスや設備の利用を拒否するまたは何らかの制限を設ける（障害者サービス用資料を所蔵していないことを理由に利用を拒む。通訳者や家族の同行を求める）。
　③各種催しの参加を拒否するまたは何らかの制限を設ける（特定の障害者の参加を断る，手話通訳者の手配ができないことを理由に参加を断る等）

（３）図書館における不当な差別的取扱いにあたらないものの例
　①利用者と利用できる資料やサービスを検討するために個々の障害の状況を確認する。
　②手話通訳者等の派遣手続きのため，講演会の申し込み締切を一般よりも前にする。
　③個々の配慮にそれなりの時間と人数を要する利用者に対し，事前に来館日時の連絡を求める。または事前に調整を行う。

（４）図書館における社会的障壁の一例（合理的配慮または基礎的環境整備で対応するものの例）
　①新規登録に来館が必要。（来館できない障害者は利用できない）
　②窓口貸出と閲覧しか行っていない。（同上）
　③大活字本や購入可能な障害者サービス用資料がない（実際に利用できる資料がない）
　④障害者サービス用資料の相互貸借を行っていない，職員が知らない（同上）
　⑤エレベーターがない，段差があって入れない
　⑥案内・サインが分からない，分かりにくい。
　⑦職員が困惑した態度で対応する等，利用者に本当は利用してはいけないのだと思わせてしまう。

⑧新規登録の申し込み用紙に性別欄があり，その記入が必須になっている（性同一性障害等
のトランスジェンダーの人の利用が困難）

⑨図書館カードに性別欄がある（同上）

4　合理的配慮

（1）合理的配慮の考え方

　3（1）にあるように，図書館利用上の差別（社会的障壁）を除去する方法として合理的配
慮の提供がある。そして，合理的配慮の提供が可能であれば，必ず提供しなければならない。

　合理的配慮とは，利用者からの依頼により，サービスやルールの必要かつ適当な変更及び調
整を行うことで図書館の利用を保障しようとするものである。また，それは過度な負担でない
こととされている。ただし，依頼そのものを出せない・出しにくい障害者もいることから，家
族等関係者からの依頼にも応じることや，依頼がなくても積極的に合理的配慮を検討すること
等，柔軟な対応が必要である。

　合理的配慮は，個々の障害者の状況（年齢・性別・障害等）を考え，また，図書館の状況
（人員・予算等）を踏まえ，合理的に考えて提供しうる方法で行うものである。

　利用者からの依頼通りに合理的配慮を提供することが難しい場合，代替方法を検討する等，
何らかの方法で図書館利用が保障できるように工夫する。また，過度な負担であると判断され
る場合も，利用者と前向きに対話を行い，代替方法を検討する。

　合理的配慮の提供に当たっては，その依頼が本来の図書館業務に沿ったものであるかどうか
に留意し，図書館事業の目的・内容・機能の本質的な変更には及ばないことに注意する。

　なお，合理的配慮は職員が直接提供するものであるが，個人の責任で提供するものではなく，
図書館の組織として判断・対応する。

（2）過度な負担の考え方

　過度な負担に当たるかどうかは，以下の要素を参考に，利用者の状況や図書館の状況により，
個別に客観的に判断する。過度な負担と判断した場合は，その理由を利用者に説明して理解を
求める。

　なお，判断においては，具体的な検討をせずに過度な負担を拡大解釈する等して，法の趣旨
を損なうことがあってはならない。また予算人員については，図書館単独の予算だけではなく
地方公共団体の規模等も考慮し判断する。

①事務・事業への影響の程度（事務・事業の目的・内容・機能を損なうか否か）

②実現可能性の程度（物理的・技術的制約，法的・制度的な制約，人的・体制上の制約）

③費用・負担の程度

④財政・財務状況

（3）図書館における合理的配慮の例

　提供すべき合理的配慮は状況に応じて個別に判断するものであり，全ての場合においてここに挙げる配慮が必ずしも提供できるとは限らない。あくまでも参考例である。

　①来館，移動支援（近くの駅・バス停からの送迎，館内の移動補助，車いすの介助等）

　②物理的環境への配慮（段差・階段で車いすを持ち上げる，高い書棚にある資料を取って渡す，通路の障害物を取り除く，施設設備の簡易な改修等）

　③意思疎通の配慮（手話，点字，音声・拡大文字，筆談，実物の提示，身振りサイン等による合図，触覚による意思伝達等）

　④館内設備の使用補助（館内利用端末，視聴ブース，コピー機等）

　⑤ルールの変更（貸出期間の延長，貸出点数の緩和，利用登録方法の拡大，戸籍名以外の公に用いている氏名の使用等）

　⑥サービスそのものの利用支援（登録申込書の代筆，内容や目次等簡易な読み上げ，代行検索，自宅に出向いての貸出等）

　⑦催しへの配慮（多様な申し込み方法，座席の事前確保，配布資料の拡大・音訳・点訳・データでの提供，手話通訳手配，筆記通訳手配等）

　⑧資料へのアクセスについての配慮（障害者サービス用資料の購入，支援機器の購入等）

5　基礎的環境整備

（1）基礎的環境整備の考え方

　基礎的環境整備はあらかじめ障害者を含むさまざまな利用者が利用できるように，図書館の施設・設備・資料・サービス等を整えることをいう。研修等による職員の資質の向上も欠かせない。

　基礎的環境整備は新館開館時はもちろん，図書館の中・長期計画に入れ込む等して計画的に実施していく。また技術の進歩等に合わせて適宜修正していく。

　さらに，基礎的環境整備を充実させることで，より高次の合理的配慮の提供が可能となることも重要である。今まで合理的配慮の提供が難しかった事例や満足のいく利用を保障できなかった場合でも，一歩進んだ合理的配慮の提供が可能となることがある。

（2）職員の資質向上のための研修会

　基本的な取り組みとして，全職員の資質向上のための研修等を行う。以下に例示する。

　①権利条約や差別解消法と障害者サービスの考え方

　②さまざまな障害やその支援方法，コミュニケーション手段

　③障害者サービス（資料・サービス）の具体的方法

　実際の研修会の内容や講師等については，都道府県立図書館あるいは日本図書館協会等に相談することができる。

（３）施設設備の整備

　障害者・高齢者が円滑に図書館を利用できるよう，施設・設備の改善と整備に勤める。高齢者，障害者等の移動等の円滑化の促進に関する法律（通称「バリアフリー新法」）の施行令第十条から第二十三条で定められた「建築物移動等円滑化基準」や国土交通省の「ユニバーサルデザインの考え方を導入した公共建築整備のガイドライン」等が参考になる。以下の点に留意する。

　　①図書館までのアクセス：最寄り駅からの視覚障害者誘導用ブロック，障害者用交通信号付加装置（音響式信号機等）等

　　②サイン・案内：点字・ピクトグラムの併用，文字のサイズ・フォント，分かりやすい表現，色彩の配慮，掲出の位置等

　　③出入り口や館内の移動経路：入り口のスロープや誘導チャイム，インターフォンの設置，館内の視覚障害者誘導用ブロック（点字誘導ブロック），段差の解消，エレベーター等

　　④閲覧スペース：車いすが移動可能な書架間，閲覧机やカウンターの高さ等

　　⑤対面朗読室，障害者読書室：車いす利用者や障害児とその保護者等も利用できるものが望ましい

　　⑥館内放送・掲示板：電子掲示板・フラッシュライト・音声案内等，聴覚・視覚障害者に配慮したもの

　　⑦駐車場・トイレ：車いすその他の障害者に配慮したもの

（４）読書支援機器

　以下の機器類を設置するとともに，その使用方法に習熟し利用者に案内できるようにする。必要により複数用意し貸し出しを行う。

　　①活字資料の読書を支援するもの：老眼鏡，拡大読書器，ルーペ，書見台，リーディングトラッカー，音声読書器等

　　②障害者サービス用資料を利用するためのもの：DAISY再生機，タブレット端末等

　　③パソコン利用のためのもの：音声化ソフト，画面拡大ソフト等

（５）障害者サービス用資料

　障害者サービス用資料には市販され購入できるものと，公共図書館や視覚障害者情報提供施設（点字図書館）等により製作されたものがある。製作されたものは全国的な相互貸借システム等を活用して借り受けることができる。市販されているものは僅かだが，積極的に購入して利用してもらう。販売も製作もされていない資料については，国立国会図書館や都道府県立図書館に製作を依頼できる場合がある。また，自ら製作している図書館が多数ある。

　大学図書館及び学校図書館においては個々の学生・児童生徒の状況に合った資料を購入，または製作する。なお，学校教育における小中学校の教科書については国が無償提供する拡大教

科書や非営利団体とボランティア団体が提供するマルチメディア DAISY 教科書がある。

　障害者サービス用資料の特徴や対象となる利用者，提供方法，利用方法に習熟し，個々の利用者に適したものを提供する。

　　①主な資料：大活字本，音声 DAISY，カセットテープ，マルチメディア DAISY，テキスト DAISY，テキストデータ，点字資料，布の絵本，LL ブック，字幕・手話入り映像資料，アクセシブルな電子書籍等

　　②特に購入したいもの：大活字本，DAISY 資料，点字つき絵本，布の絵本，LL ブック等

　　③相互貸借で相当数入手可能なもの：音声 DAISY，点字資料

　　なお，主に視覚障害者が利用する資料には点字による装備を行う。

（６）サービス

　障害のある利用者に対し，一般資料や障害者サービス用資料を以下の方法で提供する。

　なお，多くの障害者は来館そのものが困難な場合が多いので，提供方法を工夫する。（実際のサービス方法については，参考資料を参照）

　　①閲覧：読書支援機器，障害者サービス用資料，その他合理的配慮の提供

　　②対面朗読（対面読書）：印刷物を利用するのが困難な人が対象

　　③一般図書・視聴覚資料の郵送貸出：来館が困難な人が対象

　　④点字・録音資料の郵送貸出：視覚障害者には無料の郵送が可能

　　⑤職員による宅配サービス：来館が困難な人が対象（主に市町村立図書館）

　　⑥アクセシブルな電子書籍の配信サービス

　　⑦手話によるおはなし会の開催

　　⑧その他，図書館により実施できるもの：施設入所者へのサービス，入院患者へのサービス，アクセシブルなデータベースの提供等

（７）アクセシブルな図書館ホームページ・広報等

　　①アクセシブルな図書館ホームページ：作成においては JIS 規格「JIS X 8341- 3:2016 高齢者・障害者等配慮設計指針—情報通信における機器，ソフトウェア及びサービス—第 3 部：ウェブコンテンツ」を参照

　　②点字・拡大文字・音声・やさしくわかりやすい利用案内，目録等の作成

　　③手話・外国語・点字のできる職員の配置

（８）規則・ルールの修正

　図書館サービスの規則やルールは，障害者を意識せずに作られてきたものがほとんどで，それにより社会的障壁につながっているものがある。障害者からの依頼を受ける前に，全体を見直し，規則・ルール等を修正することが望ましい。ただし，指摘を受けるまで気づかないこと

もあるので，その場合なるべく早く修正する。（修正が難しい場合は少なくとも合理的配慮で
対応する）

　　例・「来館による利用登録」→郵送・電話，FAX 等による登録方法を追加

　　　・新規利用登録用紙の性別欄→性別欄を削除するか，記入を任意としそのことを明記

6　ガイドライン実施のために必要なこと

（1）相談体制と合理的配慮の判断・調整を行う責任者

①案内窓口

　館内に障害者やその家族からの相談・依頼を受け付ける窓口を置く。通常は一般カウンター
でそれらに対応する。そのため，全職員に基礎的な対応方法を周知する。また相談は来館だけ
でなく，手紙・電話・FAX，電子メール等でも対応できるようにしておく。

　カウンターに「利用にお困りの方からの相談を受け付けています」等の案内をするのが望ま
しい。簡易な相談や案内は全職員が行えるようにする。

　図書館に障害者サービスの担当者を置き，担当者を中心に障害者サービスを実施すると共に，
必要により障害者からの相談に対応する。（基本②の「責任者」とは別）

　また，障害のある利用者は障害者のためのサービスや資料を知らずに，具体的な依頼がなさ
れないことが多い。図書館は積極的にサービスを案内し，合理的配慮を検討する。

②相談体制と，合理的配慮の判断・調整を行う責任者（以下，責任者）

　利用者からの依頼が合理的配慮では対応できない場合等，説明や調整に時間がかかるような
時は，責任者を中心とした図書館全体で対応する。相談はプライバシーの保護等の理由から別
室で行うこともある。

　責任者は，図書館全体のサービスを把握しているとともに，合理的配慮の理念をよく理解し，
障害者サービスに熟知している者の中から館長が任命する。責任者は館全体の障害者対応に責
任を持つ。また，計画的に職員研修を行う。責任者を中心に障害者サービス計画や対応を検討
する委員会を設置することができる。

　学校や大学では，特別支援教育コーディネーターの配置や障害学生支援室の設置等，学校全
体としての相談窓口と体制を整えている場合が多い。図書館はそれらと緊密に連携して対応す
る。

（2）都道府県立図書館の役割

　都道府県立図書館は域内の市区町村立図書館の障害者サービスを支援する。具体的に以下の
ようなものがある。なお，支援を行うためには，まず自らが障害者サービスを実施し，そのノ
ウハウを持っていることが求められる。

　　①域内職員研修会の開催

　　②運営相談や見学への対応

③障害者サービス実態調査の実施

④障害者サービス関連資料の収集，サービスマニュアル等の整備

⑤障害者サービス用資料の製作

（3）障害当事者（家族，支援者を含む）の参加

　障害者のための図書館サービスを向上させるためには，障害当事者の協力を得ることが重要である。障害者のことは当事者に聞くべきであるし，具体的なサービスや支援についてのこまかい助言を受けることができる。新たなサービスや機器の導入にあたっても，実際に障害者が求めているものを行わなくてはならない。障害者サービス実施計画等を作成する時は必ず意見を聞く。

　図書館協議会委員に障害者を加える，利用者懇談会の開催，障害者団体との相談，障害者施設に出向いての意見聴取等，さまざまな方法を検討する。

　また，図書館で，障害者に関するセミナー・障害者サービス資料展・DAISY 再生機の体験会等を開催し，障害者に来館してもらい，直接意見を聞く方法もある。

（4）障害のある職員の活用

　障害のある職員が図書館にいることでサービスの質が向上する。それは，利用者に沿ったきめ細かなサービス・配慮が行えるからである。さらに障害のある職員は障害者サービスを比較的長く担当することが多く，専門知識を蓄積することによりサービスの継承・発展につながる。

　また，障害者と共に仕事をすることで，周囲の図書館職員の障害への理解が深まり，実際の支援方法の習熟にもつながる。

　健常者の認識で障害者を判断することなく，採用実績のある図書館での障害のある職員の実際の勤務状況等を参考に，積極的に職員雇用を検討する。

さくいん

あ行

アウトリーチサービス 6, 87

青い鳥文庫 39

アクセシビリティ 1, 29, 53, 62, 63, 71, 81, 84, 89, 90, 94, 99, 100, 105, 115, 128, 172, 180, 181, 183

アクセシビリティ機能 55, 90, 91

アクセシブルな出版物 38, 57, 97

「アクセシブルな電子書籍製作実験プロジェクト（みんなでデイジー）」 171

アナログベースのサービス 81

アライド・ブレインズ 95

アルゴン社 49

eデポ 53

石川県立図書館 25

市橋正晴 41, 42

岩田美津子 51

岩橋武夫 24

インクルーシブ教育 15

インクルージョン 15

インフォメール（情報メール）サービス 178

ウェブアクセシビリティ 94

ウェブコンテンツJIS 95, 96

浦口明徳 41

映像資料 34, 71

映像資料製作室 70, 71

SPコード 34

LLブック 43, 44, 45, 46, 130, 136, 166

遠隔手話通訳サービス 133

大川和彦 100

大きな文字の青い鳥文庫 43, 146

オーディオブック 48, 49, 50

オープンリール 47

お知らせランプ 149

オフィス・コア 48

音声DAISY 48, 55, 129, 168, 182

音声読書機 71, 73, 74, 79

音訳サービス・J 48

音訳者 58, 59, 60, 77, 82, 107, 138, 144

オンライン資料 53

か行

外国語で楽しむえほんのじかん 134

外国人学校 86

学習用字幕入りDVD 150

学術文献録音図書 98

拡大絵本 163

拡大鏡 13, 72

拡大教科書 43

拡大写本 40, 42

拡大読書機 13, 62, 71, 72, 73, 79, 116, 130, 136, 151, 154, 164

鹿児島県立図書館 25

カセットテープ 47, 74

課題解決支援サービス 19

学校司書 16, 162

学校図書館 14, 33, 35, 158

学校図書館法 14

学校（学校図書館を含む）へのサービス 86

葛飾音訳ボランティアの会 108

葛飾区立図書館 108

金子和弘 43

カラーユニバーサルデザイン 66

機関リポジトリ 53, 90

菊池佑 18

基礎的環境整備 9, 29, 181

義務教育学校 14

行政機関等 29

近畿視覚障害者情報サービス研究協議会 145

近畿点字図書館研究協議会 27

熊本県聴覚障害者情報提供センター 172

車いす 66

車いす用閲覧席 136

刑事施設（刑務所） 20

刑務所図書館 6, 20, 21

健康・医療情報室 19

健康・医療情報提供サービス 19

建築物移動等円滑化基準 65

権利制限 32

公共図書館 11, 27, 33, 35, 97, 114, 123

公共図書館で働く視覚障害

職員の会　101

工業標準化法　96

公衆送信　60

高等学校　14

高等専門学校　13

公認機関　36

広報・PR　88, 89, 115

公民館図書室　6

公立図書館　11

合理的配慮　7, 8, 9, 29, 30,
　99, 106, 181

高齢者サービス　4

高齢者，障害者等の移動等
　の円滑化の促進に関する
　法律　65

口話　149

国際障害者年　6, 27, 144

国際図書館連盟（IFLA）
　　　　　　　　　10, 47

国立国会図書館　10, 31,
　53, 97, 98, 123, 144, 171

国立国会図書館法　10

小林静江　52

■■■　さ 行　■■■

埼玉福祉会　40, 146

サイン　63, 65, 66

サピエ　34, 48, 74, 75, 80,
　97, 98, 114, 118, 121, 125,
　130, 142, 145, 152, 164,
　169

さわる絵本　136, 163

支援技術開発機構（ATDO）
　　　　　　　　　　　121

『視覚障害―その研究と情
　報』51

視覚障害系図書館　148,
　151

視覚障害者情報提供施設

（点字図書館）4, 17, 31,
　74, 97, 123

視覚障害者総合支援セン
　ターちば　117

視覚障害者サービス実施計
　画2021-2024　10

視覚障害者等の読書環境の
　整備の推進に関する法律
　（読書バリアフリー法）
　　　　　　　　　　　　30

視覚障害者等の読書環境の
　整備の推進に関する基本
　的な計画（読書バリアフ
　リー基本計画）31

視覚障害者等用データ送信
　サービス　98, 123, 124

視覚障害者読書権保障協議
　会　27

磁気誘導ループ　89

司書教諭　16, 162

施設へのサービス　87

指定管理者制度　89

児童館　19

自動公衆送信　34, 60

児童サービス　83

児童自立支援施設　19

シナノケンシ社　75

シネマ・デイジー　172

手話　13, 46, 149, 175

手話・字幕付き映像資料
　　　　　　　　　　　147

手話通訳　89, 129, 150

手話 DVD　46

手話で楽しむおはなし
　　　　　　　84, 132, 147

手話ブックトーク　147

障害学生支援　14

障害学生修学支援ネットワ
　ーク　14

障害者基本法　7, 96

障害者サービス　2, 3, 4, 7,
　11, 24, 27, 29, 63, 70, 71,
　75, 78, 81, 83, 85, 88, 99,
　100, 106, 107, 114, 115,
　117, 123, 127, 144, 153,
　180, 181

障害者サービス担当職員向
　け講座　127

障害者サービス論　180

障害者に配慮したパソコン
　　　　　　　　　　71, 75

障害者の権利に関する条約
　　　　　　　　　7, 15, 29

障害者用駐車スペース　66

障害のある児童及び生徒の
　ための教科用特定図書等
　の普及の促進等に関する
　法律（教科書バリアフリ
　ー法）42

障害の社会モデル　3

障害保健福祉研究情報シス
　テム　10

障害を理由とする差別の解
　消の推進に関する基本方
　針　9

障害を理由とする差別の解
　消の推進に関する法律
　（障害者差別解消法）7,
　8, 29, 99

小学校　14

少年院　87

情報障害　78

情報保障　177

情報保障機器　71, 78, 79

職員　99, 107, 149, 180

書見台　163

自立生活ハンドブック　46

私立図書館　11

心身障害者用ゆうメール
37, 85, 139, 183
身体障害者福祉センター
19
身体障害者福祉法 17, 18,
27, 172
スウェーデン 43, 44
スクリーンリーダー 56,
57, 59, 90, 138, 154
スマートフォン 57, 80, 90
スロープ 66
世界知的所有権機構
（WIPO）36
全国音訳ボランティアネッ
トワーク 108
全国学校図書館協議会 16
全国視覚障害情報提供施
設協会（全視情協）18
全国聴覚障害者情報提供施
設協議会 18
全国手をつなぐ育成会連合
会 46
相互貸借 97
備付書籍等 20, 21

た行

大学 13
大学設置基準 13
大学図書館 13, 31, 33,
123
大活字社 41, 42, 146
大活字図書 38, 39, 40, 41,
42, 43
大活字本 129, 136
対面手話サービス 82
対面翻訳サービス 83
対面朗読 12, 27, 36, 74,
81, 82, 83, 103, 107, 108,
128, 138, 141, 166, 182

対面朗読室 70, 81, 135,
144, 166
第四種郵便物 37, 84, 183
宅配 78, 85, 86, 87, 141
宅配協力員（ボランティ
ア）143
多言語での読み聞かせ 84
多言語表記 66
タブレット 57, 80, 90,
163
多文化サービス 4
多目的・多機能トイレ 69
短期大学 13
団体貸出 86, 87
千葉県浦安市立中央図書館
85
千葉県立西部図書館 117
千葉市中央図書館 100,
101
地方の手話保存 176
中学校 14
中等教育学校 14
聴覚障害系図書館 148
聴覚障害者情報提供施設
4, 18, 35, 172
聴覚障害者用字幕入り映像
資料 174
聴覚障害者用ゆうパック
37, 85, 183
調布市立中央図書館 120
調布市立図書館 141
調布デイジー 121
著作権法 31, 114, 183
著作権法施行令 33, 35
築地病院 23
筑波技術大学 14, 148
鶴岡幸子 108
手遊びや歌を交えての読み
聞かせ 84

DAISY コンソーシアム
48
DAISY 再生機 71, 74, 79
DAISY 録音編集システム
72, 76
データベース 53
テキスト DAISY 60, 171,
182
テキストデータ 33, 56,
59, 60, 111, 152, 166, 182
デジタルアーカイブ 53
デジタルサイネージ 69
デジタル雑誌 53
デジタルベースのサービス
81
『テルミ』51
テレビモニター 149
点字 13
点字雑誌 51
電子雑誌 53
『点字ジャーナル』51
電子ジャーナル 53, 54,
90
電子出版 54
点字出版所 50
電子出版制作・流通協議会
（電流協）90
電子書籍 43, 53, 54, 55,
56, 57, 59, 90, 91, 92, 105,
182
電子書籍貸出サービス
80, 90, 91
点字資料 57, 71, 74, 77,
79, 84, 97, 129, 134
点字新聞 50
「点字つき絵本の出版と普
及を考える会」52
点字つきさわる絵本 52
点字ディスプレイ 59, 71,

76, 79
点字図書 24, 50, 144, 163
点字図書館 24, 27
点字図書・録音図書全国総合目録 98, 126
点字プリンタ 72, 77, 154, 164
点字文庫 24, 25, 27
「点字毎日」 51
点字誘導ブロック 63, 66
電子メモパッド 148
電子ルーペ 72
点図絵本 163
点訳絵本 136
点訳作業室 70, 71
電話リレーサービス 178
ドイツ中央点字図書館 50
東京市立本郷図書館 24
東京都立日比谷図書館 27
東京都立墨東特別支援学校 158
東京ヘレン・ケラー協会 51
東京ルリユール 40
トーキング・ブック 26
徳島県立光慶図書館 25
読書権 27, 163
読書バリアフリー法 183
特定録音物等郵便物 37, 84, 183
特別支援学校 14, 16, 86
特別支援教育 14
読本器 26
図書館基幹システム 90
図書館協力者 36, 47, 57, 60, 71, 77, 82, 89, 99, 103, 107, 108, 143, 181
図書館サービス 81
『図書館雑誌』 100

図書館施設・設備 62
図書館資料 38, 53
図書館における障害を理由とする差別の解消の推進に関するガイドライン 9
図書館のウェブサイト 90, 95
図書館の障害者サービスにおける著作権法第37条第3項に基づく著作物の複製等に関するガイドライン 33, 152
図書館の地域計画 62
図書館法 11
図書館利用における障害者差別の解消に関する宣言 9
図書工場 20, 22
凸字図書 23
鳥取県手話言語条例 131
鳥取県立図書館 128

な行
内国郵便約款 37, 84
中根憲一 21
長野県立図書館 25
名古屋市立図書館 25
名古屋盲人会 23
新潟県立図書館 25
日常生活用具給付等事業 79
日本オーディオブック協議会 49
日本学生支援機構 13
日本児童教育振興財団 51
日本障害者リハビリテーション協会 58

日本点字図書館 24, 117, 168
日本図書館協会 9, 33, 91, 100, 127
日本福祉大学 14
日本盲人図書館 24
日本盲大学生会 27
日本郵便株式会社 36
日本ライトハウス情報文化センター 24, 172
布の絵本 33, 52, 129, 134
ノーマライゼーション 6, 7, 15, 27, 43

は行
はーとふるサービス 3, 128
ハイテク拡大写本 41, 42
ハイテク読書 56
バリアフリー 3, 62, 63, 65, 181
バリアフリー映画上映会 128, 145
バリアフリー映画DVD 129
ハンディキャップサービス 3, 120, 141
ピクトグラム 33, 45, 66
病院患者図書館 4, 18, 19
病院（病院患者図書館を含む）へのサービス 87
枚方市立図書館 144
ピンディスプレイ 76
ふきのとう文庫 52
福祉施設図書館 6
複写補助 153
藤澤和子 45
藤田晶子 108, 111
ブックモビル 6, 19, 87,

88, 135
プライベートサービス
　　　　　　83, 170
プレクストーク　75
ヘレン・ケラー　26
ヘンリー・フォールズ　23
ボイジャー　43
ポスパケット約款　37
ボランティア　19, 99, 107,
　139, 166, 182
本間一夫　24

ま行

毎日新聞社　51
牧野綾　119
マネジメント　184
マルチメディアDAISY
　33, 48, 55, 56, 71, 120,
　121, 129, 163
マンガ　147
民間事業者　29
みんなの公共サイト運用ガ
　イドライン　96
明晴学園　46
盲人，視覚障害者その他の
　印刷物の判読に障害のあ
　る者が発行された著作物
　を利用する機会を促進す
　るためのマラケシュ条約
　　　　　　　　　36

盲人図書館　23, 24
盲人用図書室　23

や行

柳下恵美子　112
ユーザビリティ　2
郵送貸出　　78, 84, 86, 87,
　128, 143
ゆうパック約款　37
郵便法　37, 84, 183
ユニバーサルデザイン　3,
　62, 63, 65
ユニバーサルデザインの考
　え方を導入した公共建築
　整備のガイドライン　65
ユニバーサルデザインの7
　原則　64
ユネスコ／IFLA学校図書
　館宣言　16
ユネスコ公共図書館宣言
　　　　　　　　　11
横浜市立盲特別支援学校
　　　　　　　　　162
横浜録音図書　48
読み聞かせ　36, 83

ら・わ行

ラーニングコモンズ　153
ライトハウス会館　24
楽善会　23

ラジオのバリアフリー化
　（放送内容の視覚化）
　　　　　　　　　178
立命館大学　153
利用者　115, 180
利用体験会　89
リライト　33
録音資料　27, 47, 48, 57,
　58, 74, 76, 77, 79, 84, 97,
　103, 107, 108, 135
録音図書　144, 163
ロナルド・メイス　64
脇谷邦子　87

欧文

DAISY　47, 55, 58, 70, 74,
　76, 117, 121, 124, 151,
　163
EPUB　55, 93
OPAC　90
PC Talker　57
TTS　53, 56, 90, 92, 94,
　182
UAR（Universal Access
　Room）　154
W3C（World wide web
　consortium）　95
WCAG（Web Content
　Accessibility Guide-
　lines）　95

［執筆者一覧］（執筆順）

野口　武悟（編著者）：1，2.3，3.1，3.2，4.1

成松　一郎（有限会社読書工房）：2.1.1，2.1.3

植村　八潮（編著者）：2.1.2，2.1.3，2.2，4.2

松井　進（千葉県立西部図書館）：2.3，4.3，5.1.1，5.2.1，5.3.1

中和　正彦（専修大学文学部）：3.3，5.1.2，5.2.2，5.3.2，5.3.3

安藤　一博（国立国会図書館）：6.1

福市　信・佐伯真由佳（鳥取県立図書館）：6.2.1

東　泰江（大阪市立中央図書館）：6.2.2

海老澤昌子（調布市立中央図書館）：6.2.3

服部　敦司（枚方市立中央図書館）：6.2.4

大越喜公美（元筑波技術大学附属図書館聴覚障害系図書館）：6.3.1-(1)

山内　琢（元筑波技術大学附属図書館視覚障害系図書館）：6.3.1-(2)

植村　要（国立国会図書館）：6.3.2

生井　恭子（東京都立鹿本学園）：6.4.1

野口　豊子（横浜市立盲特別支援学校図書館）：6.4.2

杉山　雅章（社会福祉法人日本点字図書館）：6.5

小野　康二（前熊本県聴覚障害者情報提供センター）：6.6

◉テキストデータの提供について

　本書をお買い上げいただき，視覚障害や肢体不自由などの理由で印刷媒体での利用が困難な方へ，テキストデータを提供いたします。お申し込み方法は，小社ウェブサイト内「サポート」をご覧ください（http://www.jusonbo.co.jp/accessibility/）。なお，右側のQRコードもご利用ください。

［編著者］

野口武悟（のぐち・たけのり）

　　　　1978年生まれ，栃木県出身
　　　　筑波大学大学院図書館情報メディア研究科博士課程修了
　　　　博士（図書館情報学）
　現在　専修大学文学部教授
　主著　『多様性と出会う学校図書館：一人ひとりの自立を支える合理
　　　　的配慮へのアプローチ』（編著，読書工房），『新訂　学校経営と
　　　　学校図書館』（編著，放送大学教育振興会）

植村八潮（うえむら・やしお）

　　　　1956年生まれ，千葉県出身
　　　　東京経済大学大学院コミュニケーション学研究科博士課程修了
　　　　博士（コミュニケーション学）
　現在　専修大学文学部教授
　主著　『電子出版の構図：実体のない書物の行方』（印刷学会出版部），
　　　　『電子書籍制作・流通の基礎テキスト』（編著，ポット出版）

改訂　図書館のアクセシビリティ　「合理的配慮」の提供へ向けて

2016年 8 月25日　　初版第 1 刷発行
2017年 3 月13日　　初版第 2 刷
2021年12月10日　　改訂版第 1 刷発行

　　　　　　　　　　　　　　　　編 著 者　　野　口　武　悟
　　　　　　　　　　　　　　　　　　　　　　植　村　八　潮
　　　　　〈検印省略〉　　　　　発 行 者　　大　塚　栄　一

　　　　　　　　　　　発 行 所　株式
　　　　　　　　　　　　　　　　会社　樹村房
　　　　　　　　　　　　〒112-0002
　　　　　　　　　　　東京都文京区小石川5丁目11-7
　　　　　　　　　　　　電　話　　03-3868-7321
　　　　　　　　　　　　ＦＡＸ　　03-6801-5202
　　　　　　　　　　　　振　替　　00190-3-93169
　　　　　　　　　　　https://www.jusonbo.co.jp/

　　　　　　　　　組版・印刷／亜細亜印刷株式会社
　　　　　　　　　製本／有限会社愛千製本所